Pleticha/Launer
Was sie gerne lasen

Umschlagzeichnung von Klaus Gelbhaar
zu einem bekannten Arena-Sachbuch von 1955. © Arena Verlag, Würzburg

Heinrich Pleticha/Christoph Launer

Was sie gerne lasen

Streifzüge durch 500 Jahre
Kinder- und Jugendliteratur

Heinrich Pleticha,
geb. 1924 in Warnsdorf/Nordböhmen.
Gymnasiallehrer und Honorarprofessor der Universität in Würzburg.
Autor und Herausgeber zahlreicher Sachbücher für Jugendliche und Erwachsene.
Beschäftigt sich seit vielen Jahren mit der Geschichte des Jugendbuches
und ist fanatischer Sammler alter Jugendbücher.

Christoph Launer
wurde 1964 in Würzburg geboren.
Nach dem Studium war er einige Jahre im Schuldienst tätig,
seit 1997 lehrt er als Dozent am Lehrstuhl für Didaktik der deutschen Sprache
und Literatur der Universität Würzburg.

In der neuen Rechtschreibung
Die Rechtschreibung der Quellentexte folgt der jeweils zum Erscheinen des Werkes
gültigen Rechtschreibung.

1. Auflage 1999
© 1999 Arena Verlag GmbH, Würzburg
Alle Rechte vorbehalten
Einbandgestaltung: Dieter Konsek
Figur des »Jim Knopf« nach einer Illustration von F. J. Tripp aus dem Buch von Michael Ende,
© 1960 K. Thienemanns Verlag, Stuttgart – Wien – Bern
Figur des »Räuber Hotzenplotz« nach den Illustrationen von F. J. Tripp aus dem Buch
von Otfried Preußler, © 1962 K. Thienemanns Verlag, Stuttgart – Wien – Bern
Figur der »Pippi Langstrumpf« nach einer Illustration von Walter Scharnweber aus dem Buch
von Astrid Lindgren, © Verlag Friedrich Oetinger, Hamburg
Figur der »Hexe Lilli« nach einer Illustration von Birgit Rieger aus den Hexe-Lilli-Büchern
von KNISTER, © Arena Verlag, Würzburg
Gesamtherstellung: Westermann Druck, Zwickau
ISBN 3-401-04997-6

Inhalt

Was sie gerne lasen

Ein Vorwort

Eigentlich sollte man ja ein Buch nicht mit dem Hinweis beginnen, was es nicht ist und was man nicht von ihm erwarten darf. Aber jede Regel hat ihre Ausnahmen und so stellen wir also fest: Dieses Buch ist keine Geschichte der deutschen Kinder- und Jugendliteratur, wenn es auch auf den ersten Blick so aussehen mag.

Aber es geht um 500 Jahre, in denen Kinder- und Jugendbücher immer mehr an Bedeutung gewannen. Es ist ein Geburtstagsgeschenk für einen und von einem Verlag, der gerade 50 Jahre alt geworden ist und damit zwar eine verhältnismäßig kurze, aber doch wichtige Zeitspanne selbst einen wichtigen Beitrag zur Entfaltung des Jugendbuches in Deutschland geleistet hat.

Mit wem aber könnte dieser runde Geburtstag besser gefeiert werden als mit den Kindern und Jugendlichen, für die dieser Verlag vom ersten Tag seines Bestehens an da sein wollte? Die Kinder, die 1949 die ersten Arena-Bücher lasen oder sie von Eltern und Großeltern geschenkt erhielten, sind heute selbst schon wieder Eltern oder sogar Großeltern und schenken ihrerseits Bücher weiter. Sie alle, die Alten wie die Jungen, sind Glieder einer langen Kette, die irgendwann einmal vor einem halben Jahrtausend ihren Anfang nahm, als bald nach der Erfindung des Buchdrucks Bücher auch für junge Menschen gedruckt und gelesen wurden. Waren die ersten Glieder dieser Kette auch nur dünn, weil es zum einen nur wenige Bücher gab und diese zum andern teuer waren, sodass sie sich nur verhältnismäßig wenige Familien leisten konnten, so änderte sich das mit der Zeit.

Kinder lasen immer mehr, sie lernten Bücher zu lieben, deren Zahl langsam, aber stetig wuchs. Eltern und Erzieher schalteten sich ein und schon bald entstand jene Mischung, die wir auch heute noch kennen: Eintagsfliegen, die bald wieder verschwinden, stehen neben Dauerbrennern; Bücher die gerne gelesen werden, neben solchen, die gelesen werden sollten.

Die Kinder haben ausgewählt, haben sich ihre Lieblingsbücher gekürt. Selbst wenn man sich über die Auswahl manchmal wundert, so staunt man doch häufiger noch über den guten Geschmack. Um solche Bücher geht es auf den folgenden Seiten, um Bücher also, die Kinder im Laufe der Jahrhunderte gerne lasen. Natürlich sind auch einige dazwischengeraten, von denen wir heute im Nachhinein hoffen, dass sie einmal gerne gelesen wurden. Auch versuchen wir Leser und Bücher vor dem Hintergrund ihrer Zeit zu sehen. Die wichtigsten Titel werden dabei mit kurzen Textproben und Bildern vorgestellt. Sicher vermitteln diese nur andeutungsweise erste Eindrücke, aber auf mehr soll es hier auch nicht ankommen.

Etwas schwieriger wird es nur bei der Zeit nach 1945; denn schließlich geht es hier nicht mehr um Bücher, die einmal gerne gelesen wurden, sondern um ein breites Angebot lieferbarer Titel, das schon bald so groß ist wie das der vorangegangenen 450 Jahre zusammen und zu dem der Arena Verlag im Laufe der 50 Jahre seines Bestehens schon 3000 Titel beigesteuert hat! Nun ist gleichermaßen von Büchern die Rede, die gerne gelesen wurden, aber auch von solchen, die gern gelesen werden. Aber auch hier muss es aus Platzgründen bei Streifzügen bleiben. Manche Leser werden bestimmte Autorinnen und Autoren vermissen, andere wieder werden vielleicht Anregungen für eigene Streifzüge und damit für Lektüre oder Empfehlungen gewinnen. Auf alle Fälle hoffen wir, dass es ein bunter Geburtstagsstrauß geworden ist, und danken den Verlagen, die durch Abdruckgenehmigungen von Textstellen ein paar Blumen dazu beigesteuert haben.

Wieder einmal hat sich auch das alte Sprichwort bestätigt, dass Bücher ihre Schicksale haben, schon bei Planung und Entstehung. Ursprünglich sollte der Band als eine Gemeinschaftsarbeit von Alfred C. Baumgärtner und Heinrich Pleticha erscheinen. Eine Erkrankung Prof. Baumgärtners hinderte ihn aber daran, den Plan auszuführen. An seine Stelle trat für die letzten beiden Kapitel Christoph Launer, der sich für die erste Hälfte unseres Jahrhunderts auf die Vorarbeiten Baumgärtners stützen konnte, während er das letzte

Kapitel zur Gegenwartsliteratur völlig eigenständig gestaltete. Trotzdem hoffen wir, dass im ganzen Werk auch Baumgärtners Gedanken und Intentionen spürbar sind.

Zum guten Schluß möchten wir noch danken. Zum einen dem Verlagsleiter Jürgen Weidenbach, der dieses Buch überhaupt ermöglichte. Zum anderen seinen Mitarbeitern, die unsere zahlreichen Wünsche geduldig realisierten. Ein ganz besonderer Dank gilt hier Herrn Günther Geisler, der sich ungemein stark für den Text engagierte und uns vor manchen bösen Fehlern bewahrte. Schließlich danken wir auch noch allen Verlagen, die uns bereitwillig die Abdruck- und Reproduktionsgenehmigungen für Texte und Bilder erteilten und auf diese Weise ihren kollegialen Beitrag zu dem Geburtstagsstrauß leisteten.

1. Seelentrost und Mäusekrieg

Von den Anfängen der deutschen Kinder- und Jugendliteratur

Aber mein Rat ist nicht, daß man ohne Unterschied allerlei Bücher zusammenraffe und an nichts mehr denke als nur an die Menge und den Haufen der Bücher. Ich möchte die Wahl zwischen ihnen haben, so daß es nicht nötig ist, aller Juristen Kommentare und aller Theologen Sentenzen und aller Philosophen Quaestiones und aller Mönche Predigten zu sammeln. Ja, ich wollte solchen Mist ganz hinauswerfen und mit brauchbaren Büchern meine Bibliothek versorgen und gelehrte Leute darüber zu Rate ziehen. Erstens sollte die heilige Schrift auf lateinisch, griechisch, hebräisch und deutsch darin sein, und wenn vorhanden, noch in weiteren Sprachen. Dann die besten und die ältesten Ausleger, auf griechisch, hebräisch und lateinisch, wenn ich sie finden kann. Danach solche Bücher, die zum Sprachenlernen dienen, wie die Dichter und Redner, ohne Rücksicht darauf, ob sie Heiden oder Christen sind, auf griechisch oder lateinisch. Denn aus diesen muß man die Grammatik lernen. Danach sollten die Bücher aus den freien Künsten da sein und auch aus allen anderen Wissenschaften. Zuletzt auch die Rechts- und Arzneibücher, wiewohl auch hier unter den Kommentaren eine gute Wahl nötig ist.

Zu den wichtigsten aber sollten die Chronisten und Geschichtsbücher gehören, in welcherlei Sprachen man sie haben kann. Denn diese sind überaus nützlich, um den Lauf der Welt zu erkennen und zu beherrschen, ja auch, um Gottes Wunder und Werke zu sehen. Oh, wie manche schönen Bege-

benheiten und Aussprüche sollte man jetzt haben, die in deutschen Landen geschehen und aufgekommen sind, von denen
wir jetzt gar nichts wissen! Das kommt daher, daß niemand da-
gewesen ist, der sie aufgeschrieben hat, oder wenn sie schon
aufgeschrieben waren, daß niemand die Bücher aufbewahrt
hat. Darum weiß man auch von uns Deutschen nichts in anderen Ländern und müssen die Deutschen in aller Welt Bestien
heißen, die nicht mehr können als Krieg führen, fressen und
saufen. Aber die Griechen und Römer, ja auch die Hebräer haben ihre Angelegenheiten so genau und sorgfältig aufgeschrieben, damit alle Welt es lesen und wissen soll, wenn auch nur
eine Frau oder ein Kind etwas Besonderes getan oder gesagt
hat. Derweil sind wir Deutschen noch immer Deutsche und
wollen Deutsche bleiben.

So schrieb Martin Luther 1524 in einem Brief *An die Ratsherren aller
Städte deutschen Landes.* Allerdings ging es ihm dabei um die Lektüre der
Schüler und um die Schulbibliotheken und nicht um die private Lektüre der Jugendlichen. Aber gleichwohl: Seine Ratschläge sind trotzdem in mancherlei
Hinsicht bemerkenswert. Da ist allein schon die höchst beachtenswerte Tatsache, dass sich überhaupt jemand um das Lesen kümmerte, zwar nicht um
die Jugend selbst, wohl aber – was mindestens ebenso wichtig war – um die
verantwortlichen Erzieher. 1215, dreihundert Jahre vor Luther, hatte es schon
einmal der italienische Geistliche Thomasin von Zerclaere in seiner Dichtung
Der welsche Gast versucht, aber seine Mahnungen und Vorschläge waren
kaum beachtet worden. Anders bei Luther. Hier sprach ein Mann, auf dessen
Wort die Menschen hörten. Dabei kam es gar nicht so sehr auf besondere
Empfehlungen an, sondern zuerst einmal auf die Tatsache, dass die Jugend
als lesende Gruppe erkannt wurde. Freilich, von *der Jugend ganz allgemein zu
sprechen wäre falsch. Von den rund 14 Millionen Menschen in Deutschland
lebten um diese Zeit noch etwas mehr als 80 Prozent auf dem Lande, von ihnen konnten nur die wenigsten schreiben und lesen, Bücher besaß kaum jemand. Luther hatte mit seinen Worten offensichtlich die Bevölkerung der*

»Du solt vater und muter eren«. Holzschnitt zum 4. Gebot aus »Der seele
trost« 1478.

*Städte vor Augen, bei denen ähnlich wie beim Adel die Verhältnisse schon et-
was besser lagen und es dank der florierenden Schulen auch nicht mehr so
viele Analphabeten gab.*

Die Leser waren also schon da, wenn auch noch in kleinerer Zahl, Lesestoff gab es allerdings noch verhältnismäßig wenig. Arme Jugend – sie war
seit Jahrhunderten sozusagen auf die wenigen Brocken angewiesen, die von
dem ja auch nicht allzu reich gedeckten Tisch der Erwachsenen abfielen. Luther empfahl nur Bücher für eine solide Bildung und für das Seelenheil, wobei
er immerhin besser als mancher Literaturpädagoge den Wert historischer
Werke und damit einer geschichtlichen Bildung betonte.

Aber die jungen Leser wollten schließlich auch zum Vergnügen lesen.
Aber, selbst wenn wir ein paar Bücher aus dem Bereich der religiösen Erbauungsliteratur dazurechnen, lässt sich kaum ein Dutzend Titel nennen. Aber zumindest ein Anfang war gemacht und es sollte gar nicht lange dauern, bis das
schmale Rinnsal zu einem durchaus erfreulichen Flüsschen anwuchs.

Zu den erbaulichen Schriften gehörte jenes Werk, das oft als das erste
Jugendbuch überhaupt bezeichnet wird. Es ist eine Sammlung von Beispielgeschichten frommen Charakters, die schon in der zweiten Hälfte des 14. Jahr-

hunderts von einem unbekannten, aber pädagogisch sehr geschickten Autor
unter dem Titel *Großer Seelentrost* zusammengestellt worden waren. Sie erfreute sich solcher Beliebtheit, dass sie nicht nur häufig abgeschrieben, sondern schon 1474 erstmals gedruckt wurde. Die Geschichtchen sind nicht eigens für Kinder geschrieben, aber sie sind nach Inhalt und Form in ihrer Mehr-
heit für Jugendliche geeignet. Bei jeder Geschichte wurde am Ende mit den
Worten »Liebes Kind, lass dir eine Lehre sein . . .« der jugendliche Leser direkt
angesprochen und ihm eine moralische Belehrung erteilt.

*Schul- und
Jugendsachbuch
zugleich: Bilder
für den Anschau-
ungsunterricht in
einer »Ars memo-
rativa« 1475.*

Vater und Sohn

Einst lebte ein guter Mann, der hatte einen Sohn. Dem gab er eine
Frau, vermachte ihm all sein Hab und Gut und blieb bei ihm im
Haus wohnen. Zunächst behandelte der Sohn den Vater sehr gut.
Danach aber gab er ihm Knechtsbrot und dünnes Bier und hieß
ihn auf das Feld gehen zum Pflügen, denn er wollte ihn nicht in
der Nähe des Herdes haben. Eines Tages kam der Vater müde
vom Acker zurück, während der Sohn mit seiner Frau beim Essen
saß. Als er des Vaters gewahr wurde, da versteckte er die Brühe.
Als der Vater in das Haus kam, da gab der Sohn ihm dünnes Bier
zu trinken und dazu grobes Brot und hieß ihn wieder gehen. Als
der Vater gegangen war, ging er zum Kasten und wollte die Brühe
wieder herausnehmen. Da sprang eine große dicke Schlange heraus und direkt auf seine Augen zu; sie umfaßte ihm sein ganzes
Gesicht und krallte sich mit ihren Klauen so fest, daß sie niemand
entfernen konnte. Da sandte man nach einem Schmied, der sollte
die Schlange mit seiner Zange entfernen. Als der Schmied in das
Haus kam, da blickte sich die Schlange um und sah ihn so grimmig an, daß er vor Angst zu Boden fiel und sprach: »Das ist keine
Schlange, das ist der böse Feind, den bekomme ich nicht weg.«
Also blieb jener unglücklich liegen bis an sein Lebensende. –
Liebes Kind, laß dir das eine Lehre sein! Wenn du Eltern hast,
dann gib ihnen gerne, was sie brauchen! Wenn du Kinder hast,
vermach ihnen dein Gut nicht (zu deinen Lebzeiten)! Gib deinen
Kindern soviel, daß du selber den besten Teil behältst! Laß dir
angelegen sein, daß sie dich brauchen, wie du sie auch brauchen
sollst! Denn das sind alles Toren, die ihren Kindern soviel geben,
daß sie selber nichts mehr haben.

Der *Seelentrost* hielt sich immerhin bis ins 18. Jahrhundert auf dem
Buchmarkt. In der Zeit des frühen Buchdrucks fand er aber auch schon eine
bescheidene Konkurrenz durch einige andere Bücher. Dazu gehörte die Fabel-

Phantastische Fabelwesen tauchten in Reiseberichten und in Volksbüchern auf wie
hier auf einem Holzschnitt aus den viel gelesenen »Reisen des Ritters Mandeville«
1499

sammlung *Der Edelstein* von Ulrich Boner, die erstmals 1461 in Bamberg gedruckt wurde und reizvolle Holzschnitte als Illustrationen erhielt. Ebenso die
Rittergeschichte *Der Ritter vom Turn* des Chevalier de Latour-Landry, ein Buch
aus Frankreich, das ausdrücklich für junge Edelfräulein geschrieben worden
war. Ab 1473 wurde es mit bemerkenswerten Holzschnitten ausgestattet, die
wahrscheinlich der junge Albrecht Dürer geschaffen hatte.

Zu den Frühdrucken gehörten auch jene unterhaltsamen Büchlein, die
später unter dem Sammelbegriff »Volksbücher« bekannt wurden, weil sie
volkstümliche Geschichten für einen breiteren Leserkreis boten. Wenn sie
auch manchmal etwas abfällig als Vorläufer der Groschenromane bezeichnet
werden, so sollte man doch ihre soziologische Bedeutung nicht unterschätzen. In einer Zeit, in der Bücherbesitz immer noch ein Privileg des Adels und
wohlhabender Bürger war, bot sich hier erstmals billiges Lesevergnügen für
einen breiteren Kreis. Alle diese Geschichten waren nicht eigens für die Jugend gedacht, wurden aber von Jugendlichen gern gelesen und blieben, wie
eine Bemerkung Goethes (vgl. Kap. 2) beweist, beliebter Lesestoff auch in
späteren Jahrhunderten. Es gab Liebesgeschichten, Geschichten um Zaube-

rer, Rittergeschichten, heitere Erzählungen und Schwänke wie etwa die
Schildbürger oder der *Till Eulenspiegel;* stark verbreitet waren abenteuerliche
Stoffe. Manches kam dabei aus dem Ausland, wie etwa die *Geschichte von
der schönen Magelone* oder die *Haymonskinder* aus Frankreich, die Legende
von der höchst abenteuerlichen Meerfahrt des heiligen Mönches Brandan aus
Irland und auch die Reiseerlebnisse des bayerischen Ritters Schiltenberger
während seiner Gefangenschaft bei den Türken wurden in den Volksbüchern
nacherzählt. Sogar Motive aus orientalischen Märchen tauchten auf, wie beispielsweise in der Geschichte vom *Herzog Ernst* und seinen merkwürdigen
Abenteuern während einer Pilgerreise ins Heilige Land:

> Da befahl Herzog Ernst seinen Rittern, sie sollten große Bäu-
> me abhauen: das taten sie und halfen einander getreulich, daß
> sie die Stämme mit aller Macht zuhauf trugen, Weiden und an-
> deres junges Gesträuch; dann banden sie ihre Harnische dar-
> auf. Nun sprach Herzog Ernst: »Meine lieben Freunde,
> welcher mit durch diesen Berg fahren will, der befehle sich
> Gott, dem Allmächtigen, und bitte ihn um Gnade, daß er uns
> den Heiland zum Geleitsmann schicken wolle durch diesen
> ungeheuren Berg, damit wir glücklich mögen durchkommen!«
> Die Diener taten dieses alle und baten den Allmächtigen um
> Sicherung ihres Lebens. Dann bestiegen sie den Floß, den sie
> verfertigt haben, und stießen ihn in das Wasser, da schoß er
> hin wie ein Pfeil. Als sie nun in das Loch hineingekommen wa-
> ren, wurde es stockfinster, so daß keiner den andern auf dem
> Floße sehen konnte. Da ging das Fahrzeug schwankend von ei-
> ner Seite zur andern, so daß sie meinten, es würde in Stücken
> gehen. Eine Weile ging es quer, dann wieder der Länge nach:
> das Wasser brauste so sehr, daß keiner hören konnte, was der
> andere sprach. Dies ungestüme Fahren trieb sie wohl einen
> halben Tag, während welcher Zeit keiner etwas sah; da kamen
> sie wieder an einen Berg, der leuchtete so hell, daß es schim-
> merte wie Feuer. Als sie ganz nahe waren, schlug Herzog Ernst

Arnach kůment ſie mit irem ſchiff in aimē waldt der was grůn vnnd minniclich do merten ſye ire ſchiff vnd giengten in den waldt vnd laſē do ŏnd ſamelten holcz zw aimem feůr vnnd kam ir aimer an aimē důrren paum vnd wolt den abhauē vnd da er in den paum hauet do ward der waldt eytell waſſer vnd gieng ŏ waldt vaſt vnder Alſo das ſie kaum wider ī ir ſchiff mochten kůmen wan der waldt gieng gar vnder Do ſprach ſanct Brandon das iſt recht der viſch aimer geweſen von dem ich geleſen hab in dem buch das ich verprent hab die ſo groß vnd ſo alt ſind das auff item rucken vnd ſchwarte groß weld wachſſen daran hab ich nun wol die warhait gefundē vnd do der walt vntergieng vnd ſich der viſch alſo vndertat do kōmē ſo groß wind auff das mer das ſie vil nahent ertruncken werent wan das ſie got in ſeiner hůet het waſſe ſprach ſãdt Brã don wol iſt der viſch ſo vil iar alt das diſer waltt ſo groß auff im gewachſſen iſt Da baten ſie vnſern herren das er in etwenn zw land hůlff.

Die nach kŏm aber ein merwunder zw
ſano Brandon·

Seite aus »St. Brandans Meerfahrt«, einem der ältesten gedruckten Volksbücher um 1475.

ein Stück davon; und diesen Stein heißt man auf Latein Unio und zu Deutsch Karfunkel. Ihn hat Herzog Ernst seinem Vater mitgebracht, und dieser ließ ihn in seine Krone setzen.

Ähnlich für breitere Schichten gedacht war auch das ursprünglich schon im 15. Jahrhundert in niederdeutscher Sprache verfasste Tierepos *Reynke de Vos,* das später als *Reineke Fuchs* in der Nachdichtung Goethes literarischen Weltruhm erlangen sollte. Im 16. Jahrhundert tauchte es auch unter den Volksbüchern auf und wurde zumindest teilweise von der Jugend gelesen. Ein Gegenstück dazu bildet ein anderes damals kaum weniger beliebtes Tierepos, der *Froschmeuseler* oder *Frosch-Mäuse-Krieg* des Georg Rollenhagen (1542–1609). Der Autor wirkte erst als Prediger, später als angesehener Schulrektor am Magdeburger Gymnasium. Er ist der erste schreibende Schulmeister, der uns begegnet, und steht damit am Beginn einer langen Kette, die bis zum heutigen Tage nicht mehr abgerissen ist. Er widmete den 1595 erschienenen *Froschmeuseler* ausdrücklich der Jugend, aber hier erleben wir erstmals, dass ein für die Jungen gedachter Text auch die Eltern erfreute, und wahrscheinlich hatten Letztere sogar mehr davon; denn mit seinen 20 000 Versen stellte das Werk schon erhebliche Anforderungen, auch erfassten junge Leser kaum die moralische und politische Belehrung. Aber sie mögen ihre Freude an der köstlichen Satire gehabt haben, ist das Ganze doch eine Parodie auf Homers *Ilias,* nur dass statt Griechen und Trojanern Frösche und Mäuse einen grimmigen Krieg ausfechten, der nach wechselvollen Kämpfen von den Fröschen gewonnen wird. Vergnüglich sind allein schon die Namen der handelnden Tiere wie etwa Pastetenfresser, Bröseldieb, Reissmehlsack oder Wurstdieb bei den Mäusen, Quackebruch, Abendschreier, Blähbauch bei den Fröschen. Bevor sie den Kampf aufnahmen, rüsteten sich die Mäuse wie einst die Griechen vor dem Krieg mit den Trojanern:

> Wie nun der kriegesrat gehalten
> Von den jungen und von den alten,
> Fiengen beide teil an sich zu rüsten
> Auf das allerbest, wie sie wusten;

wie de man· Heiß vnd leßt den iungē gan· ließ er
den knabē reitē· Vnd lief dem knaben peí de seiten

Daran thet er vil paß· Do de alt erhoret das· Do
dem esel saß er do· Der iung saß auff vnd was fro
Der ein zu dem andern sprach· Do er den knaben
reitē sach· wart getreuer geselle meß· De alt mag
wol ein narre sein· Das er leßt reiten den knaben·
Der solt lauffen vnd trabē· Vnd solt de alt reiten·
Vil kaum mocht er gepeiten· Das de alt auff den
esel kam zu dem knaben vnd reiten hin dan·

Machten ihr ordnung mancherlei,

Die meus sind gar hurtig dabei.

Erstlich, wie denn die krieger pflegen,

Sie ihren beinharnisch anlegen,

Den sie aus frischen bonen machten

Und fast die ganze nacht zubrachten,

Damit die schelen wurden hol

Und sich zun beinen schickten wol.

Der brustharnisch der war aus ror,

Künstlich gefaßt hinten und vor

Und mit ein wiesels haut verbunden,

Den sie neulich hatten geschunden.

Ihr schild waren aus horn gebissen,

Von einr alten latern gerissen;

Ihr spieß nateln, spitzig und schmal,

Aus dichtem erz geschmiedet all.

Zuletzt namen sie groß nußschlauben

Und satzten sie auf für sturmhauben.

Sie musterten auch jederman,

Und wer da war an feusten lam

Oder sein finger nicht hat all,

Etlich gelassen in der fall,

Das er kein spieß wol füren kunt,

Dem legten sie ein gbiß in mund

Und brauchten ihn gleich wie ein roß.

Das war ein lecherlicher poß.

In engem Zusammenhang mit dieser Tierdichtung standen auch die Fabeln, die gerade im 16. Jahrhundert eine besondere Blüte erlebten. Das große Vorbild boten dabei die aus der griechischen Antike stammenden Fabeln des

Seite aus Ulrich Boner »Der Edelstein« im ersten Druck um 1462 mit der auch heute noch gern gelesenen Fabel vom Bauern und seinem Sohn. Faksimile: Verlag Müller-Schindler, Stuttgart

*»Der Fabeldichter Aesop«. Holz-
schnitt aus der Ulmer Fabelausgabe
von Johann Zainer um 1476.*

Aesop, die immerhin über zwei Jahrtausende hinweg erhalten geblieben waren.
Nun wurden sie gleich mehrfach neu herausgebracht. Mag dabei auch die berühmte Ausgabe von Steinhöwel 1475 mit den herrlichen Holzschnitten für den
normalen bürgerlichen Haushalt zu teuer gewesen sein, so brachte doch Burk-
hard Waldis (1490–1556), ein viel gereister evangelischer Prediger, 1548 eigens einen *Esopus* für die Jugend heraus mit einer ausführlichen Lebensbe-
schreibung des freilich legendären ersten Fabeldichters und zahlreichen Pro-
ben seines Schaffens. Martin Luther war mit der Steinhöwel'schen Fa-
bel-Ausgabe gar nicht so recht einverstanden, nach seiner Meinung waren »so
schendliche, unzüchtige Bubenstücke« darunter, dass sie »kein jung Mensch
ohne Schaden lesen oder hören kann«. Das war gewiss zu streng geurteilt, aber
immerhin kritisierte er nicht nur, sondern versuchte es selbst besser zu machen. Leider blieb es aber auch bei dem Versuch, nur 16 Fabeln wurden fertig
und erschienen erst nach seinem Tode im Druck. Tatsächlich übertrafen sie in
ihrer sprachlichen Gestaltung die anderen Ausgaben und man kann nur bedau-
ern, dass der Reformator nicht die Zeit fand seinen Plan zu vollenden.

Vom Kranich vnd Wolffe

Da der Wolff eins mals ein Schaf geiziglich fras, bleib jm ein
Bein im Halse vber zwerch stecken, dauon er grosse Not vnd
Angst hatte, Vnd erbot sich gros Lohn vnd Geschenck zu ge-
ben, wer jm hülffe. Da kam der Kranich, vnd sties seinen lan-
gen Kragen dem Wolff in den Rachen, vnd zoch das Bein
eraus. Da er aber das verheissen Lohn foddert, sprach der
Wolff, Wiltu noch Lohn haben, Dancke du Gott, das ich dir den
Hals nicht abgebissen habe, du soltest mir schencken, das du
lebendig aus meinem Rachen komen bist.
Diese Fabel zeigt.
Wer den Leuten in der Welt wil wol thun, der mus sich erwegen
Vndanck zuuerdienen, Die Welt lohnet nicht anders, denn mit
Vndanck, wie man spricht. Wer einen vom Galgen erlöset,
Dem hilfft derselbige gern dran.

Luther hatte ein Gespür dafür, was Kinder benötigten. Eher unbeab-
sichtigt gab er auch mit dem bis heute lebendig gebliebenen Kirchenlied *Vom
Himmel hoch . . .,* das eigens für die Jugend gedacht war, einen ersten Anstoß
für die Entfaltung der deutschen Kinderlyrik. Denn seinem Beispiel folgten andere reformierte Geistliche wie der Hesse Erasmus Alberus (1500–1553)
und der aus Böhmen stammende Johannes Mathesius (1504–1565) mit weiteren Kirchenliedern für Kinder. Es dauerte dann doch noch an die 200 Jahre,
bis auch weltliche Lieder für Kinder geschrieben wurden.

Wichtigster Beitrag des Reformators für die Entwicklung der kindlichen
Lektüre dürften aber sein *Kleiner Katechismus* und die Übersetzung der Bibel
gewesen sein. Der Katechismus war in seiner altersgemäßen Sprachgestal-
tung in evangelischen Gebieten nicht nur ein wichtiges Lehrbuch für Küster-
schulen, sondern auch häuslicher Lesestoff; denn das kleine Bändchen war
billig und konnte auch von Ärmeren ohne größere Schwierigkeiten angeschafft
werden. Anders dagegen die Bibel, die sich erst allmählich durchsetzte. Der
mächtige Foliant fand aber nach und nach Zugang in die Familien. Oft war er

das einzige Buch im Hause, diente der Erbauung und der Unterhaltung und die leeren Seiten wurden häufig auch als Familienchronik genutzt. Aus ihr las der Hausvater der ganzen Familie vor und sicher durften die ältesten Kinder selbst in ihr lesen. Aber auch als Bilderbuch sollte man sie nicht unterschätzen. Luther selbst hatte sich schon um die Bebilderung der ersten Ausgabe gekümmert, deren Holzschnitte von Lucas Cranach stammen. Bis 1545 kamen noch einige weitere Bilder dazu und dieser Bestand wurde für die folgenden Jahre beibehalten. In diesen Bildern lernten viele Kinder, noch ehe sie richtig lesen konnten, die biblischen Geschichten kennen. Knapp hundert Jahre blieb die Luther-Cranach-Bibel das christliche Hausbuch schlechthin, dann

erhielt sie mitten im Dreißigjährigen Krieg eine ernsthafte Konkurrenz durch eine 1630 in Straßburg gedruckte Bibel, die zu der Luther-Übersetzung gleich 250 Kupferstiche von Matthäus Merian (1593–1650) brachte. Sie war eine Augenweide, ein Glück für die Kinder, deren Eltern sich das Werk leisten konnten.

Seite aus einer Ausgabe von M. Luther »Kleiner Katechismus« von 1547.

Ähnlich verhielt es sich im 16. und 17. Jahrhundert auch mit den Reise- und Geschichtswerken. Es fällt auf, dass es zu dieser Zeit noch keine Sachbücher für die Jugend gab. Die florierende Reiseliteratur war aber bis auf wenige Ausnahmen so geschrieben, dass sie auch von heranwachsenden Jugendlichen gelesen werden konnte, und wo die Möglichkeit bestand, wurde sie sicher auch gelesen, ohne dass diese Werke eigens unter der Jugendliteratur aufgeführt werden. Zu den bekanntesten Büchern gehörte sicher das große Amerika-Werk, das der Frankfurter Verleger Dietrich de Bry gegen Ende des 16. Jahrhunderts in mehreren Teilen (Einzelbänden) herausbrachte und dessen Bilder große Berühmtheit erlangten. Sie vermittelten alten wie jungen Lesern gleichermaßen ein erstes Bild der Neuen Welt und ihrer Bewohner. Nachdem diese Bilder im 18./19. Jahrhundert etwas in Vergessenheit gerieten, begegnen wir ihnen heute wieder in modernen Jugendbüchern als historisches Anschauungsmaterial. Aber auch andere Werke wie etwa der gut bebilderte Reisebericht Hans Stadens oder die Reisen des Ritters Mandeville, die schon 1480/81 in einer bebilderten preiswerten deutschen Ausgabe erschienen waren, gehörten dazu und halfen allmählich das geografische Weltbild junger Menschen zu erweitern.

Trotzdem darf natürlich nicht übersehen werden, dass sich derartige Bücher zum einen an schon ältere Jugendliche wandten und zum andern doch eher die Ausnahme als die Regel bildeten. Für Jüngere blieb oft als einziges eigenes Buch die Fibel, wie häufig das Abc-Buch genannt wurde. Solche Abc-Bücher sind schon um 1400 belegt. Natürlich wirkte sich auch hier die Erfindung des Buchdrucks belebend auf den Umsatz aus; oft beschränkte man sich aber auf Einblattdrucke. Luther sprach dann erstmals 1525 von den Fibeln, die von da an aus der Schule, zugleich aber auch aus der Kindheit nicht mehr wegzudenken sind und die sich in stets wandelnder Form bis zum heutigen Tage gehalten haben.

Neben Katechismus und Fibel traten in dieser Zeit als besondere literarische Gattung die so genannten Sittenbüchlein, auch Zucht- und Tugendbüchlein, die den jungen Lesern beim Erlernen guter Umgangsformen und Sitten behilflich sein sollten. Ansätze gab es schon in Handschriften des Mittelalters, auch im *Seelentrost*. Nun aber wurden die Lebensregeln eigens zusammengefasst. Zu den berühmtesten dieser Bücher gehörte der *Deutsche Facetus,* der seit 1500 immer wieder gedruckt wurde. Gute Sitten waren offensichtlich billig; denn solche Büchlein kosteten nur wenige Pfennige. Dafür gab es ausreichend Belehrungen und praktische Hinweise.

Wie sich der Knabe halten soll, der bei Tische sitzt

Wenn du selbst zu Tische sitzt, beachte diese Ordnung: Schneide dir vorher deine Nägel ab, wasche deine Hände, sitze aufrecht und sei nicht der erste in der Schüssel, trinke auch nicht zuerst, sei mäßig und fliehe die Trunkenheit, trink und iß, soviel du nötig hast, was darüber genommen wird, gebiert Krankheit. Wenn nun jedermann in die Schüssel gegriffen hat, so greife zuletzt auch du hinein. Und wenn man dir vorlegt, so nimm einen Teil davon, das übrige aber reiche wieder zurück oder einem andern, der dir zunächst sitzt, und sage auch Dank. Deine Hände sollen nicht lange auf dem Teller liegen. Schlenkere nicht mit den Füßen unter dem Tisch hin und her, und wenn du trinkst, säubere deine Lippen mit zwei Fingern oder mit einem Tüchlein, trink auch nicht, wenn du die Speise noch im Mund hast. Abgebissene Stücke tunke nicht wieder in die Speise, leck die Finger nicht und nag auch nicht die Knochen ab, sondern schneide die Stücke mit dem Messer ab. Stochere nicht mit einem Messer in den Zähnen, sondern mit dem Zahneisen oder einem Federkiel, halte dabei auch die Hand vor den Mund. Das Brot schneide nicht an der Brust. Was vor dir liegt, das sollst du essen. Wenn du Fleisch vor dich legen willst, tue es mit dem Messer und nicht mit den Fingern. Schmatz nicht wie eine Sau beim Essen, und während du ißt, kratz dich nicht am Kopf. Fege auch die Butzen nicht aus der Nase. Merk dir auch: reden beim essen ist bäuerisch, auch häufiges Niesen, Schneutzen und Husten steht nicht gut an. Wenn du ein Ei ißt, schneide zuvor das Brot, mach die Brocken nicht zu groß oder zu lang, achte darauf, daß dir nichts daneben herunterrinnt und iß es sogleich. Zerbrich auch nicht die Eierschalen, sondern lege sie wieder in die Schüssel zurück, und während du das Ei ißt, trinke nicht, beschmutze auch nicht das Tischtuch oder den Leibrock. Wenn du Pfeffer ißt, lecke die Finger nicht ab. Wenn du gegessen hast, wasche die Hände und das Gesicht, spüle den Mund aus und sage Gott dem Herrn Lob und Dank, daß er dich so väterlich und milde gespeist hat durch Jesus Christus. Wenn man dir zu trinken gibt, so verneige dich und trinke bescheiden, danke auch dem, der dir zu trinken gegeben hat. Und wenn einer mit dir reden will, so stehe auf, erzeige ihm Ehre und höre fleißig, was er dir sagt, damit du ihm mit Bedacht antworten kannst.

(L. Kulman, *Zuchtmayster für junge Kinder*)

Wenn 1554 ein Buch mit dem Titel *Der Jungen Knaben Spiegel* erschien, könnte man fast vermuten, es handle sich dabei ebenfalls um eine Art Sittenbüchlein. Tatsächlich aber war es der erste Roman für junge Leser überhaupt. Sein Verfasser Jörg (oder Georg) Wickram (ca. 1505–1562) stammte aus Colmar, war erst Ratsdiener in seiner Heimatstadt, dann ab 1546 Stadtschreiber im nahe gelegenen Burgheim. Das Amt ließ ihm offenbar Zeit für schriftstellerische Tätigkeit. Nach einem schon 1540 veröffentlichten Spiel vom *Verlorenen Sohn* begann er mit dem *Knaben Spiegel* eine Reihe von Prosatexten, die ihn im modernen Sinne zu einem Bestsellerautor werden ließen. Dazu gehörte vor allem auch 1555 die Schwanksammlung *Das Rollwagenbüchlein*, die wegen ihrer teilweise recht derben Geschichten beim besten Willen nicht für Jugendliche geeignet war. Sein Gesamtwerk schloss er 1557 mit einem weiteren Jugendroman, dem *Goldfaden*, ab.

Wickram nannte den *Spiegel* im Untertitel »ein schön kurtzwylig Büchlein«. Er wollte unterhalten, doch hinderte ihn dieser Vorsatz nicht daran, seinen Text unter einen moralischen Aspekt zu stellen. Es ist das alte Motiv vom fleißigen armen Jungen, der es zu etwas bringt, und vom faulen reichen Sohn, der verkommt, ein Motiv, das schon Einhard um 800 in seinem *Leben Karls des Großen* anklingen lässt. Hier, bei Wickram, setzt es allerdings kein Donnerwetter des Kaisers, sondern die Geschichte bekommt einen versöhnlichen Schluss im Sinne des »verlorenen Sohnes«. Die Handlung spielt im Deutschordensland Preußen. Durchaus treffend und erstaunlich realistisch gezeichnet ist die Umwelt, der Bauernhof des einen Helden, die ritterliche Welt des anderen. Man glaubt es kaum, aber Zeitgenossen warfen dem Erzähler ebendiese realistische Schilderung als zu gegenwartsbetont vor. Das hinderte die Leser aber nicht an einer freundlichen Aufnahme des Romans, der es in den ersten 50 Jahren nach seinem Erscheinen auf acht Auflagen brachte. Noch im 19. Jahrhundert veröffentlichte der Münchner Graf Pocci (siehe Kap. 4) unter dem Titel *Willibald der Sackpfeifer* noch einmal eine Nacherzählung des Stoffes. Die kleine folgende Probe aus dem Werk gibt – in neuhochdeutscher Übertragung – zugleich einen Einblick in das Erziehungswesen der damaligen Zeit.

Illustration aus Georg Rollenhagen »Froschmeuseler« von 1595.

Die Kinder wurden in großer Liebe von dem Ritter und seinem
Weib aufgezogen, ganz sauber und zärtlich mit gleicher Klei-
dung und anderem versehen. Der Jüngling Friedebert war jetzt
sieben Jahre alt und Willibald, des Ritters Sohn sechs. Da gefiel es dem Ritter, die Kinder zur Schule zu schicken, und er
besprach die Sache mit seinem Weibe. Sie suchten einen frommen ordentlichen Knaben, der die zwei zur Schule führte und
sorgfältig auf die beiden Jungen achtete. Diesen Pädagogen
besoldete der Ritter ordentlich und rüstete ihn auch mit Klei-
dung, Büchern und allem aus, was er benötigte. Der gute Junge
nahm sich der Kinder mit seinem ganzen Fleiß an, damit sie
freudig lernten. Es gelang ihm, ihnen in kurzer Zeit Lesen und
Schreiben beizubringen. Besonders Friedebert lernte mit so
großem Fleiß, dass sich sein Schul- und Zuchtmeister nicht
genug darüber wundern konnte. Er beschloss deshalb ihn ein
wenig abzulenken und führte die beiden Jungen in die grünen
Wiesen, ein andermal in die schönen Gärten und in die Wälder, damit sie sich an dem Gesang der Vögel erquickten.
Wusste er doch, dass übertriebener Lerneifer zur Melancholie
führen kann. Wenn dann Willibald und Friedebert zusammen
mit ihrem Zuchtmeister und mit anderen jungen Knaben ihres
Alters spazieren gingen, so war stets Friedebert der freund-
lichste, ordentlichste und ernsthafteste. Er unternahm keine
kindischen Spiele, sondern suchte sein Vergnügen im Betrachten schöner Blumen und zierlicher Kräuter, und soweit sein
kindlicher Verstand es vermochte, befragte er dazu seinen
Zuchtmeister, auch wollte er von allen die Namen in lateini-
scher Sprache wissen. Er holte seine Schreibtafel und ver-
zeichnete darauf alles fleißig, was ihm der Lehrer sagte.
Willibald aber, sein vermeintlicher Bruder, trieb genau das
Gegenteil, suchte seine Vergnügen in unzüchtigem Hin und
Herschwärmen, in Schlagen und Raufen und kümmerte sich
immer weniger um das Lernen. Darüber wurde sein Zucht-

meister ärgerlich, strafte ihn manchmal mit freundlichen Worten, indem er sagte: »Mein allerliebster Willibald, wie wenig gleichst du doch deinem Bruder, und dabei siehst du doch, wie gut es ihm ansteht, dass er sich bei seiner Jugend so ordentlich hält.«

Auch im *Goldfaden*, dem zweiten Jugendroman Wickrams, ging es im weiteren Sinne um Erziehungsfragen und das Grundanliegen des Dichters die Erziehung zu bürgerlicher Tüchtigkeit und den entsprechenden Tugenden. Im Mittelpunkt steht hier der Hirtenknabe Leufried, der an einem Grafenhof vom Küchenjungen bis zum Kämmerer aufsteigt und nach manchen Zwischenfällen die Hand der schönen Grafentochter und das Erbe des Vaters gewinnt. In diesem Roman stecken auch ein Hauch von Rittergeschichte und Motive, wie wir sie aus den Volksbüchern kennen.

Die Zeit von der Mitte des 16. bis zur Mitte des 17. Jahrhunderts bot im Bereich der Jugendliteratur wenig Bemerkenswertes. Sicher wurden Bücher

Holzschnitt aus der Erstausgabe von Jörg Wickram »Der Goldfaden« 1557.

Holzschnitt vom Titelblatt einer Ausgabe des »Ritters vom Turn« 1538.

gedruckt, durch die Neuauflagen wurden sie manchmal sogar billiger. Die Zahl der Schulen wuchs und mit ihr natürlich auch die Zahl der jungen Menschen, die schreiben und lesen lernten. Sogar auf den Dörfern entstanden private Schulen, meist betrieben von Männern, die in anderen Berufen gescheitert waren. Die so genannten Fahrenden Schüler, wie wir sie aus den Erinnerungen von Johannes Butzbach oder Thomas Platter kennen, verschwanden jetzt, die Schulverhältnisse verbesserten sich allerdings nicht. Überall hört man Klagen über die schlechten Lebensverhältnisse und Arbeitsbedingungen für Lehrer wie Schüler; denn dass man am leichtesten an den Schulen sparen konnte, hatten die Magistrate in den Städten auch schon damals erkannt. Während des Dreißigjährigen Krieges litten, wie wir aus zeitgenössischen Zeugnissen wissen, Schulen und Schüler ganz besonders. Wie gefährlich in diesen Zeiten das Leben für junge Menschen sein konnte, erfährt man aus einer der ganz wenigen Erzählungen, die unmittelbar nach dem Dreißigjährigen Krieg für junge Menschen geschrieben wurden. Der Dichter Hans Jakob Christoph von Grimmelshausen (um 1620–1676) hatte während des Krieges noch die Lateinschule in seiner Vaterstadt Gelnhausen besucht und war dann später Soldat geworden. Nach dem Krieg schrieb er mehrere Romane und Erzählungen, die starke zeitgeschichtliche und autobiografische Züge aufweisen. Dazu gehören allen voran der *Simplicius Simplicissimus,* aber auch der 1672 erschienene *Stolze Melcher.* Es ist die Geschichte eines Bauernjungen, der sich von französischen Werbern in den Militärdienst locken lässt, aber schließlich doch gerettet wird. Obgleich sie Grimmelshausen der »gernkriegenden teutschen Jugend« eigens als Mahnung zueignete, kam sie bei den jungen Leuten nie so recht an:

> Mein Nachbar Landsmann sah so bleich und ausgemergelt aus, dass ich mich nicht erinnern konnte, ob er vor Krankheit, vor Hunger, vor Mattigkeit oder wegen allzu großer Ausmergelung sich nicht niederlegen konnte oder mochte; denn ich wusste noch nicht, wo ihn der Schuh drückte, und dass er von allen diesen vier Quälereien zugleich gepeinigt wurde. Der Handwerkskerl aber sagte zu ihm: »Nun Bruder, du hast unlängst so einen großen Haufen guter Dinge von den Reichtümern deiner Eltern, die in diesem Dorf wohnen sollen, aufgeschnitten, warum gehen wir denn nicht vollends hinein, um uns bei ihnen, wie du uns versprochen hast, zu erquicken?« »Ach Bruder«, antwortete der stolze Melcher, »ich schäme mich in Wahrheit für mich und meine Eltern selbst, in diesem meinem erbärmlichen Zustand gleichsam wie ein elender Bettler in das Dorf zu gehen, besonders aber auch, weil ich mir vorgenommen und es bei meiner Abreise jedermann versprochen hatte, in dieses bei meiner Rückkehr wie ein ansehnlicher Edelmann zu reiten und darin als ein Herr zu herrschen. Deshalb, mein Bruder, bitte ich dich, tu doch so viel an mir und gehe hinein, frage nach dem Schulzenklaus Jörg Hansen, denn das ist mein Vater, und sage zu meiner Mutter, doch so, dass es beileibe der Vater nicht hört, ihr Melcher sei da; sage

ihr auch, sie solle herkommen und mir ein weißes Hemd samt meinen alten Hosen und ein paar Strümpfe mitbringen. Ich weiß, sie wird gleich mit dir laufen, wenn sie nicht sogar ein Pferd mitnimmt. Wenn ich mich dann anders gekleidet habe, so will ich mit ihr heim, und da will ich dir halten, was ich dir schon vor zwanzig Meilen versprochen habe.«

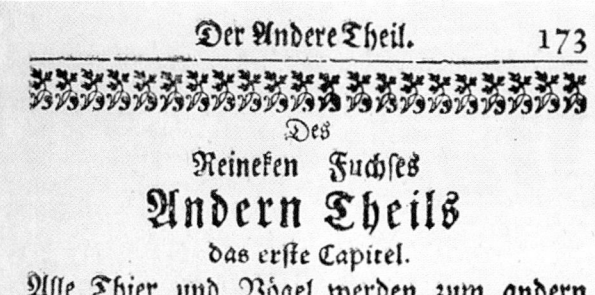

Seite aus einer Ausgabe des »Reineke Fuchs« um 1700.

Eng mit den Lateinschulen hängt seit der Reformationszeit auch das Schulspiel zusammen, eine Gattung der Jugendliteratur, die bis zum heutigen Tage nichts an Bedeutung eingebüßt und sich immer weiterentwickelt hat.

Wer denkt schon bei den modernen Stücken des Kinder- und Jugendtheaters daran, dass ihre Anfänge in den Schulen zu suchen sind? Gründe für solche Schulspiele, wie sie genannt wurden, gab es genug. Da war vorab die Belehrung und Erbauung und, wenn es nötig schien, auch die Bekehrung. Da konnten sich aber auch die Schulen selbst vorstellen und vor allem ihre Zöglinge. Die Rollenbesetzung erfolgte häufig nicht nach dem Prinzip der schauspielerischen Eignung, sondern die besten Schüler erhielten die Hauptrollen und wurden auf diese etwas merkwürdige Weise vor der Öffentlichkeit herausgestellt und belobigt. Da solche Aufführungen jedes Jahr stattfanden, musste für Nachschub gesorgt werden. Bei den Jesuitenschulen gab es eigene Patres, die dafür verantwortlich waren. An den städtischen Schulen bot sich hier für den Rektor eine gute Möglichkeit sein tatsächliches oder auch eingebildetes literarisches Können zu beweisen. Aus der auf diese Weise entstandenen beachtlichen Menge von Stücken ragt eigentlich nur das Werk eines Mannes hervor, der schon am Schluss der langen Reihe steht und seine Stücke zu einer Zeit schrieb, als das Schultheater wieder aus der Mode kam. Christian Weise (1642–1708) stammte aus Zittau in der Oberlausitz. Er studierte Theologie und brachte es bis zum Rektor des Gymnasiums in seiner Heimatstadt. Offensichtlich gelang es ihm, die Theaterbegeisterung seiner Mitbürger zu wecken; denn für die jährlich gleich drei Tage umfassenden Theateraufführungen schrieb er über 50 Stücke. Was ihn dabei bewegte, legte er 1708 in einer Schrift *Von Verfertigung der Komödien und ihrem Nutzen* nieder. Deutlich spürt man die Abkehr von den Tendenzen der Reformation und der Gegenreformation und den Beginn einer neuen Zeit literarischer Aufklärung. Kein Wunder, dass Lessing den Autor und seine Stücke schätzte. Dem barocken Ausstattungstheater blieb Weise aber noch mit der Vielzahl der Rollen verbunden. In dem 1683 uraufgeführten *Masaniello*, der einen damals durchaus zeitgeschichtlichen Stoff, nämlich einen Volksaufstand 1647 in Neapel, auf die Bühne brachte, gab es 78 Sprechrollen, zwei Tenöre, einen Chor und noch etliche Statisten! Damit dürften nahezu sämtliche Schüler des Gymnasiums dieser angesehenen, aber doch kleinen Landstadt erfasst gewesen sein. Wir lernen im Folgenden den ersten Auftritt kennen, der schon das dramatische Talent des Herrn Rektors beweist.

Erster Handlung

Erster Aufftrit.

Roderigo, Leonisse.

R o d . Es ist eine Furcht, die von Weiblicher Schwachheit ent-
stehet. Wer seinen Halß einmahl der Regiments-Last unter-
worffen hat, der muß ein solches Ungewitter verachten können.

L e o n . Ich wolte wünschen, daß meine Furcht aus Weiblicher
Schwachheit entstanden wäre; allein, ich höre solche Zeitung,
darüber ich vor Angst zerspringen möchte: ach wer wil dem rasenden Volcke wiederstehen! Ist uns und unserer Familie der
unglückselige Tod zu Neapolis bestimt, und sollen wir das je-
nige, was andere verschuldet haben, mit unserm Blute büssen?

R o d . Ihr Liebden beschämen mich mit der unzeitigen Furcht.

L e o n . Ihr Liebden halten mir es zu Gnaden, dass ich spreche,
die Furcht sey etwas langsam: Ach! ich sehe mein Verderben
schon vor Augen! und weil doch so viel hundert tausend Menschen nach unserm Blute durstig sind, so gebe doch der barm-
hertzige Himmel, dass ich zu erst einen tödlichen Stoß
bekommen möge, ehe ich den Tod meiner hertzliebsten Kinder, und so denn auch das euserste Unglück meines Hertzgeliebtesten Ehe-Gemahls anschauen müsse.

R o d . Wie hat doch die eitele Einbildung so eine mächtige
Operation, daß man dem Tode entgegen lauffen wil, wenn man
noch gute Gelegenheit zum Leben hat.

L e o n . Ich sehe bey dem gegenwärtigen Zustande nichts, als
einen geschwinden Tod, oder ein dienstbares Leben. Nun weiß
ich wohl, wie mein Stand, meine Ehre und meine inbrünstige
Liebe gegen den Hertzgeliebtesten Ehegemahl aus zweyen
Ubeln das geringste erwehlen sol.

R o d . Der Aufstand wird nicht so gefährlich seyn, und wenn es
zum euersten komt, so wird dem Volcke viel versprochen, das
man hernach desto weniger halten darff.

L e o n . Eben dieses besorge ich, das Volck werde sich ins

Künfftige mit solchen Versprechungen nicht abweisen lassen.
Es ist wahr, wir haben unsern Leuthen zu viel nachgesehen;
wir haben dem Volcke manche unnöthige Last auf dem Rücken
gelassen, nun wird die Rache zugleich auf uns hereinstürmen,
und so werden wir so wohl die eigene, als die fremde Schuld ertragen müssen.

Sollten wir eine Bilanz über die ersten zwei Jahrhunderte in der Entwicklung des deutschen Kinder- und Jugendbuches seit der Erfindung des
Buchdruckes ziehen, so müsste sie recht dünn ausfallen. Was Kinder gerne
lasen . . . Viel war es wirklich nicht, was sich ihnen da zu Vergnügen und Belehrung anbot. Kinder und ihre Wünsche wurden eben noch nicht ernst genommen. Sie mussten nehmen, was ihnen zufiel, die abgelegten Kleider der
Erwachsenen ebenso wie die Bücher. Kindheit und Jugend waren nicht mehr
als Durchgangsstufen auf dem Wege zum Erwachsenen.

*Der Kupferstich von M. Merian zu einer Bibel-Ausgabe von 1630 hatte gleicherma-
ßen die Funktion einer Bilderbuch- und Sachbuchillustration.*

Gerade um die Mitte des 17. Jahrhunderts, nur zehn Jahre nach dem Ende des Großen Krieges, setzte ein Mann dann eine Wendemarke, die erst heute in ihrer wahrhaft europäischen Bedeutung richtig erkannt und gewürdigt wird. Ihr Schöpfer war Jan Amos Komensky (1592–1670) aus Nivnitz in Mähren, der sich später der Sitte der Zeit entsprechend Johann Amos Comenius nannte. Er gehörte der Glaubensgemeinschaft der Böhmischen Brüdergemeinde an, hatte in Heidelberg Theologie studiert und war Schulleiter und Prediger und später Bischof der Brüdergemeinde geworden. In den harten Zeiten des Dreißigjährigen Krieges wurde er aus seiner Heimat vertrieben, musste schwere persönliche Schicksalsschläge hinnehmen und verlor doch nie seinen Glauben an das Gute, seine religiöse Toleranz und seine Begeisterung als Erzieher. Er verfasste wichtige philosophische und pädagogische Werke, die auch heute nichts von ihrer Bedeutung eingebüßt haben, und ein Schulbuch, das wie kein anderes zugleich für die Entwicklung des Jugendbuches von Bedeutung wurde, den *Orbis pictus.*

Eigentlich hat Comenius ihn als Lehrbuch der lateinischen Sprache konzipiert, aber er beschränkte sich nicht auf das Wort, sondern suchte auf dem Weg über die Anschauung die Aneignung des Wissensstoffes zu erleichtern, wobei er nicht nur Lebenshilfe, sondern zugleich auch eine fundierte Weltsicht bieten wollte. Das Grundprinzip war dabei so einfach, dass es bis heute noch in Bildwörterbüchern und auch in Computern angewendet wird. Lateinische und deutsche Texte stehen einander gegenüber, die Sätze sind einfach gebaut, sodass sich der Benutzer die Vokabeln leicht merken kann. Zu jedem Text gehört auch ein Bild mit einer entsprechenden Szene, auf der alle Begriffe vertreten und nummeriert sind, sodass man beliebig vom Text zum Bild, vom Bild zum Text gehen kann.

Ludi pueriles	*Kinderspiele*
Pueri	Die Knaben
ludere solent	pflegen zu spielen/
vel *globis fictilibus;* 1	entwed' mit Schnellkeulchen;
1	

vel jactantes	oder schiebend
Globum 2	die Kugel 2
ad *Conas;* 3	nach den Kegeln; 3
vel Sphærulam	oder das Kügelein
Clavâ 4	mit der Keule 4
mittentes	schlagend
per *Annulum;* 5	durch den Ring; 5
vel *Turbinem* 6	oder den Kreussel 6
Flagello 7	mit der Peitsche 7

Seite aus der Erstausgabe des »Orbis sensualium pictus« von Jan Amos Comenius.

LXIV.

Faber Murarius.

Der Mäurer.

versantes;	treibend;
vel *Sclopo*, 8	oder mit dem Blasrohr 8
& *Arcu* 9	und Armbrust 9
jaculantes;	schiessend;
vel *Grallis* 10	oder auf Stelzen 10
incedentes;	gehend;
vel super *Petaurum* 11	oder auf dem Knebel 11
se agitantes	sich bewegend
& oscillantes,	und retzschend.

•❀:❀:(133):❀:❀•

Faber murarius, 1	Der Mäurer 1
ponit Fundamentum	leget den Grund/
& ſtruit	und ſetzet
Muros: 2	Mauren: 2 (ſteinen/
Sive è *Lapidibus*,	Entweder aus Bruch-
quos Lapidarius	welche der Steinhauer
eruit.	brichet
in *Lapicidinâ*, 3	in der Steingrube/ 3
& *Latomus* 4	und der Steinmetz/ 4
conquadrat	zubereitet
ad *Normam*; 5	nach dem Richtſcheit; 5
Sive è *Lateribus*, 6	Oder aus Zigelſteinē/ 6
qui, ex arenâ	welche/ aus Sand
& luto,	und Lehmen/
aquâ intritis,	mit Waſſer angerührt/
formantur,	geformet/
& igne excoquuntur:	und gebrennet werden:
Dein cruſtat	Darnach bewirft er ſie
Calce,	mit Kalch (Mörtel) (7
ope *Trulla*, 7	vermittelſt d Mörtelkelle/
& *Tectorio* veſtit. 8	und übertüncht ſie. 8

Comenius ging es aber nicht allein um Realien. Die Holzschnitte des Buches entfalten in ihrem Nacheinander das Bild einer wohl geordneten und in sich geschlossenen Wirklichkeit, eines Kosmos, in dem Gott Anfang und Ende ist. Unverkennbar wird die Reihenfolge der Tafeln von theologischen Prinzipien bestimmt und so ist der *Orbis pictus* nicht nur das Ergebnis der neuen realistischen Bemühung in der Pädagogik des 17. Jahrhunderts, sondern auch ein Zeugnis pansophischer Philosophie seines Autors, des Glaubens an die göttliche Ordnung der Welt und deren Erfahrbarkeit. Die Entstehungsgeschichte des Buches spiegelt eine europäische Leistung. Der Autor stammte aus Mähren, seine Muttersprache war Tschechisch, er beherrschte Latein ebenso wie das Deutsche. In diesen beiden Sprachen sind die Texte abgefasst, wobei der lateinische von Comenius stammt, die deutsche Übersetzung von Sigismund von Birken, Prinzenerzieher, Poet und Mitglied der berühmten Dichtergesellschaft des »Pegnesischen Blumenordens«. Die Holzschnitte hat ein Nürnberger Künstler geschaffen und ein Nürnberger Verleger brachte auch das Buch heraus.

Das Buch wurde ein ungeheurer Erfolg, einfach, weil es die Schulmeister schätzten und die Kinder gerne lasen. Hier erschloss sich ihnen der gesamte Kosmos, Gott und die Welt, Himmel und Erde, ethische Begriffe ebenso wie die alltäglichen Realien – und so nebenbei konnten sie, wenn sie nur ein wenig aufmerkten, auf bequeme und kurzweilige Art das Lateinische lernen. Der Schriftsteller und Abenteurer Friedrich Christian Laukhard schrieb um 1800 in seinem Lebensbericht: »Ich muss gestehen, dass ich diesem Buche vieles verdanke, es ist das Beste, um Kindern eine Menge Vokabeln und lateinische Redensarten spielend und ohne allen Ekel beizubringen . . .« Für seine Zeit war dieser *Orbis pictus* ebenso revolutionär wie heute manche Computer-Lernspiele. Seine Nachkommen und Nachahmer begegnen uns in der Jugendliteratur bis heute.

2. Telemach und Robinson

Von der Jugendliteratur im Zeitalter der Aufklärung

Man hatte zu der Zeit noch keine Bibliotheken für Kinder veranstaltet. Die Alten hatten selbst noch kindliche Gesinnungen, und fanden es bequem, ihre eigene Bildung der Nachkommenschaft mitzuteilen. Außer dem »Orbis pictus« des Amos Comenius kam uns kein Buch dieser Art in die Hände; aber die große Foliobibel, mit Kupfern von Merian, ward häufig von uns durchblättert; Gottfrieds »Chronik«, mit Kupfern desselben Meisters, belehrte uns von den merkwürdigsten Fällen der Weltgeschichte; die »Acerra philologica« tat noch allerlei Fabeln, Mythologien und Seltsamkeiten hinzu; und da ich gar bald die Ovidischen »Verwandlungen« gewahr wurde, und besonders die ersten Bücher fleißig studierte: so war mein junges Gehirn schnell genug mit einer Masse von Bildern und Begebenheiten, von bedeutenden und wunderbaren Gestalten und Ereignissen angefüllt, und ich konnte niemals Langeweile haben, indem ich mich immerfort beschäftigte, diesen Erwerb zu verarbeiten, zu wiederholen, wieder hervorzubringen.

Einen frömmern, sittlichern Effekt, als jene mitunter rohen und gefährlichen Altertümlichkeiten machte Fénelons »Telemach«, den ich erst nur in der Neukirchischen Übersetzung kennen lernte, und der, auch so unvollkommen überliefert, eine gar süße und wohltätige Wirkung auf mein Gemüt äußerte. Daß »Robinson Crusoe« sich zeitig angeschlossen, liegt wohl in der Natur der Sache; daß die »Insel Felsenburg« nicht gefehlt habe, läßt sich denken. »Lord Anson's Reise um die

Welt« verband das Würdige der Wahrheit mit dem Phantasie-
reichen des Märchens, und indem wir diesen trefflichen See-
mann mit den Gedanken begleiteten, wurden wir weit in alle
Welt hinausgeführt, und versuchten ihm mit unsern Fingern
auf dem Globus zu folgen. Nun sollte mir auch noch eine reich-
lichere Ernte bevorstehn, indem ich an eine Masse Schriften
geriet, die zwar in ihrer gegenwärtigen Gestalt nicht vortreff-
lich genannt werden können, deren Inhalt jedoch uns manches
Verdienst voriger Zeiten in einer unschuldigen Weise näher
bringt.

Der Verlag oder vielmehr die Fabrik jener Bücher, welche in
der folgenden Zeit, unter dem Titel: »Volksschriften«, »Volksbücher«, bekannt und sogar berühmt geworden, war in Frankfurt selbst, und sie wurden, wegen des großen Abgangs, mit
stehenden Lettern auf das schrecklichste Löschpapier fast un-
leserlich gedruckt. Wir Kinder hatten also das Glück, diese
schätzbaren Überreste der Mittelzeit auf einem Tischchen vor
der Haustüre eines Büchertrödlers zu finden, und sie uns für
ein paar Kreuzer zuzueignen.

So erzählt Johann Wolfgang von Goethe in seiner Autobiografie *Dichtung und Wahrheit* von seiner Kinderlektüre etwa im Alter von acht Jahren.
Rund zweihundert Jahre waren seit dem Rundschreiben Martin Luthers vergangen, eine Zeit, in der sich im Bereich des Kinder- und Jugendbuches in
Deutschland nicht allzu viel getan hatte. Noch immer wurde das Lob des *Orbis
pictus* gesungen, Bibelbilder wie etwa die Kupfer von Matthäus Merian waren
weit verbreitet und boten gutes Anschauungsmaterial in der biblischen Geschichte. Ovids *Metamorphosen* als Jugendlektüre dürften wohl eher als Aus-
nahmefall gelten, ganz anders dagegen der *Telemach* des französischen Bi-
schofs François Fénelon (1651–1715).

---

*»Robinson und Freitag«. Kupferstich aus Daniel Defoe »Robinson Crusoe« in einer
Ausgabe von 1726/27.*

Es ist die Geschichte vom Telemach, dem Sohn des Odysseus, der in diesem Roman nach seinem Vater sucht und dabei verschiedene Abenteuer erlebt. Athene-Minerva geleitet ihn in der Gestalt des alten Erziehers Mentor und findet dabei genug Gelegenheit ihm wichtige Lebensregeln auf den Weg zu geben. Fénelon hatte den Roman in den Jahren 1695/96 geschrieben; der frühere Prinzenerzieher bei Hofe und spätere Erzbischof von Cambrai nutzte das Werk, um freimütig Kritik an den politischen Verhältnissen zu üben. Obgleich es also eigentlich auf die Situation des absolutistischen Frankreich zugeschnitten war, fand es in verschiedenen Übersetzungen in Deutschland weite Verbreitung und beherrschte geradezu jahrelang den Markt. Vor allem in zahlreichen Adelsbibliotheken begegnen wir dabei französischen Originalausgaben und teilweise hervorragend illustrierten deutschen Übersetzungen. So diente das Werk gleich mehreren Zwecken, zum einen der »moralischen« – heute würde man eher sagen sozialkundlichen – Belehrung, zum andern der Unterhaltung, in einer Zeit, in der es noch kaum unterhaltende Literatur für Jugendliche gab, weiterhin als Hilfe für das Erlernen des Französischen und nicht zuletzt auch der Vermittlung mythologischen Grundwissens. Es gab deutsche Ausgaben, die über einen eigenen Anhang mit Erklärungen der vielen mythologischen Anspielungen verfügten. Hier war eine der Wurzeln für das starke Interesse an dem Bereich der antiken Mythologie, das bis zum Ende des 19. Jahrhunderts anhielt.

Aber auch für abenteuerliche Spannung war gelegentlich gesorgt.

> Der erste Kampf bestund in dem Ringen; da denn ein Rhodiser
> ungefehr von fünf und dreisig Jahren alle die übrigen übertraf,
> welche sich unterfiengen, ihm entgegen zu gehen. Er besaß
> noch alle Stärcke der Jugend; seine Arme waren von starcken
> Nerven und fleischicht: Wenn er sich nur ein wenig bewegete,
> so sahe man alle seine Mußkeln, und er war eben so hurtig, als

Kupferstich aus einer französischen Ausgabe von François Fénelon »Télémaque«, wie sie Ende des 18. Jahrhunderts vor allem in deutschen Adelsbibliotheken als Lektüre für die Jugend verbreitet war.

*Telemaque retrouve Mentor dans l'Isle de Cypre,
il supplie Hazaël de l'embarquer avec lui pour
les conduire en Créte.*

tapfer. Ich schiene ihm nicht würdig zu seyn, überwunden zu
werden, und weil er meine Jugend mit Erbarmung ansahe, so
wollte er sich zurücke begeben; ich aber stellete mich ihm vor
die Augen. Hierauf griefen wir einander an, und drückete einer
den andern dermassen, daß wir den Odem verlohren. Wir hatten Schulter gegen Schulter, Fuß gegen Fuß; alle unsere Ner-
ven waren ausgespannet, und die Arme wie Schlangen in
einander geschlungen; worbei sich ein jeder bestrebete, seinen
Feind von der Erden in die Höhe zu heben. Bald versuchete er,
mich zu überrumpeln, indem er mich auf die rechte Seite stieß;
bald wendete er alle Gewalt an, mich auf die lincke Seite zu
beugen. Indem er mich nun solcher gestalt antastete, stieß ich
ihn mit solcher Heftigkeit, daß sich seine Lenden zusammen
falteten; worauf er auf den Sand niederfiel, und mich zugleich
niederriß; also daß ich auf ihm lag. Er bemühete sich aber umsonst und vergebens, mich unter sich zu bringen: Denn ich
hielte ihn vest und unbeweglich unter mir. Das ganze Volk
schrie aus: Sieg dem Sohne des Ulysses!

In die historisch-philologische Richtung gehören die heute kaum mehr
bekannte *Acerra philologica,* das *Philologische Schatzkästlein,* das Peter Lau-
remberg schon 1637 erstmals veröffentlicht hatte. Es enthielt hundert kurze
Geschichten und Anekdoten für Schüler zur Einführung in das klassische Al-
tertum. Die Sammlung war so beliebt, dass sie Verleger immer neu herausbrachten und dabei erweiterten. Zur Goethe-Zeit gab es schon Ausgaben mit
700 solcher »Historien«!

Eine ähnliche Verbreitung fand seit der Mitte des 18. Jahrhunderts das
in Deutschland ebenfalls viel gelesene *Magazin des Enfants,* das die Franzö-
sin Jeanne Marie Leprince de Beaumont 1756 veröffentlicht hatte. Ähnlich
wie Fénelon wandte sie sich an eine finanzielle und intellektuelle Oberschicht,
übte aber mit ihrem Werk auf die Entwicklung des deutschen Kinderbuches einen noch stärkeren Einfluss als der *Telemach* aus. In 29 Gesprächen oder
besser Unterrichtsstunden einer Hofmeisterin mit sieben Mädchen aus den

»gehobenen Ständen« im Alter zwischen fünf und 13 Jahren werden Geschichten zur Unterhaltung wie zur Belehrung, Feenmärchen, biblische Geschichten
aber auch Sachinformationen in durchaus geschickter Verbindung dargebo-
ten. Von diesem *Magazin* gehen dann die Fäden zu jenen deutschen Kinderzeitschriften und Almanachen, die seit den Siebzigerjahren des 18. Jahrhunderts eine wichtige Rolle spielten.

Wenn Goethe *Lord Anson's Reise* erwähnt, so ist dieses Werk an sich
nicht typisch für die Zeit, wohl aber die Beschäftigung mit Reisewerken, die an
sich für erwachsene Leser bestimmt waren. Hier setzt sich nur die Gepflogen-
heit fort, dass Reisebücher aller Art auch als Jugendlektüre eine Rolle spielten, ein Umstand, der häufig genug in der Geschichte der Jugendliteratur
übersehen wird. Man muss die Nennung dieses Reisewerks im Zusammenhang mit der Erwähnung von Schnabels *Insel Felsenburg* und Defoes *Robinson Crusoe* sehen. Beide Bücher beschäftigten sich mit dem gleichen Thema,
dem Aufenthalt eines oder mehrerer Menschen auf einer einsamen Insel. Beide waren sie nicht für jugendliche Leser gedacht. Der mehrbändige, langatmi-
ge Roman Schnabels wird aber dennoch hin und wieder als Jugendlektüre erwähnt, ein Beweis, wie stark das Interesse an abenteuerlichen Stoffen war.

> Indem aber nicht allein grosse Verdrießlichkeit, sondern viel-
> leicht gar Lebens-Gefahr zu befürchten war, soferne meine Ge-
> fährten dergleichen Gedancken merckten, hielt ich darmit an
> mich, und nahm mir vor auf andere Mittel zu gedencken, wo-
> durch diese unvernünfftige Schiffarth rückgängig gemacht
> werden könne. Allein das unerforschliche Verhängniß über-
> hob mich dieser Mühe, denn wenig Tage hierauff, erhub sich
> ein grausamer Sturm zur See, welchen wir von den hohen Fel-
> sen-Spitzen mit erstaunen zusahen, jedoch gar bald durch ei-
> nen ungewöhnlichen hefftigen Regen in unsere Hütten
> getrieben wurden, da aber bey hereinbrechender Nacht ein je-
> der im Begriff war, sich zur Ruhe zu begeben, wurde die gantze
> Insul von einem hefftigen Erdbeben gewaltig erschüttert, wor-
> auff ein dumffiges Geprassele folgete, welches binnen einer

oder zweyer Stunden Zeit noch 5. oder 6. mahl zu hören war. Meine Gefährten, ja so gar auch die zwey Krancken kamen gleich bey erster Empfindung desselben eiligst in meine Hütte gelauffen, als ob sie bey mir Schutz suchen wolten, und meyneten nicht anders, es müsse das Ende der Welt vorhanden seyn, da aber gegen Morgen alles wiederum stille war, und der Sonnen lieblicher Glantz zum Vorscheine kam, verschwand zwar die Furcht vor dasmahl, allein unser zusammengesetztes Schrecken war desto grösser, da wir die eintzige Einfahrt in unsere Insul, nehmlich den Auslauff des Westlichen Flusses, durch die von beyden Seiten herab geschossenen Felsen gäntzlich verschüttet sahen, so daß das gantze Westliche Thal von dem gehemmten Strome unter Wasser gesetzt war.

Dieses Erdbeben geschahe am 18den Jan. im Jahr Christi 1523. bey eintretender Nacht, und ich hoffe nicht unrecht zu haben, wenn ich solches ein würckliches Erdbeben oder Erschütterung dieser gantzen Insul nenne, weil ich selbiges selbst empfunden, auch nachhero viele Felsen-Risse und herabgeschossene Klumpen angemerckt, die vor der Zeit nicht da gewesen sind. Der Westliche Fluß fand zwar nach wenigen Wochen seinen geraumlichen Auslauff unter dem Felsen hindurch, nachdem er vielleicht die lockere Erde und Sand ausgewaschen und fortgetrieben hatte, und solchergestallt wurde auch das Westliche Thal wiederum von der Wasser-Fluth befreyet, jedoch die Hoffnung unserer baldigen Abfahrt war auf einmahl gäntzlich zerschmettert, indem das neu erbaute Schiff unter den ungeheuern Felsen-Stücken begraben lag.

Die Nennung von Defoe in Goethes Autobiografie befremdet insofern, als dieser um die Mitte des 18. Jahrhunderts in Deutschland kaum verbreitet war. Wahrscheinlich hat ihn Goethe erst, angeregt durch Rousseaus Empfehlungen, im Nachhinein in seine Lektüreangaben eingeschmuggelt; denn der französische Philosoph empfahl ihn 1762 in seinem *Emile* als Lektüre für Jungen.

Ch. Erhart del.   *E. Fitchel Sc.*

»*Wochen- und Jahrmärkte*«. *Kupferstich aus Paul von Stetten* »*Ständebuch*« *Augsburg 1799.*

Den wirklichen Lesegewohnheiten der Kinder in damaliger Zeit entspricht Goethes Hinweis auf die billigen Heftausgaben der »Volksbücher«. Ihre Nennung bildet ein Glied in einer langen Kette, die vom 16. Jahrhundert bis in die Gegenwart reicht.

Goethes Leseerinnerungen führen zurück an das Ende der Fünfzigerjahre des 18. Jahrhunderts. Sie sind typisch für eine Zeit, in der es noch wenige Bücher für Kinder gab. Wie aber hätte die Situation ausgesehen, wenn er 30 Jahre jünger gewesen wäre? Seit den Siebzigerjahren entwickelte sich die Jugendliteratur in Deutschland mit einer erstaunlichen, fast beängstigenden Schnelligkeit. Im Zeitalter der Aufklärung beschäftigte man sich intensiv mit dem Kind, mit seinen geistigen Bedürfnissen, zu denen eben auch die Lektüre gehörte. Drei Ziele standen dabei für Erzieher und Schriftsteller im Vordergrund: Die unterhaltende, die moralisierende und die belehrende Darstellung, wobei das Schwergewicht auf den beiden Letzteren lag. Das ging zwar weitgehend auf Kosten der Poesie, aber trotz mancher offenkundiger Schwächen war die Kinderliteratur in dieser Zeit im Allgemeinen besser als ihr Ruf. Vor allem eines war besonders wichtig: Die Kinder bekamen Lesestoff in ausreichendem Maße, billige und teuere Bücher erschienen, wurden gekauft und gelesen. Kinderbücher waren nun nicht mehr das Privileg einer durch Bildung oder Wohlhabenheit begünstigten Schicht, wenigstens einige wurden allgemein erschwinglich. Natürlich gab es Renommier-Objekte, die heute noch in jeder einschlägigen Darstellung besonders gelobt und hervorgehoben werden, die aber kaum erschwinglich waren und deshalb auch kaum gelesen oder als Anschauungsmaterial genutzt wurden. Es ist kein Wunder, dass sich solche Werke von vornherein an die »gesitteten Stände« wandten oder an den »gebildeten Teil der bürgerlichen Welt«, den Adel eingeschlossen. Und doch sind einige von größerer Bedeutung, bildeten sie doch Bindeglieder in einer Kette, die vom *Orbis pictus* bis zu den Sachbüchern der Gegenwart reicht. Sie wirkten zwar nicht unmittelbar auf junge Leser, wohl aber anregend auf spätere Generationen.

Am Beginn steht dabei *Des Elementarwerkes erster bis vierter Band. Ein geordneter Vorrath aller nöthigen Erkenntniß. Zum Unterrichte der Jugend von Anfang bis ins academische Alter. Zur Belehrung an Eltern, Schullehrer und Hofmeister. Zum Nutzen eines jeden Lesers, die Erkenntniß zu vervollkommnen* aus dem Jahre 1774. Sein Verfasser Johann Bernhard Basedow (1724–1790) hatte in Dessau eine Erziehungsanstalt, das »Philanthropinum«, gegründet, das ihn zum bekanntesten Pädagogen seiner Zeit werden ließ. Nach ihm wurde der »Philanthropismus« benannt, eine nach Rousseaus Grundsätzen durchgeführte, naturgemäße und menschenfreundliche Erziehungsmethode. Den besonderen Reiz des vierbändigen Werkes bildete dabei ein zusätzlicher Tafelband, für den Basedow mit Daniel Chodowiecki immerhin einen bedeutenden Buchillustrator gewinnen konnte. Die von ihm geschaffenen hundert Kupferstiche dieses Werkes mit Szenen aus der Lebenswelt seiner Zeit bilden heute noch eine kulturgeschichtliche Fundgrube ersten Ranges. Aber für Kinder? Endlich hatten sie ein vorbildliches Anschauungsbuch und schon betonte der gelehrte Verfasser, Eltern dürften jeden Tag nur ein Bild mit ihren Kindern betrachten und es ihnen erläutern, um eine übertriebene Zerstreuung zu vermeiden!

Die Eltern erhielten für solche Erläuterungen in den Texten noch die entsprechenden Hinweise:

»Lehrer und Schüler im Naturkundekabinett«. Kupferstich von Daniel Chodowiecki zu Johann Bernhard Basedow »Elementarwerk« 1774.

Anfangs muß es den Kindern nicht erlaubt sein, die Kupfersammlung außer der Zeit des Unterrichts und alsdann zu haben, wenn der Lehrer ihnen nichts vorzeigen will. Mit der Zeit kann es eine Belohnung werden, daß sie dieselbe eine Viertelstunde ansehen dürfen und zwar nur kurze Zeit und nur wenige Tafeln auf einmal. Es müssen ihnen immer einige ganz neu und verlangenswürdig bleiben. Daher rate ich, daß man sie einzeln auf Pappe oder steifes Papier kleben lasse. Wenn aber Kindergesellschaften zusammenkommen, welches man oft veranlassen muß, so sei es eine Ehre und Übung, daß ein Kind, so ordentlich und vollständig, als es kann, die gezeichneten Gegenstände seinen Freunden erkläre. Die jüngeren dürfen es nur durch die Anzeige der Namen tun, die älteren aber durch

Sacherklärungen von dem Ursprunge, den Eigenschaften und dem Gebrauche der Dinge; die ältesten durch zwischengestreute Erzählungen und moralische Betrachtungen, die ihrem Alter gemäß sind. An der Möglichkeit dieser Übung darf man nicht zweifeln, wofern die Kinder elementarisch unterrichtet sind. Ein jedes Blatt muß als ein neues Geschenk an die Kinder, und zwar zu einer solchen Zeit sein, da man ihnen vorzügliche Zufriedenheit mit ihrem Verhalten bezeugen will. Es wäre auch ratsam, zum Vergnügen und gelegentlichem Unterrichte der Kinder die Kupfertafeln nach und nach hinter Glas mit Rahmen einfassen und mit ihnen als mit Gemälden die Stube auszieren zu lassen.

Knapp 20 Jahre später wurde dieses Werk 1792 noch übertroffen von dem *Bilderbuch für Kinder,* das der rührige Weimarer Verleger Friedrich Justin Bertuch (1747–1822) herausgab. Im Gegensatz zu Basedow, der pädagogische Überlegungen mit künstlerischer Gestaltung zu verbinden suchte, ging es Bertuch in erster Linie um ein gutes Geschäft. Offensichtlich boten sich Kinder und deren Eltern als viel versprechende Zielgruppe an. Er schuf mit dem *Bilderbuch* das aufwändigste Werk für Kinder überhaupt. Es erschien in monatlichen Lieferungen mit mehreren Kupferstichen, die alle handkoloriert waren und vorwiegend Pflanzen- und Tierbilder, aber auch völkerkundliche Darstellungen, Trachten, historische Szenen und Bauwerke zeigten; dazu gab es jeweils eine Seite Text mit Erläuterungen. Insgesamt erschienen 1 185 Tafeln, die in zwölf dicken Bänden zusammengefasst waren. Immerhin verfolgte Bertuch auch literarische und kunstpädagogische Ziele, die er im Vorwort darlegte. Es spricht für ihn, dass er dabei auch an das kindliche Lesevergnügen dachte, ein Prinzip, das selbst manche modernen Autoren immer noch vernachlässigen.

Es muß gut, aber nicht zu kostbar, und so von Preiße und Werthe seyn, daß auch mittelmässig bemittelte Eltern dasselbe nach und nach anschaffen, und dem Kinde ganz zum Gebrauche übergeben können. Das Kind muß damit völlig umgehen können wie mit einem Spielzeuge; es muß darinn zu allen Stunden bildern, es muß es iluminiren; ja sogar, mit Erlaubnis des Lehrers, die Bilder ausschneiden und auf Pappendeckel kleben dürfen. Der Vater muß ein Bilderbuch für Kinder nicht als ein gutes Bibliotheken-Werk, das ohnedieß nicht in Kinderhände gehört, behandeln, es schonen, und nur zuweilen zum Ansehen hergeben wollen. Kostbare Bilder-Bücher, welche Kinder schonen müssen, und nur zuweilen unter strenger Aufsicht zu sehen bekommen, unterrichten das Kind bey weitem nicht so gut, als ein minder kostbares, das es aber immer in den Händen und vor Augen hat.

Es muß dem Kinde *nicht auf einmal* ganz, und etwa in einem großen dicken Bande, sondern einzeln und nur Heftweise von den Eltern oder dem Lehrer übergeben werden, denn dadurch wird der Genuß und die Freude des Kindes an demselben gar sehr erhöhet und verlängert; und diese successiven Lieferungen können selbst, als eben so viele aufmunternde und belohnende Geschenke für sein Wohlverhalten, von den Eltern oder dem Lehrer behandelt werden.

Aber wie viele Kinder kamen überhaupt in den Genuss solchen Vergnügens? Die zwölf Bände kosteten zusammen 85 Taler. Wenn man bedenkt, dass ein Hauslehrer neben freier Station damals jährlich zwischen 20 und 50 Taler Lohn erhielt, eine Köchin sogar nur 10 Taler, kann man sich leicht vorstellen, dass dieses viel gepriesene Werk nur den wohlhabendsten Familien vorbehalten blieb. Trotzdem wurde von der Gesamtauflage von 3000 Stück etwa die Hälfte verkauft.

Neben den Werken Basedows und Bertuchs erschienen auch andere ähnliche, aber etwas weniger aufwändige Bücher wie etwa 1779 in Augsburg *Der Mensch in seinen verschiedenen Lagen und Ständen für die Jugend geschildert* von Paul von Stetten mit 50 Kupfertafeln oder die *Bilder-Akademie für die Jugend* mit 54 Kupfern 1780–94 in Nürnberg.

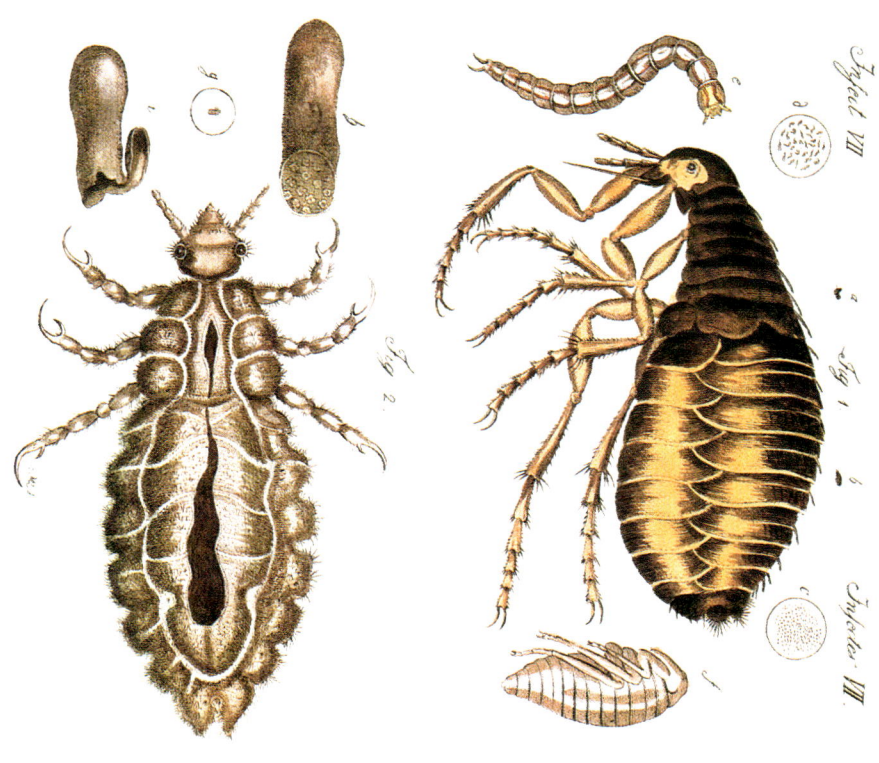

*»Floh und Laus«. Tafel aus Friedrich Johann Justin Bertuch »Bilderbuch für Kinder«
Bd. II Weimar 1795.*

Gleichzeitig mit solchen mehr oder minder kostspieligen Werken blühte
aber auch die preiswertere Literatur für Jugendliche auf. An der Spitze begegnet uns dabei etwas völlig Neues, die *Zeitschriften* für Kinder. Man sollte vielleicht besser von Periodika, also in regelmäßigen Zeitabständen erscheinenden Veröffentlichungen, sprechen. Die Zeitspanne lag dabei zwischen wö-
chentlichen bis halbjährlichen Erscheinungsterminen. Vorbilder waren die berühmten *Moralischen Wochenschriften* für erwachsene Leser. Als erstes der-
artiges Blatt erschien in Stuttgart schon 1771 eine *Wochenschrift zum Besten der Erziehung der Jugend*. Wie der Titel besagt, war sie für Eltern und
Kinder bestimmt. Bis zum Ende des Jahrhunderts kamen dann immerhin rund
40 verschiedene Kinderzeitschriften heraus, von denen die meisten aller-

dings nur ein bis zwei Jahre erschienen. Das meiste Interesse fand wohl das *Leipziger Wochenblatt für Kinder*, das der Privatlehrer und Bibliothekar Johann Christoph Adelung (1732–1806) von 1772 an veröffentlichte und das es auf 227 Hefte brachte. Die auf billigem Papier gedruckten achtseitigen Blättchen im Kleinoktav brachten eine Mischung aus belehrenden Sachtexten, einigen Märchen, Gedichten, ein paar Theaterstücken und Antworten auf einige Kinderbriefe. Sie kosteten nur sechs Pfennig. Trotz des niedrigen Preises blieb noch ein kleiner Überschuss, der zusammen mit eingegangenen Spenden für das Waisenhaus in Werdau im Erzgebirge verwendet wurde.

Es mehr als einerley Art, die Kaffebohnen zu einem Getränke zuzubereiten. In ganz Jemen oder dem glücklichen Arabien, wird der Trank nicht aus den Bohnen selbst, sondern nur aus den Schalen bereitet. Und dies ist die Art, deren sich auch die Vornehmen in der Türkey bedienen. Es werden dazu die Schalen von den ganz reifen Früchten genommen und zerbrochen. Hernach setzt man sie in einem kleinen irdenen Gefäße auf Kohlen: dabey werden die Schalen beständig umgerührt, damit sie nur ein wenig Farbe bekommen, nicht aber ordentlich gebrannt werden, wie unsere Bohnen. Sind sie hinlänglich gebrannt, so werden sie in kochend Wasser geschüttet, und der vierte Theil von den dünnen Häutchen, welche die Kaffebohnen unmittelbar bedecken, hinzugethan, worauf man alles noch einmal zusammen auf dem Feuer aufwallen läßt. Dies Getränke heißt *Kaffe auf sultanisch*, wozu nur sehr wenig Zucker gehört, weil es an sich selbst schon eine angenehme Süßigkeit hat. Die Reisenden, die es getrunken haben, rühmen es sehr; allein, man kann es nirgend anders trinken, als in Arabien, oder wo der Kaffe wächst, denn diese Schalen halten sich nicht lange, und müssen sehr trocken bewahret werden. Die geringste Feuchtigkeit, oder ein zu langes Verwahren giebt ihnen einen übeln Geschmack, daher sie auch nicht weit verführt werden können. Der Preis dieser Schalen ist nach ihrem

Werthe eben so verschieden, als der Preis der Bohnen selbst, als die ihrer Gestalt, Geruch, Farbe, Stärke und Größe nach, auch verschiedentlich bezahlt werden. Auch Bohnen aus einem und eben demselben Kaffegarten haben einen verschiedenen Preis.

Titelseite »Leipziger Wochenblatt für Kinder« 1774.

An Beliebtheit und vor allem an Langlebigkeit wurde das *Leipziger Wochenblatt* übertroffen vom *Kinderfreund*, den der Leipziger Kreissteuereinnehmer Christian Felix Weiße (1726–1804), ein literarisch hochgebildeter Mann, zwischen 1776 und 1782 ebenfalls in Leipzig herausbrachte und von 1784–92 mit dem *Briefwechsel der Familie des Kinderfreundes* fortsetzte. Er folgte damit zwar den Spuren des *Wochenblattes*, aber bei ihm war bereits alles professioneller: das literarische Konzept, die Textauswahl und die Bebilderung. Die Abonnenten konnten die Zeitschrift wöchentlich, später auch in vierteljährlichen Sammelbändchen beziehen, wobei letztere sogar fünf Nachauflagen erzielten, von diversen Raubdrucken gar nicht zu reden.

Weiße wandte sich betont an die Kinder des »gesitteten Bürgerstandes«, also im Gegensatz zu Adelung an die wohlhabenden Schichten. Er wollte, wie er im Vorwort betonte, »Kinder auf eine leichte Art vergnügen und unterrichten«. Zwar führte er die Unterhaltung an erster Stelle an, tatsächlich aber standen auch hier die belehrenden und moralisierenden Themen im Vordergrund. In der Vorrede zum ersten Heft entwickelte er dafür ein literarpädagogisches Programm. Dabei stellte er sehr geschickt seine eigenen vier Kinder in den Mittelpunkt, die für die Leser nun literarische Bezugspersonen darstellten, mit deren Tugenden und Untugenden sie sich identifizieren konnten. Als »Freunde« dieser Kinder traten auf: Dr. Chronikel als ein kundiger Geschichtslehrer, der Naturwissenschaftler Herr Papillon (Schmetterling), ein Pädagoge mit dem bezeichnenden Namen Philotheknos (Kinderfreund) und, nicht zu vergessen, Herr Spirit.

> Ich komme auf den letzten meiner Kinderfreunde; dies ist Herr Spirit, ein Dichter voller Empfindsamkeit, Edelmuth und Menschenliebe, der mit den schönen Wissenschaften sehr bekannt, und hauptsächlich in den witzigen Schriften der alten und neuen Völker wohl belesen ist. Er unterhält meine Kinder mit der Mythologie, oder der alten Fabellehre und Göttergeschichte, weil man ohne diese die Dichter nicht leicht verstehen würde, und weiß sie durch seinen Vortrag ungemein anmutig zu machen: er zeigt ihnen die feinen Anspielungen,

die darinnen liegen, und erklärt ihnen die Beschaffenheit eines Gedichts und die verschiedenen Gattungen derselben.
Bald liest er ihnen aus unsern Dichtern schöne Stellen vor, und
läßt sie rathen, warum dies oder jenes schön sey, so wie er ihnen auch bisweilen etwas Schlechtes vorliest, um sie auf die
Probe zu stellen, ob sie solches auch empfinden, und ihm die
Ursachen davon anzugeben wissen: bald liest er ihnen auch
von seinen eignen Arbeiten kleine Lieder, Schäfergedichte,
Fabeln, Erzählungen, Sinngedichte u. s. w. vor. Bisweilen,
wenn eine besonders wichtige Veranlassung ist, verfertigt er
auch kleine Schauspiele, vertheilet die Rollen unter die Kinder, und läßt sie dieselbe aufführen. – O! was für eine unaus-
sprechliche Freude ist dies. – Hauptsächlich suchet er sie
dadurch immer auf die Fehler, die er an ihnen bemerkt, aufmerksam zu machen, und schildert in den verschiedenen Rollen ihre verschiedenen Charaktere. Dadurch hat er auch schon
bey ihnen oft mehr, als durch die strengsten Sittenlehren Gutes
gestiftet; denn, indem sie ihre Fehler lächerlich gemacht sehen, und doch keines dem andern lächerlich seyn will, so hü-
ten sie sich künftig davor. Dies thut er auch wohl in kleinen
satyrischen Erzählungen. Seine Verse sind fließend, leicht und
wohlklingend, und wenn sie auch nicht von Gedanken strot-
zen, so sind sie doch nicht davon leer. Er ist überdies sehr mit
den schönen Künsten bekannt, weiß alle Werke der Kunst, die
uns von den alten Griechen und Römern noch übrig sind, hat
die Beschreibung von den neueren Kunstsammlungen fleißig
durchlesen, kennt die verschiedenen Meister, ihre Manier,
und ihre vorzüglichsten Stücke; ja er zeichnet selbst recht artig
und malet nicht übel in Miniatur: kurz, er besitzet die Fähig-
keit, das Schöne überall zu empfinden, und von dem, was es
mehr oder weniger ist, wohl zu unterscheiden, das ist, mit einem Worte, einen guten Geschmak. In seinem Aeußerlichen
ist er gerade das Gegentheil vom Herrn Papillion: nicht nur

reinlich, sondern äußerst galant in seinem Anzuge, nach der
strengsten Mode gekleidet, und würde lieber sich nicht satt essen, als mit unreinlichen Manschetten oder schmutzigen
Strümpfen erscheinen. Dies erhebt seinen wohlgebauten Kör-
per und seine angenehme gefällige Bildung. Von dem Frauenzimmer hat er eine ganz besondere hohe Meynung, und meine
Mädchen sind ihm vorzüglich gut. Er hat selbst über die Erziehung viel Gutes geschrieben, und suchet eine Hofmeisterstelle
bey einem Prinzen, die er auch gewiß in jeder Absicht verdient.

*»Die Kinder und ihre
Lehrer«. Titelblatt aus
dem 1. Band von
Christian Felix Weiße
»Kinderfreund« 1775.*

Prachtwerke auf
der einen, preiswerte kleine Zeitschriften auf der anderen Seite: Zwischen diesen beiden Polen entwi-
ckelte sich die Kinder- und
Jugendliteratur dieser
Jahrzehnte auf eine recht
erfreuliche Art und ers-
taunlich rasch. Eine um-
fassende moderne Biblio-
grafie nennt für das halbe

Jahrhundert von 1750–1800 immerhin schon über 1 000 Titel. Natürlich ist wie überall auch hier viel Spreu und nur wenig Weizen, die belehrenden Titel dominieren, es wird viel für Moral und Wissen, aber wenig für Gemüt und Phantasie getan. Zweierlei ist dabei beachtenswert: Zum einen die angestrebte und letztlich erzielte Breitenwirkung. Damals lebte zwar der Großteil der Bevölkerung von insgesamt etwa 20 Millionen Menschen auf dem Lande, davon waren um 1800 immer noch die Hälfte Analphabeten, aber immerhin erhielten nun auch Bauernkinder vereinzelt Bücher, wenn auch das Hauptangebot immer noch für die bürgerliche Mittel- und Oberschicht bestimmt war. Zum andern fällt auf, dass mehr denn je die Autoren aus dem weiten Bereich der Pädagogen kamen. Hierzu müssen wir vor allem die protestantischen Theologen rechnen, aus deren Gruppe sich ja ein Großteil der Hauslehrer rekrutierte, während nur ganz selten katholische Theologen als Autoren hervortraten. Unter diesen Umständen ist es auch nicht weiter verwunderlich, dass die Grenzen zwischen Schul- und Jugendbuch verschwammen, manche Kinder nur ein Schullesebuch besaßen und froh und zufrieden damit waren.

Der bekannteste und zugleich auch beliebteste Titel aus diesem Grenzbereich war der 1776 erschienene *Kinderfreund* des Eberhard von Rochow (1734–1805). Der Autor, ein ehemaliger Offizier, widmete sich nach seinem Abschied vom Militär der Verwaltung seiner Güter. Um die allgemeine Lage der Landbevölkerung zu verbessern, richtete er Schulen ein, für die er selbst mit dem *Kinderfreund* das erste Lesebuch verfasste. Der Preis war geradezu sensationell, kostete es doch nur »zween Groschen in gutem Gelde« und in der oberdeutschen Ausgabe 20 Kreuzer. Rochow betont im Vorwort, dass es »der Armen wegen so wohlfeil« sei. Tatsächlich erlangte das Büchlein allein deswegen schon eine nachhaltige Breitenwirkung und wurde in zahlreichen Nachfolgeschriften oft regionaler Prägung als Sächsischer, Brandenburgischer oder Fränkischer Kinderfreund herausgebracht. Es gab ihn fein säuberlich nach Konfessionen und nach Geschlechtern getrennt und schließlich sogar als astronomischen, physikalischen oder arithmetischen Kinderfreund. Dabei hatten letztere schon gar nichts mehr mit der Vorlage gemeinsam. Rochow wollte mit seinem Buch »die große Lücke zwischen Fibel und Bibel« ausfüllen. Er erzählte kleine Geschichten für die Dorfkinder. Zwar dominierten auch hier die moralischen Beispielgeschichten, aber poetische Ansätze sind unverkennbar und als großer Vorteil erwies sich das Prinzip, die Erzählungen überwiegend in jener dörflichen Umgebung anzusiedeln aus der ja auch die kleinen Leser kamen.

Titelbild der fränkischen Ausgabe von Eberhard v. Rochow »Kinderfreund« 1798.

Die beyden Bauern

Georg und Martin hatten ein jeder eine Hufe Landes. Nach einiger Zeit kaufte Georg zu der seinigen noch zwo andere hinzu; gerieth aber darüber in solche Weitläuftigkeit, daß er den Martin um Geld ansprechen mußte, um seine Abgaben zu bezahlen. Da sprach Martin zu ihm: »Eh, Gevatter Georg, wie geht das zu! Ihr wollt von mir Geld borgen, und ihr habt viel Ackerland, und ich nur wenig?« »Das will ich euch sagen«, antwortete Georg. »Ihr habt wenig Land, und könnet alles selbst aufs beste bestellen; ich aber muß theures Gesinde halten, und dieses arbeitet unwillig und träge, ackert schlecht, übertreibt mein Vieh zur Unzeit, und ärgert mich krank – Dadurch bin ich so zurückgekommen.«
Wer auf einmal zu viel umfaßt, hebet nichts in die Höhe.
Wer zuviel unternimmt, richtet wenig aus.
Was ein arbeitsamer Mann selbst thut, geräth besser, als was er durch andre Leute thun läßt, die nur ums Brodt dienen.

So verbreitet und gern gelesen dieser *Kinderfreund* auch war, so bildete er doch eine gewisse Ausnahme im Angebot; denn die weitaus größere Zahl der bis etwa 1800 erschienenen Bücher wandte sich an ältere Jugendliche oder zumindest an Kinder mit einer entsprechenden schulischen bzw. wissensmäßigen Vorbildung. Es schien, als würden die Motive, die in Sammelwerken wie etwa dem *Magazin des Enfants* der Madame Beaumont oder in den Wochenblättern angeklungen waren, nun bewusst breit ausgeführt. Die ersten richtigen historischen und naturwissenschaftlichen Sachbücher wurden rasch von der Jugend akzeptiert und erlebten teilweise mehrere Auflagen. Schon 1778 brachte Karl Christoph Reiche eine *Geschichte Roms* für Sieben- bis Fünfzehnjährige heraus, durchaus zukunftsweisend als »Geschichten aus der Geschichte« angelegt. Ein Jahr später erschienen von August Ludwig von Schlözer und Johann Matthias Schröckh gleich zwei *Weltgeschichten für Kinder,* beide für Leser etwa ab zehn Jahren. Sie waren ebenso Wegbereiter für eine Reihe bedeutenderer historischer Titel nach der Jahrhundertwende wie die *Einleitung in die Götterlehre und Fabel-Geschichte der ältesten griechischen und römischen Welt* (1763) von dem Gymnasiallehrer Christian Tobias Damm oder die *Einleitung in die Griechische und Römische Mythologie der alten Schriftsteller für Jünglinge* (1779) von seinem Berufskollegen David Christoph Seybold und für die diversen mythologischen Werke der ersten Hälfte des 18. Jahrhunderts. Sogar eine Art Kunstgeschichte mit Anleitungen zum Betrachten antiker Kunstwerke erschien unter dem irreführenden Titel *Mythologisches Lesebuch für die Jugend* (1785/86). Ihr Autor Georg August Scheppach war als »Sächsischer Hofküchenschreiber« vom Beruf her eine Ausnahme unter den vielen Lehrer-Autoren.

Die bisher etwas vernachlässigten Naturwissenschaften fanden einen glänzenden Interpreten in dem Göttinger Schulrektor Georg Christian Raff (1748–1788). Er schrieb 1776 eine *Geographie für Kinder* und zwei Jahre später eine *Naturgeschichte für Kinder.* Er war mit der ungemein lebendigen Art seiner Darstellung, vor allem in der geschickten Einbeziehung der Tiere als Gesprächspartner seiner Zeit weit voraus, sodass ein moderner Fachmann und Kenner zu Recht von einer »Perle unter den Sachbüchern« spricht. Kein Wunder, dass das Werk nach dem frühen Tode des Verfassers in immer neuen Auflagen und Bearbeitungen herausgebracht wurde.

Die Spinnen

Die Spinnen sind lange keine so garstigen Thiere, als die Läuse; ja sie sind nicht einmal schädlich, viel weniger giftig. Man kann sie ohne Gefahr zerbeißen und verschlingen. Man darf Fleisch, Backwerk, Obst und Getränke frey vor ihnen hinstellen, sie fressen und trinken nichts davon, und vergiften es auch nicht. Und wenn sie ja ihr Gespinn über etwas hinziehen, so thun sie es deßwegen, um Fliegen und Mücken darin zu fangen.

Man sollte also die Spinnen nicht hassen, sondern sie und ihre ausgespannten Netze gern haben wollen, weil sie damit sowohl viele tausend Fliegen und Mücken wegfangen und fressen, als auch damit so manches Obst zudecken, daß es nun wachsen und reif werden, und sodann zu seiner Zeit auf unsere Tische gebracht werden kann.

Was, lieber Herr . . .? die häßlichen Spinnengewebe gern sehen, und die fatalen Spinnen verbeißen und verschlingen? O ich bitte Sie, reden Sie doch nichts mehr davon; es wird mir sonst übel. – Ey was übel! Pfuy, schäme er sich! Jung gewohnt, alt gethan! Wer sich von euch jetzt nicht angewöhnt, alles ansehen, und von allem sprechen zu können; und gleich Uebelkeiten empfinden, oder gar sterben will, wenn er eine Spinne, oder einen Kelleresel, oder eine Maus laufen sieht, der wird in Zukunft oft ausgelacht werden, und manches Vergnügen entbehren müssen.

Den lache ich sicher allemal aus, der deßwegen keine Kirsche oder Zwetschge, Birne oder Apfel, Pfirsich oder Weintraube essen will, weil eine Spinne darauf herum gelaufen ist, oder ihr Netz darüber hingespannt hat. Und mit dem habe ich gar kein wahres Mitleiden, der sich bei dem Anblik und Anmarsch einer Spinne entsetzt und schreyet und lärmt, gleich zuspringt, und tritt und stampft, und alles auffordert, das arme Thierchen zu haschen und zu tödten.

Natürlich beschäftigte sich eine ganze Anzahl von Büchern mit Themen zur Morallehre und sogar zur Philosophie. So schrieb beispielsweise der bekannte Theologe und Pädagoge Christian Gotthilf Salzmann (1744–1811) neben *Unterhaltungen für Kinder und Kinderfreunde* (1778) ein *Moralisches Elementarbuch* (1782). Hinter diesem nur aus dem Geist der Aufklärung heraus verständlichen geradezu abschreckend hochtrabenden Titel verbarg sich eine Art Lehrbuch für den Anfangsunterricht in Religion für Sechs- bis Achtjährige, durchaus modern anmutend in Form von Beispielgeschichten aus dem

---

Kolorierter Kupferstich aus Georg Christian Raff »Naturgeschichte für Kinder«. Ausgabe 1833.

Leben einer Kaufmannsfamilie, das Ganze schön ausgestattet mit Kupfern von Daniel Chodowiecki. Aber statt dass Salzmann gehofft hätte, das Buch würde von möglichst vielen Kindern gelesen werden, empfahl er den Eltern es Kindern nicht zur eigenen Lektüre zu überlassen: »Sie werden als denn, so begierig auf die Geschichte, es lesen, dass sie die Wahrheiten, die darin enthalten sind, kaum bemerken – sie werden den Zucker abschlecken und die darinne verborgene Arzney liegen lassen.« Eltern und Erzieher sollten die Geschichten vielmehr mit eigenen Worten erzählen, »aber ja nicht Stunden lang!«. Dabei waren einzelne Episoden durchaus geschickt angelegt und gewannen durch die Illustration noch zusätzlichen Reiz.

»Vater und Tochter«.
Kupferstich nach Daniel
Chodowiecki zu Christian
Gotthilf Salzmann »Mora-
lisches Elementarbuch«
von 1784.

Was machen Sie denn, fragte Fräulein Lottchen, bey dem albernen Mädchen?

O, sagte Luischen, wie froh ich bin, daß ich von ihr weg bin. Die thut ja als wenn sie allein klug wäre, und betrachtet alle andre Menschen, wie einfältige Leute.

Ja! ja! antwortete Fräulein Lottchen lächelnd, sie hat es mir auch so gemacht. Ich kenne sie schon. Sie spricht von nichts als von ihrer Klugheit, ihren schönen Kleidern, und ihrem Stande, und verachtet alle Leute, und alles was andre haben. Es ist wahr, sie hat etwas gelernt, ihr Vater hat auch Geld, aber Verstand hat sie doch wirklich nicht, denn sonst würde sie nicht immer davon reden. Ich würde sie lieb haben. Weil sie aber immer thut, wie wenn ich gar nichts gegen sie wäre, so lasse ich die Närrin gehen.

Die übrige kleine Gesellschaft versammelte sich bald um diese zwen Mädchen, und alle versicherten, daß Brigittchen eine hochmüthige Närrin wäre. Laßt sie gehen! sagte Ludwig, ein so kluges Frauenzimmer gehört nicht in unsere Gesellschaft. Sie könnte auch leicht den Stof zerdrükken, der zu ihrem Kleide ist. Wer spielt das Ringspiel mit?

Ich! ich! riefen alle. Und alle liefen nach den Bänken, die mitten im Garten standen, zu, setzten sich, und fiengen das Ringspiel an.

Das war nun das rechte Spiel. Da konnten doch die Mädchen mitmachen, ohne daß ihnen ihre Frisur und Kleider wären hinderlich gewesen. Jedes Kind mußte etwas Merkwürdiges erzählen, ein Räthsel, einen Reim und ein Sprüchwort vorbringen, und wer nicht gleich etwas vorzubringen wußte, mußte ein Pfand geben. Da gab es nun etwas zu scherzen und zu lachen, und die Gesellschaft wurde bald so vergnügt, daß man ihr Lachen durch den ganzen Garten hören konnte.

Die hochmüthige Brigitte, die sich von alle diesem Vergnügen ausgeschlossen sahe, hätte vor Aergerniß vergehen mögen. Sie gieng im Garten mit gravitätischen Schritten auf und ab, und sahe sich um, ob sie nicht jemand einladen wolle. Aber niemand wollte sie bemerken. Sie gieng sogar vor der Gesellschaft vorbei, und spielte mit einem silbernen Etui, und glaubte, man würde sie anrufen, und seine Bewunderung darüber bezeigen. Statt dessen aber flüsterten sich die kleinen Persönchen etwas in das Ohr, und brachen in ein lautes Gelächter aus.

Brigitte merkte wohl, daß man sich über sie lustig gemacht habe, gieng zornig fort, wurde blutroth, und fieng sogar an vor Bosheit zu weinen.

Ganz so locker ging es allerdings nicht immer zu, wie etwa der *Versuch einer kleinen praktischen Kinderlogik* beweist, die der Kunstlehrer und Goethefreund Karl Philipp Moritz 1786 schrieb und mit der er sich in seltsamer Verbindung an »Kinder und Denker« wandte. Auch hier stand ein durchaus normaler Junge als Protagonist im Mittelpunkt; denn der Text beginnt mit dem Satz: »Fritz war ein unordentlicher Knabe, wenn er sich des Abends auszog, so warf er den einen Schuh unter'n Ofen, den andern setzte er unter's Bette«. Dieser vierzehnjährige Fritz findet nun einen verständnisvollen Hauslehrer, der ihn anhand von Kupfertafeln, die auch hier Daniel Chodowiecki beisteuerte bzw. die aus anderen Werken übernommen und wieder verwendet wurden, zum logischen Denken erzog. Die Methode funktionierte – zumindest nach Ansicht des Autors. Tatsächlich fand das Büchlein dank der anschaulichen Art, wie hier die Gedanken entwickelt wurden, seine Leser.

Verwildert und mißvergnügt ging dann Fritz zur Schule, wo er gemeiniglich zu spät kam. Die Mutter schalt, der Vater drohte, aber alles half nichts. Es ging so einen Tag und alle Tage.

Da nun Fritzens Eltern fast alle Hoffnung aufgaben, daß sie selbst je im Stande seyn würden, ihn wieder zur Ordnung zu gewöhnen, und auch leider! wegen vieler andern Geschäfte nicht Zeit genug hatten, sich so viel als nöthig war, mit der Erziehung ihres Sohnes zu beschäftigen, so sahen sie sich nach einem Mann um, dem sie das wichtige Geschäft der Erziehung ihres einzigen Sohnes auftragen könnten, und sie waren so glücklich einen solchen zu finden, der alle ihre Wünsche und Erwartung übertraf.

Kupferstich Daniel Chodowieckis aus der »Kinderlogik« von Karl Philipp Moritz 1786.

Die vorzügliche Bitte der Eltern an ihn war gleich im Anfange: er
möchte doch ihren Sohn, womöglich, zur Ordnung zu gewöhnen
suchen – weil nun Fritz auch erst vierzehn Jahr alt war, so sagte
Stahlmann, (dis war der Nahme des jungen Mannes) habe er noch
alle Hoffnung, einen ordentlichen Knaben aus ihm zu ziehen.

Und nun fing Stahlmann auch von Stund an seine Lektionen mit
Fritzen damit an, daß er ihn bey jeder Gelegenheit zusammenle-
gen und zusammenstellen ließ, was zusammen gehörte, und von
einander absondern ließ, was nicht zusammen gehörte.

Die Früchte davon zeigten sich bald. Fritz stand mit mehr Vergnügen auf, kam zur rechter Zeit zur Schule, und betrug sich den
ganzen Tag über vernünftiger und besser, so daß sich auch seine
Eltern selbst über die schnelle Verwandlung wunderten, und seinen Lehrer Stahlmann fragten, wie das doch zuginge.

Stahlmann gab zur Antwort, daß ganze Geheimnis bestehe darin,
daß er Fritzen bey jeder Gelegenheit lehre, zusammenzulegen
und zusammenzustellen was zusammen gehöre, und von einander
abzusondern was nicht zusammen gehöre.

Durch die beständige Uebung gewöhnte sich Fritz dermaßen zu
diesem Gedanken, daß es ihm am Ende so geläufig wurde, das zu-
sammengehörige zusammenzustellen und zu legen, daß er gar
nicht einmal mehr daran dachte, es thun zu wollen, wenn er's that.

Neben viel Wissen und Moral gab es auch ein wenig Poesie, wurde auf
alten Ansätzen weitergebaut. An die Tradition des Schultheaters knüpften die
kleinen Theaterstücke im *Leipziger Wochenblatt* an, der schlesische Ge-
schichtsprofessor Johann Gottlieb Schummel schrieb ganz im Geiste philan-
thropischen Denkens *Kinderspiele*, schon 1787 brachte W. Guenther eine
Sammlung mit *Kindermährchen aus mündlichen Empfehlungen,* während die
berühmten *Volksmärchen der Deutschen,* die Johann Carl August Musäus
(1735–1787) etwa zur gleichen Zeit schrieb, eigentlich Novellen waren mit denen er sich an erwachsene Leser wandte. Dafür bearbeitete der gleiche Dichter
eine kleine französische Sammlung mit Geschichtchen und Gedichten, die

Tafel »Gesicht« aus den »Skizzen physischer und moralischer Gegenstände« von
Ambrosius Gabler, Nürnberg um 1795.

1788, ein Jahr nach seinem Tode, unter dem etwas befremdlichen Titel *Moralische Kinderklapper* erschien, die Moral, aber ungemein lebendig und in einer
stellenweise geradezu modern anmutenden Art darbot.

> Lieben Leute kennt ihr Fränzchen,
> Unsers Herrn Pastoren Sohn?
> Das ist euch ein feines Pflänzchen,
> Hat voll Schelmerey sein Ränzchen,
> Neckt und foppt die Mädchen schon.
> Keine Schalkheit, keine Finte
> Giebt es, die der Schelm nicht weiß.
> Goß er neulich nicht mit Fleiß,
> Oel dem Papa in die Tinte?
> Auch hat er den schwarzen Kater
> Seinen neuen Informator
> heimlich in das Bett versteckt.
> Und ihn bis auf den Tod erschreckt.
>
> Denkt nur, der blödsichtgen Muhme
> Bringt er eine schöne Blume,
> Und steckt eine Nadel drein.
> Sie empfängt sie mit Vergnügen,
> Will mit Inbrunst daran riechen,
> Fängt an überlaut zu schreyn;
> Denn die unbesorgte Baase
> Stach sich weidlich in die Nase.
> Ueber diese Schelmereyn
> Lacht Mama, drum wirds auch immer
> Mit dem schönen Früchtchen schlimmer.

1786 veröffentlichte August Jacob Liebeskind (1758–1793), ein
Schwiegersohn Christoph Martin Wielands, mit den *Palmblättern* eine Sammlung erdichteter orientalischer Erzählungen.

Abbas, mit dem Zunahmen der Große, König von Persien, war einst auf der Jagd verirret. Er kam auf einen Berg, wo ein Hirtenknabe eine Heerde Schafe weidete: der Knabe saß unter einem Baum und blies die Flöte. Die süße Melodie des Liedes und die Neugierde lockte den König näher hinzu: das offene Gesicht des Knaben gefiel ihm; er fragte ihn über allerlei Dinge, und die schnellen, treffenden Antworten dieses Kindes der Natur, das ohne Unterricht bei seiner Heerde aufgewachsen war, setzten den König in Verwunderung. Er hatte noch seine Gedanken darüber, als sein Vezier dazu kam. »Komm, Vezier«, rief er ihm entgegen, »und sage mir, wie dir dieser Knabe gefällt.« Der Vezier kam herbei: der König setzte seine Fragen fort und der Knabe blieb ihm keine Antwort schuldig. Seine Unerschrockenheit, sein gesundes Urtheil, und seine offene Freimüthigkeit nahmen den König und den Vezier so sehr ein, daß jener beschloß, ihn mit sich zu nehmen und erziehen zu lassen, damit man sähe, was aus dieser schönen Anlage der Natur unter der Hand der Kunst werde.

Wie eine Feldblume, die der Gärtner aus ihrem dürren Boden hebt und in ein besseres Erdreich pflanzet, in kurzem ihren Kelch erweitert und glänzendere Farben annimmt: so bildete sich auch der Knabe unvermerkt zu einem Manne von großen Tugenden aus. Der König gewann ihn täglich lieber; er gab ihm den Namen Ali Beg und machte ihn zu seinem Großschatzmeister.

Kein Geringerer als Johann Gottfried Herder schrieb für diese Sammlung ein Vorwort, in dem er eine Art Konzept der poetischen Kinder- und Jugendliteratur aufstellte, das weit über den Geist der Aufklärung hinausführte.

Immerhin schufen einige Autoren auch ein paar passable Kinderlieder, von denen beispielsweise Christian Adolf Overbecks *Komm, lieber Mai* in der Vertonung von Mozart auch heute noch gern gesungen wird. Die größten bleibenden Erfolge erzielten aber die Fabeldichter. Diese kleine Kunstform mit ih-

rer deutlich hervorgehobenen Morallehre erfreute sich im Zeitalter der Aufklärung besonderer Beliebtheit. Den Boden in Deutschland hatten ja zwei Jahrhunderte zuvor schon Luther, Hans Sachs und einige andere bereitet, aus
Frankreich waren durch La Fontaine neue Impulse gekommen. Nun aber
schrieb, wer dichten konnte oder wollte, seine Fabeln, und gerade jugendliche
Leser zehrten davon, denn unter der Fülle fanden sich manche originellen und
reizvollen Kunstwerke, die lebendiger waren als viele für Kinder geschaffenen
Werke. Manche von diesen Fabeln gingen in die Lesebücher ein und haben
sich so bis zum heutigen Tage als Perlen der Poesie erhalten.

Zwei Bereiche des Jugendbuches werden wir im letzten Drittel des 18.
Jahrhunderts noch vergeblich suchen: einerseits das Bilderbuch, zum ande-
ren das Märchenbuch. Dabei hatte gerade Letzteres durch das *Magazin* der
Madame de Beaumont und ihre Nachahmer schon wichtige Vorbilder. Zwar
spitzten schon einige Theologen eifrig die Federn, aber es dauerte doch noch
Jahre, bis sie unmittelbar nach der Jahrhundertwende, aber noch ganz im
Geist der Aufklärung, hervortraten.

Der erfolgreichste Autor der Siebziger- und Achtzigerjahre war aber zwei-
felsohne Joachim Heinrich Campe (1746–1818). Auch er hatte Theologie studiert, nach einer Tätigkeit als Hauslehrer bei der Familie Humboldt und zwei
Jahren als Feldprediger wurde er von Basedow an das Philanthropinum nach
Dessau berufen, verließ es aber nach knapp zwei Jahren wieder und ging als
Privatlehrer nach Hamburg. Hier begann er mit seiner schriftstellerischen Arbeit und brachte in rascher Folge zahlreiche pädagogische Werke und vor allem Jugendbücher heraus. 1786 wurde er als Schulrat nach Braunschweig gerufen und übernahm dort auch die Leitung der Schulbuchhandlung des Wai-
senhauses, die er zu einem Verlag ausbaute. Im Gefolge der Kinderalmana-
che und -zeitschriften veröffentlichte er ab 1778 eine *Kleine Kinderbibliothek*
in zwölf Bändchen. Dabei betonte er, dass es ihm auf eine »zweckmäßige
Auswahl und Abstufung sowohl der Materie, als auch des jedesmaligen To-
nes« für jedes Alter ankomme. Dementsprechend beachtenswert war auch
das Niveau dieser Bändchen, die zum Großteil Beiträge von Campe selbst,
aber auch bekannter zeitgenössischer Dichter wie Claudius, Gleim oder Hölty
enthielten. Die gleichen editorischen Prinzipien legte Campe dann auch der

n.

Illustrationen zum Buchstaben
N in Joachim Heinrich Campe
»Bilder-Abeze« von 1807.

von ihm herausgegebenen Sammlung *Merkwürdige Reisebeschreibungen für die Jugend* zu Grunde, an deren Anfang *Die Entdeckung Amerikas* stand. Gerade hier war Campe seiner Zeit weit voraus, indem er die jungen Leser schon mit der Problematik der Konquista und ihren Schattenseiten zu konfrontieren suchte.

Zu seinen wichtigsten Arbeiten im Bereich der moralisch belehrenden Bücher zählt neben einem *Sittenbüchlein*, das die Tradition der Zuchtmeister-Büchlein des 16. Jahrhunderts fortsetzte, vor allem der *Theophron*, ein *Ratgeber für die unerfahrene Jugend*. Campe stellte diesem Buch einige Jahre später noch einen *Väterlichen Rath für meine Tochter* zur Seite.

Sein wichtigstes Werk und zugleich eines der bedeutendsten Kinderbücher des 18. Jahrhunderts war wohl *Robinson der Jüngere*. Wir hören zwar von Goethe, dass er als Kind den *Robinson Crusoe* Daniel Defoes gelesen habe,

Titelkupfer aus Joachim Heinrich Campe »Väterlicher Rath für meine Tochter«.

doch dürfte das eine Ausnahme gewesen sein. Richtig bekannt wurde der Robinson-Stoff in Deutschland erst durch die Bearbeitung und Nacherzählung Campes. Im Vorwort geht er dabei auf die Anregungen des französischen Philosophen Rousseau ein, der ja in seinem *Emile* als Erster auf eine Bearbeitungsmöglichkeit für die Jugend hingewiesen hatte. Hier nennt Campe auch seine literarpädagogischen Ziele. Um sie verwirklichen zu können, wählte er den Weg des erzählenden Gesprächs, wobei ein Familienvater einer Kinderschar allabendlich die Geschichte Robinsons erzählt. Die kleinen Zuhörer finden dabei Gelegenheit genug ihre Wissbegier durch Fragen zu befriedigen. Es bleibt ein erstaunliches Phänomen, dass sich gerade diese Fassung gegenüber einer fast gleichzeitig erschienenen Bearbeitung durch Johann Carl Wezel durchsetzte, die dem Original weit näher stand und nicht so stark moralisierte. Campes *Robinson der Jüngere* beherrschte aber für Jahrzehnte das Feld.

Fritzchen. Mutter! Mutter!

Mutter. Was willst du, Fritzchen?

Fritzchen. Möchtest Johannes ein anderes Hemde schicken!

Mutter. Warum ein anderes Hemde?

Fritzchen. Ja, er kann sonst nicht aus dem Bade kommen.

Mutter. Warum nicht? Kann er denn sein heutiges Hemde nicht wieder anziehen?

Fritzchen. Nein, das hat er gewaschen, und nun ist es noch ganz naß. Er wollte es wie Robinson machen!

Mutter. Auch gut! Nun, so will ich dir eins geben. – Da, lauf und mache, daß ihr bald hier seid! Vater will uns wieder was erzählen.

Mutter (zu Johannes, der mit den übrigen kommt). Nun, Freund Robinson, wie bekommt dir das Bad?

Johannes. Recht gut! Aber das Hemde wollte nicht wieder trocken werden.

Vater. Du hast nicht bedacht, daß es hierzulande nicht so

warm ist, als es auf Robinsons Insel war. – Aber wo blieben wir
denn gestern?

Dietrich. Da Robinson zu Bette ging, und den andern Morgen –
Vater. Ah! nun weiß ich schon! – Am andern Morgen also
stand Robinson frühzeitig auf und rüstete sich zur Jagd. Seine
Jagdtasche stopfte er mit gebratenen Kartoffeln und mit einem
derben Stück Schildkrötenbraten aus, welches er in Kokos-
blätter gewickelt hatte. Dann steckte er sein Beil an die Seite,
wand den Strick, welchen er gestern zum Lamafange gedreht
hatte, um den Leib, nahm seinen Sonnenschirm in die Hand
und machte sich auf den Weg.

Es war sehr früh am Tage. Er beschloß daher, diesmal einen
Umweg zu nehmen, um zugleich noch einige andere Gegenden
seiner Insel kennenzulernen.

Unter der Menge von Vögeln, wovon die Bäume wimmelten,
sah er auch viele Papageien von wunderschönen Farben. Wie
gern hätte er einen davon gehabt, um ihn zahm und zu seinem
Gesellschafter zu machen! Aber die Alten waren zu klug, um
sich greifen zu lassen, und ein Nest mit Jungen sah er nirgends. Er mußte also die Befriedigung dieses Wunsches für
dasmal aufschieben.

Dafür entdeckte er auf diesem Wege etwas, das ihm nötiger als
ein Papagei war. Indem er nämlich einen Hügel nahe am Mee-
re bestieg und von da hinab zwischen Felsenklüfte blickte, sah
er daselbst etwas liegen, das seine Neugierde reizte. Er kletterte also hinab und fand zu seinem großen Vergnügen, daß es –
was meint ihr?

Dietrich. – Perlen waren!

Johannes. Ja, darüber würde er sich auch gefreut haben! Es
war wohl Eisen?

Nikolas. I, weißt du nicht mehr, daß in den heißen Ländern
kein Eisen gefunden wird? – Es mochte wohl wieder ein Klumpen Gold sein! –

Lotte. Ich dachte gar! Würde er sich denn darüber gefreut haben? Das Gold konnte er ja gar nicht gebrauchen!

Vater. Ich sehe wohl, ihr werdet es doch nicht raten: ich will's also nur selbst sagen. Was er fand, war – Salz.

Kupfertafel aus »Der kleine Pferdeliebhaber
ein Lesebuch für Knaben« 1800.

3.   Froschkönig und Struwwelpeter

Jugendliteratur zwischen Romantik und Realismus

Die Zahl der gelesenen Bücher mehrte sich von Tag zu Tag. Sie zogen das Gemüt nach zwei Richtungen hin, nach dem Märchenlande der Poesie und nach der Welt der geschichtlichen Taten und mutigen Unternehmungen. Das einfache Wissen von totaufzuspeichernden Fakten schmeichelt sich dem Gedächtnis des Kindes nicht ein. Zwischen die wundertätigen Feen, die Siebenmeilenstiefel des kleinen Däumlings und die Wilmsenschen Heldensäle, Bardenhaine und die Abenteuer Robinson Crusoes drängte sich dann allmählich noch eine dritte Gattung ein, man möchte sie die pädagogische Romanwelt nennen. Es waren die ländlichen Idyllen, die »Pfarrersbesuche in Friedheim«, die Familienabenteuer einer »Reise des Amtmanns Gutmann und seiner Kinder«, Campes durch glückliche Zufälle eroberte Jugendbibliothek. Letztere bot noch den reizendsten Genuß durch seine dramatisierten Familiengeschichten.

So berichtete der einmal viel gelesene Dichter Karl Gutzkow von seiner Lektüre als Knabe etwa um 1820. Rund sechzig Jahre waren vergangen, seit Goethe im gleichen Alter wie Gutzkow die Bücher Lord Ansons, Schnabels oder die Volksbücher gelesen hatte. Das Angebot an Jugendliteratur hatte sich in diesem halben Jahrhundert erheblich gewandelt. Deutlicher kennt man schon die Unterschiede und die Ansätze, die ihrerseits in der Folgezeit neue Entwicklungen einleiten sollten.

Es ist schwierig, hier eine Abgrenzung gegenüber der Kinderliteratur der

Der Wind der weht,
der Hahn der kräht,
die Glock schlägt drei:
der Fuhrmann
hebt sich von der Streu.

Holzstich nach einer Zeichnung von Ludwig Richter
zu einer Ausgabe »Der Ammenuhr«,
einem der bekanntesten Kindergedichte aus
»Des Knaben Wunderhorn« von 1843.

Aufklärung und einen Neubeginn zu finden. Man kann nicht einfach frei nach
Goethe sagen: »Von hier und von diesem Zeitpunkt an beginnt eine neue Phase der Jugendliteratur.« Sicher leitete Campe den Übergang ein. Er war mit
seinen Gedanken noch in der Aufklärung verwurzelt, aber einige seiner Schriften wie etwa die Reiseberichte der *Kinderbibliothek* und vor allem der *Robinson* wiesen den Weg in eine neue Zeit. Zwar wetterte der Herr Gymnasialdirek-
tor Friedrich Gedike aus Berlin 1781:

> Keine einzige literarische Manufaktur ist so sehr im Gange, als
> die Büchermacherei für die Jugend nach allen Graduationen
> und Klassen. Jede Leipziger Sommer- und Wintermesse spült
> wie die Flut des Meeres eine zahllose Menge Bücher der Art
> ans Ufer. Und sieh, jung und alt eilt hin und sammelt – wenig
> Perlen und Ambra, desto mehr Schlamm, höchstens buntge-
> färbte Schneckenhäuser. Da gibt es unter zahllosen Formen
> und Namen: Kinderalmanache, Kinderzeitungen, Kinderjour-
> nale, Kindersammlungen, Kinderromane, Kinderkomödien,
> Kinderdramen, Kindergeographien, Kinderhistorien, Kinder-
> physiken, Kinderlogiken, Kinderkatechismen, Kinderreisen,
> Kindermoralen, Kindergrammatiken und Lesebücher für Kin-
> der in allen Sprachen ohne Zahl, Kinderpoesien, Kinderpre-
> digten, Kinderbriefe, Kindergespräche, und wie sonst noch all
> der literarische Puppenkram heißen mag, der alljährlich, be-
> sonders unter dem für die lieben Eltern und Basen anlocken-
> den Nebentitel »Weihnachtsgeschenk für die liebe Jugend« zu
> Markt gebracht wird.

Er schoss nach heutigen Vorstellungen erheblich über das Ziel hinaus,
jedoch kann sein Lamento zumindest als Beweis dafür dienen, dass das Angebot an Kinderliteratur wuchs. Aber er hat nicht Unrecht, wenn er die zahlreichen moralisierenden Titel kritisierte. In dieser Hinsicht sind seine Worte geradezu zeitlos und könnten unter Auswechslung von einzelnen Begriffen auch
heute geschrieben sein.

Der große Wandel, den einzelne Dichter wie Musäus oder Liebeskind eingeleitet hatten, wurde bald nach der Jahrhundertwende deutlich. 1805/06 erschien der erste Band der Volksliedersammlung *Des Knaben Wunderhorn* von Achim von Arnim (1781–1831) und Clemens Brentano (1778–1842). Der dritte und letzte Band (1808) erhielt einen Anhang, in dem Kinderlieder und -reime veröffentlicht wurden. Noch wetterten allerdings Veteranen der Aufklärung wie etwa der Homer-Übersetzer Johann Heinrich Voss gegen die »läppischen Kinderlieder«, aber hier war vorbildliche Pionierarbeit geleistet worden.

Das bucklichte Männlein

Will ich in mein Gärtlein gehn,
Will mein Zwiebeln gießen,
Steht ein bucklicht Männlein da,
Fängt als an zu niesen.

Will ich in mein Küchel gehn,
Will mein Süpplein kochen,
Steht ein bucklicht Männlein da,
Hat mein Töpflein brochen.

Will ich in mein Stüblein gehn,
Will mein Müslein essen,
Steht ein bucklicht Männlein da,
Hat's schon halber gessen.

Will ich auf mein Boden gehn,
Will mein Hölzlein holen,
Steht ein bucklicht Männlein da,
Hat mir's halber gstohlen.

Will ich in mein Keller gehn,
Will mein Weinlein zapfen,

Steht ein bucklicht Männlein da,
Tut mirn Krug wegschnappen.

Setz ich mich ans Rädlein hin,
Will mein Fädlein drehen,
Steht ein bucklicht Männlein da,
Läßt mirs Rad nicht gehen.

Geh ich in mein Kämmerlein,
Will mein Bettlein machen,
Steht ein bucklicht Männlein da,
Fängt als an zu lachen.

Wenn ich an mein Bänklein knie,
Will ein bißchen beten,
Steht ein bucklicht Männlein da,
Fängt als an zu reden:

»Liebes Kindlein, ach, ich bitt,
Bet fürs bucklicht Männlein mit!«

Die schönen und für uns heute altbekannten Lieder wirkten als Vorbilder anregend auf andere Sammler, von denen wohl Karl Simrock (1802–1876) mit seinem *Deutschen Kinderbuch* die größte Bedeutung erlangte. Alle diese Volkslieder dienten das ganze 19. Jahrhundert hindurch Dichtern als Vorbilder für eigene Kinderlieder. Zu ihnen gehörten die beiden Franken Friedrich Rückert (1788–1866) und Friedrich Güll (1812–1879) und der Thüringer Wilhelm Hey (1789–1854), der eine Universitätsprofessor, der andere Volksschullehrer, der dritte Hofprediger. Alle wirkten sie über ihre Zeit hinaus und manche ihrer Gedichte haben sich bis heute lebendig erhalten und verdienen es, immer wieder einmal gelesen zu werden, stehen sie doch am Anfang einer langen Reihe, die heute mit James Krüss oder Josef Guggenmos fortgesetzt wird.

Der Maler Eduard Wilhelm Engelmann schuf 1851 seine
»Schiefertafel-Bilder zu deutschen Kinderliedern«
nach Vorlagen aus dem »Wunderhorn« und aus
Karl Simrocks Gedichtsammlung.

Vom Büblein, das überall mitgenommen hat sein wollen

Denk an! das Büblein ist einmal
Spazieren gangen im Wiesenthal;
Da wurd's müd' gar sehr,
Und sagt: ich kann nicht mehr;
Wenn nur was käme,
Und mich mitnähme!
Da ist das Bächlein geflossen kommen,
Und hat's Büblein mitgenommen;
Das Büblein hat sich auf's Bächlein gesetzt,
Und hat gesagt: So gefällt mir's jetzt.
Aber was meinst du? das Bächlein war kalt,
Das hat das Büblein gespürt gar bald;
Es hat's gefroren gar sehr,
Es sagt: Ich kann nicht mehr;
Wenn nur was käme,
Und mich mitnähme!
Da ist das Schifflein geschwommen kommen,
Und hat's Büblein mitgenommen;
Das Büblein hat sich auf's Schifflein gesetzt,
Und hat gesagt: Da gefällt mir's jetzt.
Aber siehst du? das Schifflein war schmal,
Das Büblein denkt: Da fall' ich einmal;
Da fürcht' es sich gar sehr,
Und sagt: Ich kann nicht mehr;
Wenn nur was käme,
Und mich mitnähme!
Da ist die Schnecke gekrochen gekommen,
Und hat's Büblein mitgenommen;
Das Büblein hat sich in's Schneckenhäuslein gesetzt,
Und hat gesagt: da gefällt mir's jetzt.
Aber denk! die Schnecke war kein Gaul,

Sie war im Kriechen gar zu faul;
Dem Büblein ging's langsam zusehr;
Es sagt: Ich mag nicht mehr;
 . . .
(Friedrich Rückert)

Zuckerladen

Kommt nur herbei, ihr Leut',
Gute Waar' hab' ich heut'.
Zucker und Honigseim,
Bonbons und Gerstenschleim,
Lebkuchen, Pfeffernuß,
Rosinen, Zwetschgenmuß,
Quitten, Johannisbrod,
Bisquit und Anisbrod,
Weinbeer' und Zitronat,
Confekt und Schokolad',
Schifflein und Zuckerstern',
Feigen und Mandelkern',
Datteln und Hutzelbrod,
Ei, so versucht ein Loth,
Hier kauft ihr Alles ächt,
Was ihr nur haben möcht'.
(Friedrich Güll)

Esel

Esel, du fauler, so geh' doch fort,
Schleichst ja wie eine Schnecke dort.
E. Laß doch! lauf' ich auch nicht mit Hast,
Trag' ich doch redlich meine Last.
Mancherlei Dienst der Herr begehrt
Mich für die Säcke, zum Laufen das Pferd.

Und wie die Tagesmüh' war aus,
Kam auch der Esel sacht' nach Haus.
Hatte sein Plätzchen im Stall beim Pferd,
Fand sein Futter, wie ers begehrt',
Streckt' auf die Streu sich mit Bedacht,
Schlief gar ruhig die ganze Nacht.
(Wilhelm Hey)

Sehr bald erkannten auch Maler den Zauber, der von diesen kleinen Gedichtchen ausging. Die ersten Bilderbuchkünstler wie Ludwig Richter, Franz von Pocci oder Eduard Wilhelm Engelmann holten sich hier Anregungen und schufen jene reizvollen Bilder, die ebenfalls wieder am Beginn einer anderen Reihe stehen, die sich bis heute fortsetzt.

Nicht genug mit dieser doppelten Wirkung, regte das *Wunderhorn* aber auch andere Sammler an. In diesen Jahren begannen die Brüder Jakob und Wilhelm Grimm (1785–1863/1786–1859) mit dem Sammeln von Volksmärchen und brachten 1812 den ersten Teil ihrer *Kinder- und Hausmärchen* heraus, dem in den nächsten zwanzig Jahren noch zwei weitere folgten. Die Gegenüberstellung der handschriftlichen Fassung von 1810, der ersten Druckfassung und der endgültigen Fassung von 1857 des Märchens vom Froschkönig zeigt deutlich, wie sorgfältig die Brüder an der Gestaltung der Märchen feilten, bis sie jene Form erhielten, die uns heute so selbstverständlich erscheint:

Illustrationen von Otto Speckter zu Wilhelm Hey »Noch 50 Fabeln für Kinder« 1837.

Erste Niederschrift (1810): Die jüngste Tochter des Königs ging hinaus in den Wald und setzte sich an einen kühlen Brunnen. Darauf nahm sie eine goldene Kugel und spielte damit, als diese plötzlich in den Brunnen hinabrollte.

Erster Druck (1812): Es war einmal eine Königstochter, die ging hinaus in den Wald und setzte sich an einen kühlen Brunnen. Sie hatte eine goldene Kugel, die war ihr liebstes Spielwerk, die warf sie in die Höhe und fing sie wieder in der Luft und hatte ihre Lust daran. Einmal war die Kugel zu hoch geflogen; sie hatte die Hand schon ausgestreckt und die Finger gekrümmt, um sie wieder zu fangen, da schlug sie neben vorbei auf die Erde, rollte und rollte und geradezu in das Wasser hinein.

Endgültige Fassung (1857): In den alten Zeiten, wo das Wünschen noch geholfen hat, lebte ein König dessen Töchter waren
alle schön, aber die jüngste war so schön, daß die Sonne selber,
die doch so viel gesehen hat, sich verwunderte, sooft sie ihr ins
Gesicht sah. Nahe bei dem Schlosse des Königs lag ein großer
dunkler Wald, und in dem Walde unter einer alten Linde war
ein Brunnen: wenn nun der Tag recht heiß war, so ging das Kö-
nigskind hinaus in den Wald und setzte sich an den Rand des
kühlen Brunnens, und wenn sie Langeweile hatte, so nahm sie
eine goldene Kugel, warf sie in die Höhe und fing sie wieder;
und das war ihr liebstes Spielwerk.

Nun trug es sich einmal zu, daß die goldene Kugel der Königstochter nicht in ihr Händchen fiel, das sie in die Höhe gehalten
hatte, sondern vorbei auf die Erde schlug und geradezu in das
Wasser hineinrollte.

Erste Illustration von Ludwig Emil Grimm 1819 zu den »Kinder- und
Hausmärchen« seiner Brüder.

Es dauerte erstaunlicherweise längere Zeit, bis sich die Sammlung so richtig als Volksbuch und auch in der Schule durchsetzte. Insofern ist Gutzkows Aussage über seine Kinderlektüre doch kritisch zu hinterfragen und vielleicht auch ein wenig vom späteren Erfolg der Grimm'schen Sammlung geprägt.

Die *Kinder- und Hausmärchen* beeinflussten ihrerseits ähnlich wie die Kinderlieder des *Wunderhorns* Sammler und Dichter. Eine zweite große Sammlung von Volksmärchen erschien 1845. Dieses *Deutsche Märchenbuch* des meiningischen Bibliothekars und Schriftstellers Ludwig Bechstein (1801–1860) brachte Bekanntes und Neues im bunten Strauß, erwies sich aber in seinem knappen Erzählstil der Grimm'schen Sammlung als durchaus ebenbürtig.

Die sieben Geißlein

Es ist einmal eine alte Geiß gewesen, die hatte sieben junge Zicklein, und wie sie einmal fort in den Wald wollte, hat sie gesagt: »Ihr lieben Zicklein, nehmt euch in acht vor dem Wolf und laßt ihn nicht herein, sonst seid ihr alle verloren.« Darnach ist sie fortgegangen.

In einer Weile rappelt was wieder an der Haustüre und ruft: »Macht auf, macht auf, liebe Kinder! Euer Mütterlein ist aus dem Wald gekommen!« Aber die sieben Geißlein erkannten's gleich an der groben Stimme, daß das ihr Mütterlein nicht war, und haben gerufen: »Unser Mütterlein hat keine so grobe Stimme!« Und haben nicht aufgemacht.

Nach einer Weile rappelt's wieder an der Türe, und sagte ganz fein und leise: »Macht auf, macht auf, ihr lieben Kinder! Euer Mütterlein ist aus dem Walde kommen!«

Aber die jungen Geißlein guckten durch die Türspalte und haben ein Paar schwarze Füße gesehen, und gerufen: »Unser Mütterlein hat keine so schwarzen Füße!« Und haben nicht aufgemacht.

Wie das der Wolf, denn er war es, gehört hat, ist er geschwind hin in die Mühle gelaufen, und hat die Füße in Mehl gesteckt, daß sie ganz weiß worden sind. Danach ist er wieder vor die Türe gekommen, hat die Füße zur Spalte hinein gesteckt, und hat wieder ganz leise gerufen: »Macht auf, macht auf ihr lieben Kinder! Euer Mütterlein ist aus dem Walde kommen!«

Und wie die Geißlein die weißen Füße gesehen haben und die leise Stimme gehört, da haben sie ja gemeint, ihr Mütterlein sei's, und haben geschwind aufgemacht. Aber kaum haben sie aufgemacht gehabt, so ist der Wolf hereingesprungen. Ach wie sind da die armen Geißlein erschrocken und haben sich verstecken wollen! eins ist unters Bett, eins unter den Tisch, eins hinter den Ofen, eins hinter einen Stuhl, eins hinter einen großen Milchtopf, und eins in den Uhrkasten gesprungen. Aber der Wolf hat sie alle gefunden und zusammengebracht. Hernach ist er fortgegangen, hat sich in den Garten unter einen Baum gelegt, und hat angefangen zu schlafen.

Die ersten Bilder zu den Grimm'schen Märchen stammen 1823 von dem berühmten englischen Illustrator George Cruikshank, erst 1825 lieferte Ludwig Emil, der dritte der Brüder Grimm, ein paar Bilder zu einer deutschen Ausgabe. Die heute so kongenial und heimelig anmutenden Holzschnitte von Ludwig Richter (1803–1884) schuf der Dresdner Künstler nicht für die Grimm'sche Sammlung, sondern erst 1853 für die zwölfte Auflage der Bechstein'schen Märchen. Mochte es danach in den Siebziger und Achtzigerjahren auch einen gewissen Rückschritt geben, die Zahl der Illustratoren und damit auch der Bilder zwar quantitativ, nicht aber in der Qualität wachsen, so änderte sich das seit dem Ende des 19. Jahrhunderts. Auch die Bilderbücher gewannen bei diesem sich anbahnenden Wandel.

Namen wie Otto Ubbelohde, Max Slevogt, Fritz Kredel und andere stehen für diese Blüte der Märchenillustration.

Aber nicht nur auf die Grafiker, sondern auch auf die Erzähler wirkten die *Kinder- und Hausmärchen* anregend und vorbildhaft. Die geistige Haltung und das Kunstverständnis der Romantik kamen diesem Trend entgegen und wohl nie mehr sind in Deutschland so viele Märchen von Dichtern und Schriftstellern geschrieben worden wie im ersten Drittel des 19. Jahrhunderts. Es entstanden Märchen für Erwachsene und Märchen für Kinder und solche, die für Kinder gedacht und doch in Wirklichkeit nur für Erwachsene geeignet waren. Aus der großen Zahl seien nur zwei Dichter hervorgehoben, E. T. A. Hoffmann (1776–1822) und Wilhelm Hauff (1802–1827). Aus dem reichen dichterischen Schaffen des genialen Hoffmann fand wenigstens *Nußknacker und Mausekönig* das Gefallen der Kinder und wird bis heute immer wieder einmal in meist aufwändig illustrierten Ausgaben neu herausgebracht.

Text- und Bildseite aus Friedrich Fröbel »Mutter- und Koselieder« 1844.

Es war später Abend geworden, ja Mitternacht im Anzuge, und
Pate Droßelmeier längst fortgegangen, als die Kinder noch gar
nicht wegkommen konnten von dem Glasschrank, so sehr auch
die Mutter mahnte, daß sie doch endlich nun zu Bette gehen
möchten. »Es ist wahr«, rief endlich Fritz, »die armen Kerls
(seine Husaren meinend) wollen auch nun Ruhe haben, und
solange ich da bin, wagt's keiner, ein bißchen zu nicken, das
weiß ich schon!« Damit ging er ab; Marie aber bat gar sehr:
»Nur noch ein Weilchen, ein einziges kleines Weilchen laß
mich hier, liebe Mutter, hab' ich ja doch noch manches zu be-
sorgen, und ist das geschehen, so will ich ja gleich zu Bette gehen!«
Marie war gar ein frommes vernünftiges Kind, und so konnte
die gute Mutter wohl ohne Sorgen sie noch bei den Spielsachen
allein lassen. Damit aber Marie nicht etwa gar zu sehr verlockt
werde von der neuen Puppe und den schönen Spielsachen
überhaupt, so aber die Lichter vergäße, die rings um den
Wandschrank brannten, löschte die Mutter sie sämtlich aus, so
daß nur die Lampe, die in der Mitte des Zimmers von der
Decke herabhing, ein sanftes anmutiges Licht verbreitete.
»Komm bald hinein, liebe Marie! sonst kannst du ja morgen
nicht zu rechter Zeit aufstehen«, rief die Mutter, indem sie sich
in das Schlafzimmer entfernte. Sobald sich Marie allein befand, schritt sie schnell dazu, was ihr zu tun recht auf dem Herzen lag, und was sie doch nicht, selbst wußte sie nicht warum,
der Mutter zu entdecken vermochte. Noch immer hatte sie den
kranken Nußknacker eingewickelt in ihr Taschentuch auf dem
Arm getragen. Jetzt legte sie ihn behutsam auf den Tisch,
wickelte leise, leise das Tuch ab und sah nach den Wunden.
Nußknacker war sehr bleich, aber dabei lächelte er so wehmü-
tig freundlich, daß es Marien recht durch das Herz ging. »Ach,
Nußknackerchen«, sprach sie sehr leise, »sei nur nicht böse,
daß Bruder Fritz dir so wehe getan hat, er hat es auch nicht so

schlimm gemeint, er ist nur ein bißchen hartherzig geworden durch das wilde Soldatenwesen, aber sonst ein recht guter Junge, das kann ich dich versichern. Nun will ich dich aber auch recht sorglich so lange pflegen, bis du wieder ganz gesund und fröhlich geworden; dir deine Zähnchen recht fest einsetzen, dir die Schultern einrenken, das soll Pate Droßelmeier, der sich auf solche Dinge versteht.«

(E. T. A. Hoffmann, *Nußknacker und Mausekönig*)

Typische Biedermeier-Illustrationen zu den Buchstaben P und Q in Anton Benedict Reichenbach »Blumengewinde in Vater Rosenfelds Lieblingslaube« von 1830.

An Beliebtheit wurde es aber weit übertroffen von den Märchen Wilhelm Hauffs. Der junge Stuttgarter war mit seinen Sammlungen wie *Das Wirtshaus im Spessart* oder *Die Karawane* seiner Zeit weit voraus und seine Märchen begeistern heute noch Kinder wie Erwachsene. Das hängt wohl mit der gekonnten Mischung aus Phantastik und Abenteuer vor einem häufig exotischen Hintergrund zusammen. Kein Wunder, dass einige Motive später sogar als Vorbilder für Abenteuererzählungen verwendet wurden.

Im Hafen von Balsora schifften wir uns mit günstigem Winde ein. Das Schiff, auf dem ich mich eingemietet hatte, war nach Indien bestimmt. Wir waren schon fünfzehn Tage auf der gewöhnlichen Straße gefahren, als uns der Kapitän einen Sturm verkündete. Er machte ein bedenkliches Gesicht, denn es schien, er kenne in dieser Gegend das Fahrwasser nicht genug, um einem Sturm mit Ruhe begegnen zu können. Er ließ alle Segel einziehen, und wir trieben ganz langsam hin. Die Nacht war angebrochen, war hell und kalt, und der Kapitän glaubte schon, sich in den Anzeichen des Sturmes getäuscht zu haben. Auf einmal schwebte ein Schiff, das wir vorher nicht gesehen hatten, dicht an dem unsrigen vorbei. Wildes Jauchzen und Geschrei erscholl aus dem Verdeck herüber, worüber ich mich, zu dieser angstvollen Stunde vor einem Sturm, nicht wenig wunderte. Aber der Kapitän an meiner Seite wurde blaß wie der Tod. »Mein Schiff ist verloren«, rief er, »dort segelt der Tod!« Ehe ich ihn noch über diesen sonderbaren Ausruf befragen konnte, stürzten schon heulend und schreiend die Matrosen herein. »Habt ihr ihn gesehn?« schrien sie. »Jetzt ist's mit uns vorbei!«
Der Kapitän aber ließ Trostsprüche aus dem Koran vorlesen und setzte sich selbst ans Steuerruder. Aber vergebens! Zusehends brauste der Sturm auf, und ehe eine Stunde verging, krachte das Schiff und blieb sitzen. Die Boote wurden ausgesetzt, und kaum hatten sich die letzten Matrosen gerettet, so

versank das Schiff vor unseren Augen, und als ein Bettler fuhr
ich in die See hinaus. Aber der Jammer hatte noch kein Ende.
Fürchterlicher tobte der Sturm; das Boot war nicht mehr zu re-
gieren. Ich hatte meinen alten Diener fest umschlungen, und
wir versprachen uns, nie voneinander zu weichen. Endlich
brach der Tag an. Aber mit dem ersten Blick der Morgenröte
faßte der Wind das Boot, in welchem wir saßen, und stürzte es
um. Ich habe keinen meiner Schiffsleute mehr gesehen. Der
Sturz hatte mich betäubt, und als ich aufwachte, befand ich
mich in den Armen meines alten, treuen Dieners, der sich auf
das umgeschlagene Boot gerettet und mich nachgezogen hatte.
Der Sturm hatte sich gelegt.
(Wilhelm Hauff, *Das Gespensterschiff*)

Die Stopfnadel.

Theodor Hose-
mann zeichnete
1848 kongenia-
le Bilder zu den
Märchen von
Hans Christian
Andersen.

Gerade in diese Blütezeit des Volks- wie des Kunstmärchens fiel auch eine wichtige Anregung aus dem Ausland, als 1844 die erste deutsche Ausgabe von Märchen des dänischen Dichters Hans Christian Andersen (1805–1875) erschien. Aus heutiger rückblickender Sicht dürfen wir von einem dreifachen Glücksfall sprechen: Zum einen war durch die verschiedenen deutschen Märchen-Ausgaben der Boden für eine freundliche Aufnahme bereitet, zum Zweiten brachte Andersen mit seinen märchenhaften Geschichten ein ganz neues Element: Er bezog seine Motive vorwiegend aus der biedermeierlichen Umwelt der Kinder. Weniger das Phantastische stand dabei im Mittelpunkt, sondern eine Alltagswelt, die ein seltsames, hintergründiges neues Leben gewinnt, ein Hauch von Ironie liegt über dem Ganzen, den auch schon junge Leser verspüren, ohne dass sie ihn bewusst erfassen, Freude und Leid liegen oft eng beieinander. Als dritter und letzter Glücksfall kommt dazu, dass gerade diese Märchen von Anfang an unter den Illustratoren gute Interpreten fanden, so den Berliner Theodor Hosemann (1807–1875), der uns noch öfter begegnen wird, Ludwig Richter, Graf Pocci und Otto Speckter.

> Vor vielen Jahren lebte ein Kaiser, der so ungeheuer viel auf neue Kleider hielt, daß er all sein Geld dafür ausgab, um recht geputzt zu sein. Er kümmerte sich nicht um seine Soldaten, kümmerte sich nicht um das Theater und liebte es nicht, spazieren zu fahren, außer um seine neuen Kleider zu zeigen. Er hatte einen Rock für jede Stunde des Tages, und ebenso, wie man von einem Könige sagt, er ist im Rate, sagte man von ihm immer: »Der Kaiser ist in der Garderobe!«
> In der großen Stadt, in welcher er wohnte, ging es sehr munter zu; an jedem Tage kamen viele Fremde an. Eines Tages kamen auch zwei Betrüger; sie gaben sich für Weber aus und sagten, daß sie das schönste Zeug, das man sich denken könne, zu weben verständen. Die Farben und das Muster wären nicht allein ungewöhnlich schön, sondern die Kleider, die von dem Zeuge genäht würden, besäßen die wunderbare Eigenschaft, daß sie jedem solchen Menschen unsichtbar wären, der nicht für sein

Amt tauge oder der unverzeihlich dumm sei.

Das wären ja prächtige Kleider, dachte der Kaiser; wenn ich die anhätte, könnte ich dahinter kommen, welche Männer in meinem Reiche zu dem Amte, das sie haben, nicht taugen; ich könnte die Klugen von den Dummen unterscheiden! Ja, das Zeug muß sogleich für mich gewebt werden! Und er gab den beiden Betrügern viel Handgeld, damit sie ihre Arbeit beginnen möchten.

Sie stellten auch zwei Webstühle auf und taten, als ob sie arbeiteten; aber sie hatten nicht das geringste auf dem Stuhle. Frischweg verlangten sie die feinste Seide und das prächtigste Gold, das steckten sie in ihre eigene Tasche und arbeiteten an den leeren Stühlen bis spät in die Nacht hinein.

Ich möchte doch wohl wissen, wie weit sie mit dem Zeuge sind! dachte der Kaiser. Aber es war ihm ordentlich beklommen zumute, wenn er daran dachte, daß derjenige, welcher dumm sei oder schlecht zu seinem Amte tauge, es nicht sehen könne. Nun glaubte er zwar, daß er für sich selbst nichts zu fürchten brauche, aber er wollte doch erst einen andern senden, um zu sehen, wie es damit stände. Alle Menschen in der ganzen Stadt wußten, welche besondere Kraft das Zeug habe, und alle waren begierig zu sehen, wie schlecht oder dumm ihr Nachbar sei. Ich will meinen alten, ehrlichen Minister zu den Webern senden! dachte der Kaiser. Er kann am besten beurteilen, wie das Zeug sich ausnimmt, denn er hat Verstand, und keiner versieht sein Amt besser als er!

(Hans Christian Andersen, *Des Kaisers neue Kleider*)

Weit stärker als die Dichter der Romantik wirkte Andersen anregend auch auf die deutschen Erzähler des Realismus in der zweiten Hälfte des 19. Jahrhunderts, von denen wir ebenfalls noch hören werden.

Zu den Kinderliedern und -märchen gesellten sich auch die Volksbücher und Sagen. Bei den Volksbüchern war das geradezu selbstverständlich, war

Holzstich von Oskar Pletsch zu »Fortunat und seine Söhne« in einer Ausgabe der
»Deutschen Volksbücher« von Gustav Schwab.

hier doch die Tradition seit dem 16. Jahrhundert nicht abgerissen, hatten sich
die kleinen billigen Heftchen, wie wir ja von Goethe wissen, als äußerst zähle-
big erwiesen. Ihre Verdienste können gar nicht hoch genug eingeschätzt wer-

den, weil durch sie auch jenen Bevölkerungsschichten Lesestoff geboten wurde, die sonst selten oder nie an Bücher herankamen. Aber jetzt erst ging man systematisch an das Sammeln und Dichten. Josef Görres sang schon 1807 in dem Büchlein *Die teutschen Volksbücher* ihr Lob: »Diese Bücher leben ein unsterbliches unverwüstliches Leben . . . soweit teutsche Zungen reden, sind sie überall vom Volke geehrt und geliebt.« Zu Unrecht stehen sie bis heute etwas im Schatten der Märchen, dabei bieten sie einen ungemein farbigen und vielseitigen Strauß von Abenteuer- und Gespenstergeschichten, Schwänken, Legenden, geschichtlichen Sagen, Ritterromanen und sogar Reiseberichten. Kein Wunder, dass sie so viel und so gerne gelesen wurden.

Fast gleichzeitig begann das Sichten und Auswerten der Texte von verschiedenen Seiten her. So brachte der aus Stuttgart stammende Theologe, Philologe und Dichter Gustav Schwab (1792–1850) ab 1836 unter dem Titel *Buch der schönsten Geschichten und Sagen* eine erste umfassende, bearbeitete Sammlung solcher Volksbücher für die Jugend, die später dann unter dem treffenderen Titel *Die deutschen Volksbücher* erschien. Er fasste darin die schönsten und bekanntesten dieser Texte zusammen, blieb aber etwas nüchtern und trocken im Nacherzählen. 1838 versuchte Gotthart Oswald Marbach eine größere Auswahl solcher Volksbücher wieder in Einzelausgaben herauszubringen und ließ sie von dem jungen Ludwig Richter illustrieren. Und von 1839 an veröffentlichte Karl Simrock (1802–1876) eine wissenschaftlich fundierte Ausgabe.

Wie sich Eulenspiegel von einem Bauer ein eigen Land kaufte

Darnach kam Eulenspiegel wieder in das Land in ein Dorf und wartete, bis der Herzog wieder gen Zelle reiten wollte. Indeß sah er einen Bauer zu seinem Acker gehen. Da fuhr er mit einem Pferde und einem leeren Karren herbei und fragte den Bauer, weß der Acker wäre? Der Bauer antwortete: »Er ist mein, ich habe ihn ererbt.« Eulenspiegel sprach: »Was er ihm geben solle für den Karren voll Erde von dem Acker.« Der Bauer sprach: »Einen Schilling nehme ich dafür.« Eulenspiegel gab ihm einen Schilling und warf den Karren voll Erde, setzte sich hinein und fuhr nach Zelle. Als nun der Herzog geritten kam, bemerkte er den Eulenspiegel, wie er auf dem Karren in der Erde bis an die Schultern saß. Der Herzog sprach: »Eulenspiegel! hab ich Dir nicht mein Land bei Henken verboten?« Eulenspiegel sprach: »Gnädiger Herr! ich bin nicht in eurem Lande, ich sitze in meinem eigenen Lande, das ich von einem Bauer erkauft habe, der sagte mir, es wäre sein Erbtheil.« Der Herzog sprach: »Fahre hin mit Deinem Lande und komme nicht wieder; ich will Dich sonst mit Pferd und Karren henken lassen!« Darauf sprang Eulenspiegel auf sein Pferd, ritt aus dem Lande und ließ den Karren vor der Burg stehen.

Von Märchen und Volksbüchern ergaben sich manche Querverbindungen auch zu dem weiten Bereich der Sagen. Schon die Brüder Grimm brachten 1816 und 1818 eine Sammlung *Deutsche Sagen* heraus, die aber bei der Jugend keinen Anklang fand und eigentlich nur durch kleinere Auswahlen bekannt wurde. Diesmal machte Ludwig Bechstein das Rennen; denn sein 1853 erschienenes *Deutsches Sagenbuch* erlangte trotz mancher etwas langweiliger Geschichten doch weitaus größere Bedeutung, weil der Autor sehr geschickt die tausend Sagen dieses Bandes im Rahmen einer großen Sagenwanderung durch die deutschen Länder ordnete, die in ihrer Art heute noch vorbildlich ist und die gerade bei den Sagen so dringend notwendige Verbindung zu den Landschaften, ihren Besonderheiten und ihrer Geschichte herstellt.

In die Neumünsterkirche zu Würzburg stieg einst ein Dieb; er hatte wahrgenommen, daß ein Christusbild allda mit einer reichen güldnen Kette geziert war, die ein frommer Gläubiger zur Erfüllung eines Gelübdes demselben geopfert. In ernster Ruhe stand das Kruzifix, die Arme fest am Kreuzesstamm; strafend schienen die Augen des heiligen Leichnames den Kirchenräuber anzublicken, aber der Dieb ließ sich nicht schrecken, er nahte dem hölzernen Bilde und streckte die Hand gierig nach der Goldkette aus. Indem so ließ das Bild seine Arme vom Kreuzesstamme los und umhalste den Dieb, was diesem sehr drückend war. Er ächzete und krächzete wie ein Fuchs im Eisen, aber das hörte niemand; er winselte, wimmerte und betete, das hörte auch niemand, denn das Kruzifix stand in der Krypte der Neumünsterkirche. Endlich, als ihm die Umarmung schier unerträglich ward, schrie er: Zetermordio, zu Hülfe, zu Hülfe! – das endlich hörten die Leute, und fanden den Vogel, und banden ihn, und taten ihn in einen sichern Käfig; aber ein Wunder begab sich noch, des Kreuzbildes Arme blieben, so wie sie den Dieb losgelassen, vor den Leib hin ausgestreckt stehen, und so wird es noch heute gezeigt und angestaunt.

»Vogeleiersuche auf den Shetland-Inseln«. Illustration von Carl Lang (d.i. C. A. Artmann) in »Neue Bilder-Gallerie für Söhne und Töchter« 1802.

Bechsteins Vorbild wirkte vor allem auf viele Lehrer und Heimatforscher, die zahlreiche kleine Sagensammlungen herausbrachten und glücklicherweise auch heute noch herausbringen. Ihre Arbeit bildet eine der Säulen, auf der heute das Geschichtsverständnis junger Menschen beruht. Bechsteins Sagenbuch wurde aber auch zur Quelle, aus der zahlreiche Dichter ihre Stoffe für historische Balladen schöpften. Solche Balladen sollten in den folgenden Jahrzehnten gerade für die Jugend zunehmende Bedeutung erlangen. Sie bildeten einen eisernen Bestand der Lesebücher aller Schularten. Kaum ein Kind, das nicht *Herr Heinrich saß am Vogelherd . . .* oder *Burg Niedeck ist im Elsaß . . .* auswendig lernen musste – und erstaunlicherweise wegen der dramatischen Wirkung auch recht gern lernte.

Von der Volkssage führen zwei Stränge zu den Heldensagen und zu den klassischen Sagen. Der erste ist noch verhältnismäßig dünn. Aber immerhin erschien schon 1832 unter dem Titel *Die Helden und Götter des Nordens* das erste Jugendbuch über nordische Götter und Heldensagen von der unermüdlich schreibenden Hamburgerin Amalie Schoppe (1791–1858). Es ist besser als sein Ruf, materialreich und der Zeit in seiner Darstellung auch voraus. Damit war wenigstens ein Anfang gemacht, aber es sollte noch fast ein halbes Jahrhundert vergehen, bis seit den Siebzigerjahren auch die deutschen Heldensagen an Bedeutung gewannen.

Es ist ein altes Sprichwort: »Der Krug geht so lange zu Wasser, bis er bricht.« Die Wahrheit desselben sollte auch König *Ingiald Illräde*, Königs *Asmunds* Sohn von Upsala, erfahren. Zu seiner Zeit – er lebte etwa um das Jahr 760 – wurde Schweden von einer Menge kleiner Unter-Könige beherrscht, die man *Fylkis-Könige* nannte. Der herrschsüchtige *Ingiald* sah aber mit Neid und Ingrimm auf sie, da er sich gern zum alleinigen Beherrscher Scandinaviens gemacht hätte. Da er nun nicht hoffen durfte, die *Fylkis-Könige* gutwillig zur Abtretung ihrer Rechte zu bewegen, sann er auf Arglist und Verrath, und seine bösen Absichten gelangen ihm nur zu gut, wie wir sehen werden.

Als sein Vater gestorben war, ließ er in Upsala einen neuen prächtigen Saal unter dem Vorwande aufbauen, seines Vaters Begräbnißfeier darin begehen zu wollen. In demselben ließ er sieben Throne für die übrigen *Fylkis-Könige* erbauen, und lud sie dann, nebst vielen Jarlen (Grafen oder mächtigen Herrn) und deren Hauptleuten, zu der Begräbnißfeierlichkeit ein. Hier gedachte nun *Ingiald* seine Gäste erst zu bewirthen, dann sie aber sämmtlich umzubringen, um sich ihrer Reiche zu bemächtigen. Die geladenen Könige erschienen ohne Arglist; nur König *Granmar* in Südermannland, und einige Andere, wahrscheinlich von diesem gewarnt, ließen sich entschuldigen.

Das Polichinelltheater.

»Das Kasperltheater«. Nach einer Zeichnung von F. Schlotterbek in einem Bilderbuch »Der Jahrmarkt« von 1843.

Anders dagegen die klassischen Sagen der Griechen und Römer. Hier war ja durch Fénelons *Telemach* längst der Boden bereitet. Im Laufe des 18. Jahrhunderts erschienen, wie wir hörten (vgl. Kap. 2), mehrere mythologische Werke. Die eigentliche Blüte begann aber erst 1802 mit den *Erzählungen aus der Alten Welt für die Jugend* des Professors Karl Friedrich Becker (1777–1806). Das Vorbild des damals bereits beliebten *Robinson* von Campe ist unverkennbar bei der Konzeption: Ein Hauslehrer erzählt seinen Zöglingen in abendlicher Gesprächsrunde antike Sagen. Becker behandelte dabei die Sagenkreise um die Odysee, die Ilias, um die Argonauten, Herakles und Theseus. Neu dabei waren der frische, fesselnde Erzählton, dem wohl der anhaltende Erfolg des Werkes zu danken war. Innerhalb von vier Jahren erschienen sechs Auflagen, danach in unterschiedlichen Neubearbeitungen bis 1904 insgesamt 19 Auflagen!

1838 erwuchs Becker eine ernsthafte Konkurrenz durch *Die schönsten Sagen des klassischen Altertums nach seinen Dichtern und Erzählern* von Gustav Schwab. Dieser wollte für die Jugend einen in sich geschlossenen Überblick über die griechische Sagenwelt geben. Es war ein Glücksfall, dass er als jüngstes Mitglied der Schwäbischen Dichterschule literarisches Gespür mit der langjährigen Erfahrung und dem didaktischen Geschick eines Gymnasiallehrers zu verbinden wusste. Als solcher hatte er klar erkannt, dass die klassische Bildung auf einen kleinen Kreis beschränkt blieb und letztlich auch bleiben musste, den Sagen aber nicht zuletzt aus diesem Grunde eine nicht zu unterschätzende propädeutische Wirkung zukam, besonders wenn sie nicht wie die meisten Sammlungen bisher in engen Bezug zum Schulunterricht gesetzt wurden. Seine Sagen halten gewiss nicht dem modernen wissenschaftlichen Begriff der »Mythologie« stand, wollen es auch gar nicht. Aber zum ersten Mal und deutlicher noch als bei Becker sind hier die oft weit verstreuten griechischen Sagen zu einer Einheit verschmolzen. Schwab hat nicht einfach erzählt, er hat nachgeformt. Richard Seewald hat es im Vorwort zu der von ihm illustrierten modernen Ausgabe der Sammlung auf einen klaren Nenner gebracht: »Sein Werk hatte den unnachahmlichen Glanz aller Anfänge.« Gewiss zeigt es auch Schwächen, wurde nicht zu Unrecht »einige Umständlichkeit« hervorgehoben. Umgekehrt betont Schwab im Vorwort – hier unter

Bezug auf Vergil –, er glaube durch Zusammendrängen dem Werk »für die Jugend einen Reiz der Neuheit und gewissermaßen der Kurzweiligkeit« gegeben zu haben, und das darf man letztlich für alle von ihm behandelten Sagenkreise gelten lassen.

Nachdem nun die Griechen lange erfolglos um Tore und Mauern von Troja gekämpft und der Sturm auf allen Seiten abgeschlagen worden war, rief der Seher Kalchas eine Versammlung der vornehmsten Helden zusammen und redete so vor ihnen: »Unterzieht euch nicht ferner den Mühseligkeiten eines gewaltsamen Kampfes, denn auf diesem Wege kommt ihr nicht zum Ziele: besinnt euch vielmehr auf einen Anschlag! Denn vernehmt, was für ein Zeichen ich gestern geschaut habe! Ein Habicht jagte einem Täubchen nach; dieses aber schlüpfte in die Spalten eines Felsen hinein, um seinem Verfolger zu entgehen. Lange verweilte er grimmig vor dem Felsenspalt, aber das Tierchen ging nicht heraus. Da verbarg sich der Raubvogel ins nahe Gebüsch: und siehe da, jetzt schlüpfte das Täublein in seiner Torheit wieder heraus, der Habicht aber schießt auf das arme Tier nieder und erwürgt es ohne Erbarmen. Laßt uns diesen Vogel zum Muster nehmen und Troja nicht fürder mit Gewalt zu erobern bestrebt sein, sondern es einmal mit der List versuchen.«

So sprach der Seher, aber keinem der Helden, obgleich sie hin und her sannen, wollte ein Mittel einfallen, wie dem grausamen Kriege ein Ziel gesetzt werden könnte. Der einzige Odysseus kam endlich durch die Verschmitztheit seines Geistes auf einen Einfall. »Wißt ihr was, Freunde«, rief er freudig, »laßt uns ein riesengroßes Pferd aus Holz zimmern, in dessen Versteck sich die edelsten Griechenhelden einschließen sollen, so viele hineingehen. Die übrigen Scharen mögen sich inzwischen mit den Schiffen nach der Insel Tenedos zurückziehen, hier im Lager aber alles Zurückgelassene verbrennen, damit die Trojaner, wenn sie dies von ihren Mauern aus gewahren, sich sorglos wieder über das Feld verbreiten. Von uns Helden aber soll ein mutiger Mann, der keinem der Troer bekannt ist, außerhalb des Rosses bleiben, sich als Flüchtling ausgeben und ihnen das Märchen vortragen, daß er sich der frevelhaften Gewalt der Achäer entzogen habe, welche ihn um ihrer Rückkehr willen den Göttern als Opfer schlachten wollten. Er habe sich aber unter dem künstlichen Rosse, welches der Feindin der Trojaner, der Göttin Pallas Athene, geweiht sei, versteckt und sei jetzt, nach der Abfahrt seiner Feinde, eben erst hervorgekrochen. Dies muß er so lange zuversichtlich wiederholen, bis sie ihr Mißtrauen überwunden haben. Dann werden sie ihn als einen bemitleidenswerten Fremdling in ihre Stadt führen. Hier soll er darauf hinarbeiten, daß die Trojaner das hölzerne Pferd in die Mauern hineinziehen. Überlassen sich dann unsre Feinde sorglos dem Schlummer, so soll er uns ein Zeichen geben, auf welches wir unsern Schlupfwinkel verlassen, den Freunden bei Tenedos mit einem lodernden Fackelbrande ein Signal geben und die Stadt mit Feuer und Schwert zerstören wollen.«

So wie von den Volkssagen die Querverbindungen zu den Heldensagen und den Sagen des klassischen Altertums gegangen waren, ergaben sich von Letzteren wieder Verbindungen zu den ersten historischen Sachbüchern. Immerhin waren schon im letzten Drittel des 18. Jahrhunderts mehrere größere historische Darstellungen »für Kinder« erschienen. Der Trend setzte sich auch in der ersten Hälfte des 19. Jahrhunderts fort. Zu den bekanntesten dieser »Weltgeschichten« gehörte wohl das Buch des Erlangers Johann Heinrich Meynier (1764–1824), der unter verschiedenem Pseudonym veröffentlichte. Die 1819 unter dem Namen Georg Ludwig Jerrer in Nürnberg erschienene *Weltgeschichte für Kinder* übertraf die bisher erschienenen Geschichtsdarstellungen an Lebendigkeit und dementsprechend auch an Beliebtheit bei den jungen Lesern. Es ist jenes Buch, von dem der Archäologe Heinrich

»Aeneas und Anchises fliehen
aus dem brennenden Troja«.
Kupferstich aus G. L. Jerrer
»Weltgeschichte für Kinder«, den
Heinrich Schliemann in seiner
Autobiografie erwähnt.

Schliemann in seinen *Lebenserinnerungen* erzählt, die Lektüre habe einen so nachhaltigen Eindruck hinterlassen, dass er schon als Knabe beschloss, das verschollene Troja zu suchen und auszugraben. Mag man das heute auch anzweifeln, so war die Erinnerung an diese Jugendlektüre zumindest stark genug, dass er noch im Alter davon schwärmte! Die Einleitung dieses Buches mutet in ihrer Grundidee, einer Verbindung von Heimat- und Weltgeschichte, durchaus modern an und nimmt Gedanken vorweg, die wir heute im Geschichtsunterricht beherzigen.

> Karl saß eine Zeit lang ganz verloren in Nachdenken. – Wie mag es wohl hier, fing er endlich an, vor zwei oder drei tausend Jahren ausgesehen haben? Wer lebte hier, und wer baute diese Felder, wer mähte diese Wiesen, wer fuhr auf diesen Wegen, und wer schiffte auf diesem Flusse?
> Wie es vor drei tausend Jahren hier aussah, mein Sohn, erwiederte Herr Blumenstein, das kann dir niemand sagen, denn die

Nachrichten von unserm Vaterland, reichen nicht so weit. Es hauseten, wie es scheint, in diesen Gegenden teutsche Völkerschaften, wilde kriegerische Stämme, die weder die Kunst zu schreiben, noch eine andere schöne Kunst, verstanden. Nichts von ihrer Geschichte wurde daher von ihnen aufgezeichnet und die mündlichen Sagen gingen verloren. Damals war es noch nicht gewöhnlich, Entdeckungsreisen zu machen und nach den Sitten und Gebräuchen fremder Völker zu forschen; sonst würden wir doch vielleicht durch Andere, z. B. die Griechen oder die Römer, erfahren haben, was uns die Teutschen nicht selbst berichten konnten.

Willst du aber wissen, was Teutschland vor zwei tausend Jahren, also ungefähr 180 Jahre vor Christi Geburt war, so kann ich dir schon befriedigender antworten, denn bald nachher geriethen die Römer in Kriege mit den Teutschen und lernten sie, durch die Gefangenen, genauer kennen.

Du fragtest vorhin, wer damals diese Felder baute, diese Wiesen mähte, diese Wege befuhr? Ach, lieber Karl, damals waren wenig Felder zu sehen. Dicke Wälder und Sümpfe bedeckten den größten Theil von Teutschland. Es war ein kaltes unwirthbares Land, von Hirschen, Rennthieren, Füchsen, Wölfen, Bären und Menschen bewohnt, die ihnen in Wildheit beinah gleich kamen, aber doch nicht ohne Tugend waren. Sie glichen ungefähr den nordamerikanischen Wilden. In den ältesten Zeiten war ihre einzige Bedeckung eine Bären- oder Wolfshaut. Ihre Hütten bestanden aus über einander gelegten Baumstämmen, mit Erdfarbe angestrichen, wie man sie noch heutiges Tags in Rußland sieht. Gemeiniglich standen sie in der Mitte einiger Hafer- und Gerstenfelder; denn Gerste mußte der Teutsche haben, um Brod daraus zu backen und Bier zu brauen. Bier war schon sein Lieblingsgetränke in der grauesten Vorzeit. Er bestellte aber nicht selbst seine Aecker, und überließ diese Arbeit seinen leibeigenen Knechten oder den Frauen.

J. 361.

L. Wolf. del.   *C. H. Lohmann. sculp.*

In Einzeldarstellungen dominierte das antike Rom. Bücher wie *Römersinn und Römertat* von Severin Ewald (1830) oder das *Alte Rom* von L. K. Iselin (1831) bildeten eine gern gelesene Lektüre für die Gymnasiasten und lieferten erstaunlich viel Faktenwissen, wie wir es in diesem Umfang heute bei den doch auch wieder beliebten Römer-Büchern niemals finden würden.

Auch in Rom suchten sich die Reichen durch Geldwucher noch mehr auf Kosten der ärmsten Bürger zu bereichern. Das Gesetz der zwölf Tafeln gestand ihnen ein Procent monatlich (*usura centesima* genannt, weil in hundert Monaten die Interessen dem Kapital gleich kamen;) aber zwölf Procent jährlich zu, und sie begnügten sich vorher nicht damit. Wir haben schon oben gesehen, wie hart sie mit ihren Schuldnern verfuhren, wenn sie nicht pünktlich bezahlt wurden, wie sie ihnen ihr Vermögen wegnahmen, und wenn es nicht zureichte, sich an der Person des Schuldners bezahlt machten, ihn in Fesseln legen ließen, oder als Sklaven verkauften. Darum war der Geldwucher so allgemein verhaßt. In der Folge aber thaten die Volkstribunen diesem Unwesen Einhalt. Es wurde den Gläubigern die Macht genommen, die Person ihrer Schuldner anzugreifen; nur an das Vermögen durften sie sich halten, und die unbillig hohen Zinsen wurden auf ein halb Procent für ein Monat herabgesetzt. Die Provinzen aber waren durch kein Gesetz vor dem Wucher geschützt, darum fanden hier die römischen Juden ihre Rechnung besser als in Rom. – Das Kapital hieß bei den Römern *Caput* oder *Sors*, die Zinsen *Usurae* oder *Fructus*.

»Der Wochenmarkt«. Aus »Zwölf Blaetter Kinder-Bilder« um 1823.

Geschichte des Mittelalters, inbesondere deutsche Geschichte, wurde dagegen weitgehend vernachlässigt. Nun erwähnt ja Gutzkow in seinen eingangs zitierten Erinnerungen immerhin auch die *Wilmsenschen Heldensäle*. Eigentlich heißt das Büchlein *Heldengemälde aus Roms, Deutschlands und Schwedens Vorzeit, der Jugend unseres kriegerischen Zeitalters aufgestellt* von Friedrich Philipp Wilmsen (1770–1831) und erschien 1814. In merkwürdiger Zusammenstellung bringt es Lebensbilder Caesars, Karls des Großen und Karls XII. von Schweden, kompiliert nur auf trockene Art vorhandene Biografien bzw. deren Bearbeitung wie etwa der Biografie Karls XII. von Voltaire.

Geschichte war nicht gerade die Stärke des gern und viel schreibenden Pastors Wilmsen. Wie mancher seiner Amtsbrüder wandte er sich dem Mädchenbuch zu, das damals im deutschen Sprachraum eine erste Blüte erlebte. Schon Campe hatte 1789 einen *Väterlichen Rath für meine Tochter* geschrieben, mit dem er sich an junge Mädchen aus dem Bürgerstande wandte und ihnen Ratschläge erteilte, »beglückende Gattinnen, bildende Mütter und weise Vorsteherinnen des inneren Hauswesens zu werden«. In diesem Ton ging es auch zu Beginn des 19. Jahrhunderts weiter. Mit einem wahren Feuereifer wandten sich vorwiegend Pfarrer dem Mädchenbuch zu. So schrieb schon 1802 Johann Ludwig Ewald (1747–1822 – nicht zu verwechseln mit dem erwähnten Severin Ewald) ein Buch mit dem Titel *Die Kunst, ein gutes Mädchen, eine gute Gattin, Mutter und Hausfrau zu werden*, in der er sehr klar die Aufgaben der Frau darlegte.

> Ich schließe mit ein paar Bemerkungen über den Bau des weiblichen Körpers, die nicht undeutlicher hinwinken auf den wahren Beruf des Weibes. Die Rippenknorpel des Weibes sind biegsamer, daher beweglicher, die Brust ausdehnbarer wie bei uns. Sie kann tiefer atmen, mehr Luft auf einmal einsaugen. Alles ist eingerichtet, um ohne großen Schaden in der Stubenluft zu leben. Die ganze Brust des Weibes ist zum Auffassen schöner Gefühle gebaut; sie kann viele Empfindungen fassen, und soll viele fassen; die Brust hebt sich hoch, um die-

se Empfindungen lieblich und bescheiden dem entgegenzu-
bringen, der sie erregte. Der Mann trägt seinen Schmerz und
seine Gefühle in der verschlossenen Brust; und will er nicht, so
kann er reden und darf es. Dem Weib ist oft nicht zu reden erlaubt. Ihr hochgehobner Busen soll's nur ahnen lassen, was in
ihr vorgeht. Das ist die einzige Sprache, in der sie reden darf,
weil sie in dieser Sprache nicht schweigen kann.

Ganz auf dieser Linie lagen auch Jacob Glatz (1767–1831), der erwähnte Friedrich Philipp Wilmsen und Friedrich Jacobs (1764–1847). Zu den
bekanntesten Büchern von Glatz gehörten *Rosaliens Vermächtnis an ihre
Tochter Amanda oder Worte einer guten Mutter an den Geist und das Herz ihrer Tochter, Alwina oder das Glück eines tugendhaften und frommen Herzens*
und *Aureliens Stunden der Andacht*. Wilmsen steuerte nicht weniger tugend-
hafte Bücher bei wie *Hersiliens Lebensmorgen. Geschichte einer durch
schwere Prüfung geläuterten Seele*, ein Buch für Jungfrauen, die dann zu Tränen gerührt die letzten Segenswünsche einer Sterbenden an ihren Schützling
lesen konnten:

> »Nur noch wenige Tage oder Stunden werde ich unter den Le-
> bendigen seyn, theure Hersilie, und eine der kostbaren Stun-
> den, die mir nach dem Rathschluß Gottes noch übrig sind, sei
> Dir geweiht, die ich wie eine Tochter liebe. Dein zärtlicher
> Brief war meine letzte Lebensfreude; ich habe ihn mit Freu-
> denthränen und mit liebevoller Sehnsucht nach Dir gelesen.
> Wie gern hätte ich Dich noch einmal an mein Herz geschlos-
> sen! Aber es soll nicht seyn. Ich will nicht murren, daß mir die-
> se Freude versagt ist. Es ist gut, daß eine Lebensfreude nach
> der anderen von uns genommen wird; so sind wir desto willi-
> ger, aus dem Leben zu scheiden, und zu Gott zu gehen. Ich will
> Dir also schriftlich meinen Segen geben, geliebtes Kind; o laß
> ihn nicht verlohren gehen, sondern behüte Dein Herz mit allem
> Fleiß, denn daraus gehet das Leben. Ich sterbe nicht ohne Sor-

ge für Dich, da ich höre, daß Du in vielen Zerstreuungen lebst, und daß der Hang zum Vergnügen durch deine häusliche Lage sehr genährt wird. Aber ich lasse die Sorge nicht aufkommen, denn der Vater im Himmel sorgt besser, als wir arme Menschen sorgen können; er wird sich Deines schwachen Herzens erbarmen, und es wieder zu sich ziehen, wenn es sich von ihm abgewandt hat. Aber Du selbst mußt dann auch fest entschlossen seyn, besser zu werden, der Entschluß ist die halbe Besserung. Ich habe viel Segenswünsche für Dich in meinem Herzen, mein theures Kind; ich bete für Dich zu Gott, mit einer Inbrunst und Andacht, zu der das Herz sich nur in der Nähe des Grabes erheben kann. Mein Gebet wird nicht unerhört bleiben, und Gott wird in Dir Deiner hart geprüften Mutter einen Trost und eine Stütze schenken.

Jacobs hatte zwar auch Theologie studiert, war dann aber über 50 Jahre lang Lehrer, Oberbibliothekar und Direktor des Münzkabinetts in Gotha gewesen. Für Mädchen schrieb er *Renata an ihre Tochter* und *Rosaliens Nachlass.* Sein bestes Buch wurde zugleich auch zum größten Erfolg. Es war die 1802 erstmals erschienene Geschichte von *Allwin und Theodor,* ein »Lesebuch für Knaben«. Es enthält kleine Geschichten von zwei Brüdern, in denen sich moralische Belehrung, ein wenig naturkundliches Sachwissen und Ansätze zur Unterhaltungslektüre nicht ungeschickt miteinander mischen.

Unterhaltsame Geschichten für Jungen etwa ab zehn waren noch verhältnismäßig rar. Das merkt man an der Aussage Gutzkows ebenso wie an den wenigen anderen autobiografischen Hinweisen aus dieser Zeit. Fast jeder erwähnte dabei Joachim Heinrich Campes *Robinson.* 1848 erschien bereits die 40. Auflage dieses Buches, aus diesem Anlass als Jubiläumsausgabe erstmals illustriert. Der zu diesem Zeitpunkt schon berühmte Ludwig Richter schuf 46 Holzschnitte, die in ihrer etwas idyllischen Art durchaus zu dem eingedeutschten *Robinson* passten und dem Buch für weitere Jahrzehnte neuen Auftrieb gaben.

Immerhin wurden die im Gefolge Defoes und Campes segelnden Robinso-

*»Robinson stößt auf mensch-
liche Spuren«. Holzschnitt von
Ludwig Richter zu Joachim
Heinrich Campe »Robinson
der Jüngere«.*

naden gerade in dieser Zeit um einen anspruchsvolleren und kindertümlichen
Titel bereichert. Es war der erstmals 1812/13 erschienene *Schweizerische
Robinson oder der schiffbrüchige Schweizer-Prediger und seine Familie* von
Johann David Wyss (1743–1818). Der Schweizer Pfarrer Wyss hatte diese
Geschichte um die Schicksale einer auf eine einsame Insel verschlagenen Fa-
milie schon 1792 für seine Kinder aufgezeichnet. Sie war von einem seiner
Söhne bearbeitet und veröffentlicht worden. Obgleich sich gegenüber dem
echten Robinson die abenteuerliche Spannung in Grenzen hält, so fand die
Geschichte doch eine sehr freundliche Aufnahme, und das Interesse daran
dauert sogar bis heute an.

> Das erste, was uns außerordentlich belästigte, war die Notwendig-
> keit, mit größter Schleunigkeit von unserm lustigen Baumquartier
> hinab in das Erdgeschoß zwischen die Baumwurzeln unter das
> Rohrdach zu ziehen; denn in der Höhe war es schon wegen des
> durchdringenden Windes und bald wegen des Regens selbst un-
> möglich mehr auszuhalten, und wir mußten alles hinunterschlep-
> pen, was irgend von der Feuchtigkeit bedeutend verdorben

werden konnte. Aber nun wurden die Gemächer auf ebenem Boden so vollgepfropft von allerlei Hausrat, Betten und lebendigen
Geschöpfen, daß man sich beinahe nicht rühren konnte. Oben-
drein war der Geruch des benachbarten Viehes, sein Geschrei,
der Rauch, wenn wir Feuer anmachten, schier unerträglich. Doch
ward all diesem Übelstand nach und nach ein wenig gesteuert,
und wir erhielten durch ein engeres Zusammendrängen der
Haustiere und durch Aufschichten von mancherlei Gerätschaften
auf unserer Wendeltreppe nach einigen Tagen doch so viel Raum,
daß wir arbeiten und uns des Nachts mit Bequemlichkeit strecken
und ausruhen konnten. Das Kochen verschoben wir allemal, solange es nur möglich war, und ersparten uns die Qual der Räu-
cherung, selbst auf Unkosten unsrer Leckerhaftigkeit, mit großem
Vergnügen. Im übrigen fehlte uns fast gänzlich das nötige trockene Holz, und wir dankten dem Himmel, daß die Witterung nicht
sonderlich kalt ward; denn sonst hätten wir uns nicht mehr zu helfen gewußt.
Schlimm war besonders der Umstand, daß wir für unser sämtli-
ches Vieh bei weitem nicht genug Heu oder Laub gesammelt
hatten und doch nicht imstande waren, den Abgang mit Kartoffeln
oder Eicheln oder ähnlichen Vorräten auszugleichen; denn nun
sahen wir uns in der Notwendigkeit, die meisten unserer Tiere,
selbst mitten im Regen, aus den Ställen zu treiben, um sie ihr Futter sich selbst suchen zu lassen.

In den zeitgenössischen Aussagen wird auch ganz allgemein von Reise-
büchern gesprochen, obzwar gerade in diesen Jahren nicht allzu viel Neues erschien, vor allem kaum Titel, die auch Jugendliche interessierten. Bei der von
Gutzkow erwähnten *Reise des Amtmanns Gutmann* handelt es sich offensichtlich um die *Merkwürdigen Reisen der Gutmann'schen Familie* von dem Gymna-
sialrektor Christian Conrad Jakob Dassel (1768–1845), ein Buch, das schon
1795/97 erschienen war und bei dem nach Aussage des Autors »Belehrung
der Hauptzweck, Amusement der Nebenzweck« sein sollten. In die gleiche

Illustration von C. Lemercier zum »Schweizerischen Robinson« von Johann David Wyss in der Ausgabe von 1841.

Richtung gingen auch die Bücher des Gymnasialprofessors Theodor Dielitz (1810–1869), die seit 1841 erschienen und zu denen der bekannte Berliner Grafiker Theodor Hosemann hübsche Illustrationen lieferte.

Als der helle Haufen, durch neue Schaaren verstärkt, ins Würzburgische einfiel, erhoben sich auch in Franken die Bauern. Die Ritter und Prälaten mußten in größter Eile fliehen, und manche wurden selbst gezwungen, mit den Empörern gemeinschaftliche Sache zu machen. Dies harte Loos traf auch den berühmten Götz von Berlichingen mit der eisernen Hand, der vier Wochen lang eine der wildesten Schaaren anführen mußte, bis er so glücklich war, sich von ihr loszumachen.

Ueberall wurden Burgen und Klöster ausgeplündert und in Brand gesteckt, alle Bilder und Kruzifixe in den Kirchen zerschlagen und selbst Priester am Altare ermordet. Auch die Stadt Würzburg wurde, nachdem der Bischof entflohen war, von den Wüthenden genommen und das feste Schloß belagert. Aber schon schwebte das Schwert des Gerichts über den Häuptern der Rasenden. Als der Truchseß von Waldburg alle Streitkräfte des schwäbischen Bundes vereinigt hatte, griff er die würtembergischen Bauern bei Böblingen an, und brachte ihnen eine solche Niederlage bei, daß achttausend derselben todt auf dem Platze blieben. Dann zog er nach Weinsberg, steckte es in Brand und ließ alle Gefangenen, die in der Stadt gemacht wurden, hinrichten, den Pfeifer aber, der bei der Ermordung des Grafen von Helfenstein und der siebzig Ritter aufgespielt hatte, ließ er mit einer langen Kette an einen Pfahl binden und lebendig verbrennen.

(Theodor Dielitz, *Die Helden der Neuzeit*)

Der Historiker Georg Gervinus weist in seinen Erinnerungen auf die Ritter- und Schauerromane hin, die zwar für Erwachsene bestimmt, von Jungen aber viel und gern gelesen wurden. Zwischen 1826 und 1833 erschienen auch die ersten Romane von James Fenimore Cooper in deutscher Sprache, jedoch wurden sie noch kaum von der Jugend gelesen.

Überall zeigten sich Ansätze und Anfänge, auch im Bereich des Bilderbuches. Doch dort schien nach den Prachtwerken von Basedow-Chodowiecki oder Bertuch eine Ernüchterung eingetreten zu sein. In der bescheidenen biedermeierlichen Welt hatten aufwändige und vor allem teuere Bilderbücher keinen Platz. Zwar erschienen in der Nachfolge des *Orbis pictus* schon gelegentlich etwas umfangreicher illustrierte Bücher wie etwa 1808 in Wien der *Neue Orbis pictus in sechs Sprachen* von Heinrich Seidel mit 40 Tafeln oder 1823–33 in Gotha die *Neue Bildergalerie für die Jugend* (ohne Verfasser), die in monatlichen Heftlieferungen herauskam, jedoch nur einfarbige Tafeln enthielt. Aber das waren eher Ausnahmen und nicht die Regel.

Illustration von Theodor Hosemann zu »Die Helden der Neuzeit« von Theodor Dielitz 1851.

In der ersten Hälfte des 19. Jahrhunderts gewannen die Bilderbogen an Bedeutung, jene einfachen Einblattdrucke, die in ihrer eigenartigen Mischung aus Bildzeitung – oder Vorläufern der Illustrierten – und Bilderbuch-Ersatz Leserinnen und Leser von fünf bis 80 Jahren ansprachen. Da sie nur wenige Gro-

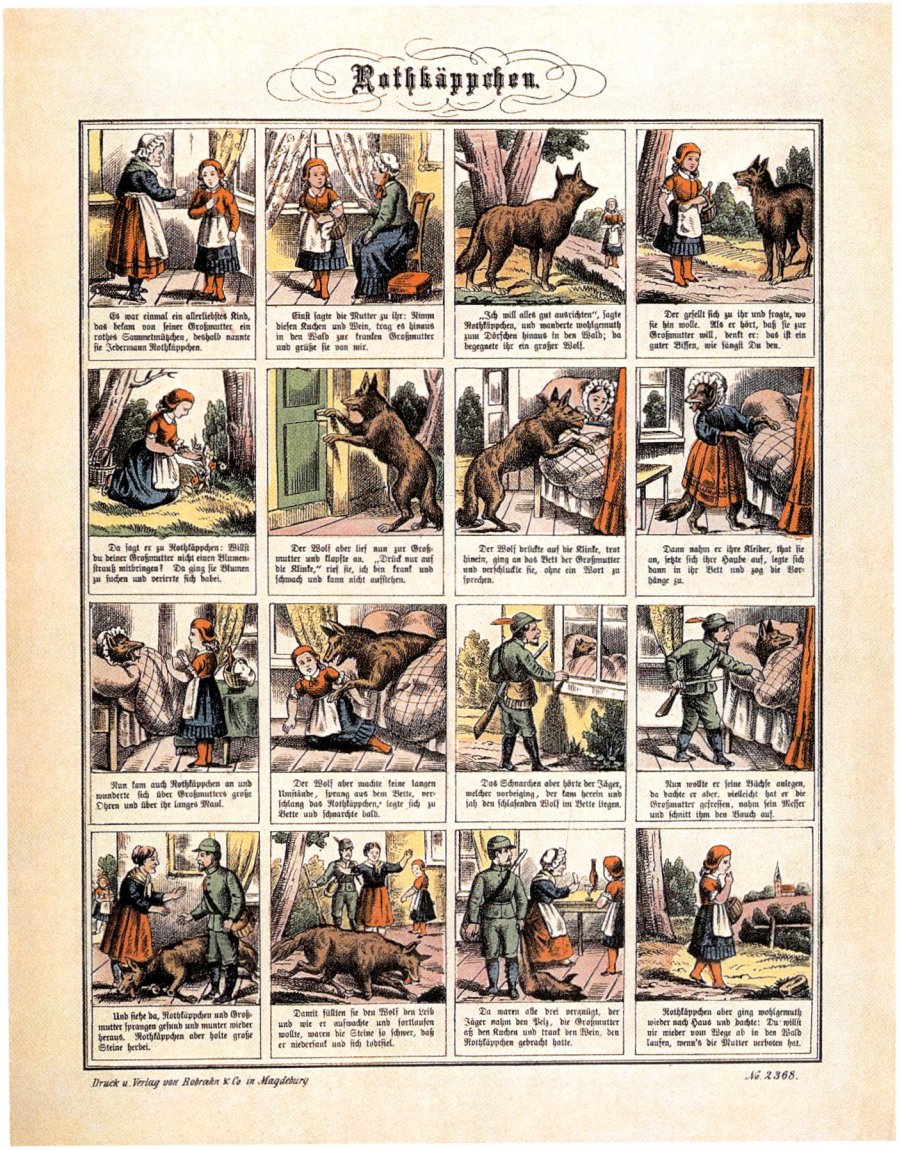

Typischer volkstümlicher Märchen-Bilderbogen aus einem Magdeburger Verlag um die Mitte des 19. Jahrhunderts.

schen oder Kreuzer kosteten, fanden sie erstaunlich rasche Verbreitung, bildeten für weite Bevölkerungsschichten den Ersatz für teuere Bücher. Zentrum dieser Bilderbogenindustrie, anders kann man sie gar nicht nennen, war das kleine Städtchen Neuruppin in der Mark Brandenburg. Hier produzierte von

1825 an der Verlag Gustav Kühn seine berühmten *Neuruppiner Bilderbogen;*
zehn Jahre später folgte ihm die Firma Oehmigke & Riemschneider. Zusammen brachten es die beiden Unternehmen in ihrer Glanzzeit auf zweieinhalb
Millionen solcher Bilderbögen im Jahr! An die Kinder wandten sich dabei in
erster Linie die Märchenbögen, aber auch Themen aus Sagen und Volksbüchern wurden einbezogen. Allerdings sollte man ihre Zahl nicht überschätzen.
In den rund hundert Jahren des Bestehens brachte die Firma Kühn insgesamt
nur 150 Märchen heraus. Ähnlich lagen die Verhältnisse bei den anderen Verlagen.

Gleichsam zum Abschluss der Biedermeierzeit erschien dann noch jenes Bilderbuch, das eine neue Zeit ankündigte und bis heute noch nichts von
seiner Bedeutung eingebüßt und die sensationelle Zahl von mehr als 500 Auflagen erzielt hat. Es ist der 1845 erschienene *Struwwelpeter* des Frankfurter
Arztes Heinrich Hoffmann (1809–1894). In seinen *Lebenserinnerungen* hat
der Autor die Entstehungsgeschichte des Buches geschildert. Seine Erzählung bestätigt nur die Misere des Bilderbuches in dieser Zeit; denn weil er in
der Vorweihnachtszeit 1844 kein geeignetes Buch für sein vierjähriges Söhn-

*Der bekannte Nikolaus aus
Heinrich Hoffmanns
»Struwwelpeter« 1848.*

chen auftreiben konnte, entschloss er sich selbst eines zu schreiben und zu zeichnen. Mochte sich die erste Auflage in ihrer recht dillettantischen Art auch noch von der uns heute geläufigen Ausgabe unterscheiden, so erregte das Buch, weil es eben Kinder auf völlig neue Art ansprach, überall Aufmerksamkeit. Schon 1847 erschien die 5. Auflage, ergänzt um einige neue Versgeschichten, in den folgenden zehn Jahren wurden verschiedene Änderungen in den Illustrationen vorgenommen, die ihre heutige Gestalt erhielten. Über die Bedeutung des *Struwwelpeter* und über die mit dem Werk verbundenen pädagogischen Fragen ist viel geschrieben worden; positive und kritische Auffassungen stehen bis zum heutigen Tag einander gegenüber. Die Kinder kümmerten sich wenig darum, trotz der oft überspitzten Moral wurde der *Struwwelpeter* – vielleicht gerade wegen der betont überzeichnenden Darstellungs- und Erzähltechnik Hoffmanns – ihr besonderer Liebling. Die Eltern kauften ihn nicht zuletzt auch deshalb, weil mit ihm endlich ein unterhaltsames und preiswertes Bilderbuch auf den Markt gekommen war. Kein Wunder, dass er zahlreiche Nachahmer fand, die aber alle nicht die Frische und den Zauber des Originals erreichten.

> Der Kaspar, der war kerngesund,
> Ein dicker Bub und kugelrund.
> Er hatte Backen roth und frisch;
> Die Suppe aß er hübsch bei Tisch.
> Doch einmal fing er an zu schrei'n:
> »Ich esse keine Suppe! Nein!
> Ich esse meine Suppe nicht!
> Nein, meine Suppe ess' ich nicht!«

> Am *nächsten* Tag, – ja sieh nur her!
> Da war er schon viel magerer.
> Da fing er wieder an zu schrein:
> »Ich esse keine Suppe! Nein!
> Ich esse meine Suppe nicht!
> Nein! meine Suppe ess' ich nicht!«

Am *dritten* Tag, o weh und ach!
Wie ist der Kaspar dünn und schwach!
Doch als die Suppe kam herein,
Gleich fing er wieder an zu schrein:
»Ich esse keine Suppe! Nein!
Ich esse meine Suppe nicht!
Nein, meine Suppe ess' ich nicht!«

Am *vierten* Tage endlich gar
Der Kaspar wie ein Fädchen war.
Er wog vielleicht ein halbes Loth,
Und war am fünften Tage tod.

Hoffmann selbst schuf in der Folgezeit noch mehrere Bilderbuchgeschichten, so etwa *König Nußknacker* (1851) oder *Prinz Grünewald und Per-
lenfein mit ihrem lieben Eselein* (1871), die aber alle im Schatten ihres großen älteren Bruders Struwwelpeter standen, obgleich sie durchaus kindge-
mäß gestaltet waren.

Aus der großen Zahl der schreibenden Professoren, Lehrer und Pfarrer
erlangten nur Johann Peter Hebel und Christoph von Schmid für die Jugendliteratur dieser Jahrzehnte wirkliche Bedeutung. Sie hatten viel gemeinsam,
waren altersgemäß nur neun Jahre auseinander, kamen beide aus dem ale-
mannisch-schwäbischen Raum, stammten aus einfachen Verhältnissen,
wählten beide den geistlichen Beruf, der eine in der evangelischen, der andere in der katholischen Kirche, stiegen beide in der geistlichen Hierarchie hoch
hinauf – und beschäftigten sich zeit ihres Lebens mit der Literatur für Kinder,
wobei sie beide zugleich eine enge Verbindung zur Volksliteratur hielten. Nur
einen Unterschied gibt es: Johann Peter Hebel ist in die »hohe« Literatur eingegangen, wird heute noch geschätzt, beachtet und zitiert, Christoph von
Schmid dagegen ist – etwas zu Unrecht – seit Ende des Zweiten Weltkrieges
weitgehend in Vergessenheit geraten.

Der aus Südbaden stammende Johann Peter Hebel (1760–1826) wurde vor allem durch seine Kalendergeschichten bekannt und berühmt. Im Auf-

trag seiner kirchlichen Vorgesetzten hatte er einen Volkskalender, den *Rhein-ländischen Hausfreund* herausgegeben und dafür zahlreiche Geschichten ge-schrieben, die später unter dem Titel *Schatzkästlein des Rheinischen Haus-freundes* zusammengefasst und veröffentlicht wurden. Es war Volksliteratur im besten Sinne des Wortes, den Märchen der Brüder Grimm ebenbürtig. Wenn sich die kleinen Geschichten zuerst einmal an erwachsene Leser wand-ten, so wurden sie meistens auch gern von den Kindern gelesen und fanden Eingang in die Lesebücher aller Schularten. Eigens an Kinder wandte sich He-bel 1822 mit seinen *Biblischen Erzählungen,* die sich in ihrer einfachen, kin-dertümlichen Sprache wohltuend von allen bisherigen Nacherzählungen bibli-scher Geschichten unterschieden.

Die Geburt Jesu

Aber in welchem Palast oder Kirchlein wird der Sohn Mariä gebo-ren werden? Wer wird ihm von Cedernholz die Wiege verfertigen und mit goldenem Blumwerk schmücken?

Der römische Kaiser Augustus ließ einen Befehl ausgehen, daß alle Einwohner des Landes sollten geschätzt, das heißt: gezählt und aufgeschrieben werden. Jeder mußte sich in dem Ort seiner Heimath und Herkunft stellen, daß er daselbst aufgeschrieben würde. Demnach begab sich auch Joseph mit Maria, seinem ver-trauten Weibe, aus Nazareth, ihrem Wohnorte, nach Bethlehem in Juda, weil sie von dem Geschlechte Davids waren, daß er sich aufschreiben ließe.

Es mögen damals viele Leute nach Bethlehem gekommen seyn, und war wenig Raum in dem Städtlein. Als aber Maria daselbst war, gebar sie ihren Sohn, und fand keinen Raum, wohin sie ihn hätte legen können, als in eine Krippe. Das war der Palast, in wel-chem das Kind geboren ward, welches sein Volk sollte selig ma-chen von den Sünden. Denn Gott sieht nicht auf das Auswendige.

Es waren in selbiger Nacht Hirten auf dem Felde, bei den Hürden, die hüteten ihre Heerden. Zu diesen trat des Herrn Engel, und seine Klarheit umleuchtete sie. Der Engel sprach: »Ich verkündige euch große Freude, die allem Volk wiederfahren wird. Denn siehe, euch ist heute der Heiland geboren, welcher ist Christus der Herr in der Stadt David, und das habt zum Zeichen, ihr werdet finden das Kind in Windeln gewickelt und in eine Krippe liegen.« Ja, es sammelte sich um sie die Menge der himmlischen Heerschaaren, die lobten Gott und sprachen: »Ehre sey Gott in der Höhe, Friede auf Erden, und den Menschen ein Wohlgefallen.« – Es mögen wohl die nämlichen Hirten gewesen seyn, in deren Eigenthum das Kind geboren wurde. Die Hirten giengen eilends nach Bethlehem, und fanden Maria und Joseph und das Kind in der Krippe liegend. Da lobten sie Gott und erzählten, was ihnen von diesem Kinde war gesagt worden, und alle, die es hörten, wunderten sich. Maria aber behielt alle diese Worte, und bewegte sie in ihrem Herzen.

Das ist die heilige Christnacht oder Weihnacht, in welcher Gott den Kindern schöne Gaben schenkt, daß sie sich jährlich ihrer Rückkehr freuen und das Kindlein lieben sollen, das in dieser Nacht zu Bethlehem geboren war. – Manches Kind will fragen: ob dieses der Verheißene sey? Ja es ist der Verheißene, in welchem alle Geschlechter der Erde sollen gesegnet werden.

Der Name des Kindes ward genannt *Jesus*, welchen er empfangen hat von den Engeln, und heißt so viel als Seligmacher, weil er von Gott zum Retter und Seligmacher der Menschen bestimmt war.

Noch größeren Erfolg als Hebel erzielte sein katholischer Amtsbruder Christoph Schmid (1768–1854), der so angesehen war, dass er nicht nur vom bayerischen König geadelt wurde, sondern in seiner Geburtsstadt Dinkelsbühl ein Denkmal erhielt und dem die Karlsuniversität in Prag den Ehrendoktortitel verlieh. Fachleute haben sich in den letzten Jahren manchmal kritisch über ihn als zu sentimental und obrigkeitshörig geäußert, aber man muss ihn einfach aus seiner Zeit heraus zu verstehen und vor allem auch zu beurteilen suchen. In Schmids Erzählungen vereinen sich Nachwirkungen der

Illustration von H. G. Staal
zu einer französischen
Prachtausgabe von
Christoph v. Schmid
»Rosa von Tannenburg«
um 1850.

Aufklärung mit Einflüssen der Romantik. Er wählte seine Stoffe einerseits aus der kindlichen Alltagswelt vorwiegend der einfachen Leute, wie er sie in seiner Kindheit und Jugend und an seiner früheren Pfarrstelle im Allgäu kennen gelernt hatte, andererseits aus der mittelalterlichen Geschichte. Allerdings war die Historie dabei keineswegs in den Einzelheiten getreu erfasst, vielmehr waren es Menschen aus dem Lebensbereich und dem Umfeld Schmids, die in historische Kostüme gesteckt wurden und vor den Kulissen mittelalterlicher Burgen und Bürgerhäuser agierten. Eine gewisse Nachbarschaft zu den Stoffen und zur Erzählweise der alten Volksbücher ist dabei unverkennbar. Trotzdem – oder vielleicht gerade deshalb – wurden die Geschichten ungemein gern gelesen. 1810 erschienen *Die Ostereier,* 1818 *Heinrich von Eichenfels* und 1823 *Rosa von Tannenburg,* um nur drei der bekanntesten Erzählungen zu nennen. Wir würden aber Christoph von Schmid Unrecht tun, wollte man ihn vereinfachend als moralisierenden Durchschnittserzähler bezeichnen. In verschiedenen seiner Bücher hat er bewiesen, dass er durchaus lebendig und realistisch schildern konnte.

Als die Herrschaft in der Dämmerung näherkam, bemerkte Fritz zuerst, daß sich bei dem Dornbusche jemand rege. »Wer bist du?« rief er. »Gib Antwort!« Dietrich richtete sich mit Hilfe eines Steckens mühsam auf und hinkte ganz erbärmlich herbei. Er zog den verbundenen Fuß immer etwas empor und tat, als könnte er sich an seinem Stecken kaum aufrechterhalten.

Herr von Finkenstein sprach: »Woher kommst du noch so spät, Knabe, und wo willst du noch hin?«

Der falsche, boshafte Dietrich tat einen tiefen Seufzer, verzerrte, als wie von unausstehlichen Schmerzen gequält, das Gesicht und sagte mit kläglicher Stimme: »Ach, ich armer, kranker Knabe habe keine Heimat, weder Vater noch Mutter und muß leider betteln. Wegen meines bösen Fußes nimmt mich niemand in Dienst, so gern ich auch arbeiten wollte. Ich komme drei Stunden weit her, von dem Scharfrichter zu Schlehenhürst; der legte mir ein Pflaster auf meinen Fuß; das brennt nicht anders als das höllische Feuer. Aber dieser mein trefflicher Arzt sagt, das müsse so sein, um das faule Fleisch wegzubeizen. Ich habe mich im Wald verirrt. Seit heute Mittag hinke ich zwischen Dornen und Stauden umher und habe nichts gegessen, noch getrunken. Ich wollte heute noch nach Hirschfelden. Allein, ich werde wohl hungrig und durstig unter freiem Himmel übernachten müssen.« Er zog ein zerrissenes Taschentüchlein heraus und stellte sich, als trockne er sich die Augen, die aber gar nicht naß waren. Die gnädige Frau sprach gerührt: »Ach, du armer Schelm! Hirschfelden kann er heute nicht mehr erreichen. Du, Luise, sag doch einmal, was wir mit dem Knaben anfangen sollen!« Die kleine Luise sagte mit Tränen in den Augen: »Wir wollen ihm ein Abendessen geben und ihn über Nacht behalten.« Fritz rief: »Ja, das wollen wir; nicht wahr, Mama? Und Papa ist dann schon so gütig, den Fuß des armen Knaben heilen zu lassen, wie der Onkel den Arm des armen Niklas heilen ließ.«

Herr von Finkenstein blickte den Dietrich scharf an, als zweifle

er, ob auch alles wahr sei, was der Knabe gesprochen hatte.
Dietrich sagte aber: »Ich muß Euren Gnaden doch meinen Fuß
zeigen. Obwohl uns nur das erste Mondsviertel und die Abend-
helle leuchtet, so werden Sie sich doch genug daran sehen.« Er
fing an, die Schnur, mit der die Lumpen zusammengebunden waren, aufzuknüpfen. Der schlaue Betrüger rechnete sicher darauf,
die Herrschaft werde die Wunde nicht sehen wollen. Die gnädige
Frau winkte auch wirklich sogleich mit der Hand und rief: »Laß
es gut sein; ich kann die Wunde nicht sehen. Ich glaube dir ohne
das. Komm immerhin mit uns!«
Die Herrschaft ging weiter, und Dietrich hinkte hinter ihnen her,
als vermöchte er ihr kaum nachzukommen, und lachte sie wegen
ihrer Leichtgläubigkeit heimlich aus.
(Christoph von Schmid, *Der gute Fridolin und der böse Friedrich*)

Schmids Wirkung und sein Einfluss hielten das ganze 19. Jahrhundert
an. Natürlich nahmen ihn sich auch andere Autoren zum Vorbild, allen voran
wohl Wilhelm Bauberger (1809–1883) und Isabella Braun. Der Arzt Bauberger, der wie Schmid aus Bayerisch-Schwaben kam, hatte sein Vorbild schon
während dessen Wirken als junger Pfarrer in seiner Geburtsstadt Tannhausen
kennen gelernt. Als Student schrieb er 1831 *Die Beatushöhle,* in der er Elemente aus Schmids *Ostereiern* und *Rosa von Tannenburg* verwendete und
miteinander verband:

Theodora hatte auch wirklich mit Tagesanbruch ihre Hütte verlassen, und stieg, von ihren braven Hausleuten unterstützt, den
Berg hinan nach der Beatushöhle. Es war, seit sie von ihrer
Krankheit aufgestanden, zum ersten Male, daß sie so einen weiten
Weg unternahm. Das gestrige Gespräch mit dem frommen Vater,
worinn er ihr Nachricht von dem Leben und der Freiheit ihres Gemahles ertheilte, hatte sie sehr gestärkt. Und die Hoffnung, daß
sie diesen Morgen in der Beatushöhle noch viel mehr von ihm erfahren sollte, hatte ihren Fußtritt beflügelt. Oft, wenn ihre Beglei-

ter sie zum Ausrasten ermahnten, sagte sie: »Ich bin nicht müde, ihr lieben Leute, gewiß nicht. Seht nur, wie kräftig ich hinansteige. Mir ist heute so wohl, als wäre ich nie krank gewesen. Der liebe Gott ist doch recht gut. Er wußte, welch' ein Heilmittel meine Genesung am schnellsten befördere, und schickte mir eine Kunde von meinem Gemahle. Könnt' ich ihm nur genug danken. Doch er sieht in mein Herz und weiß meine Gedanken.« Oder sie lächelte, mit den Worten: »Noch darf ich nicht ruhen. Wenn mich aber die Huld des Herrn glücklich in des Gemahles Arme geführt hat, dann will ich ruhen. Dann wird mir die Ruhe noch süßer schmecken, als unter den Blumen in der schattigen Laube meines Gärtleins.« –

So jähe der Weg nach der Beatushöhle hinanragte, so klagte die gute Frau doch nie über Mattigkeit, und kam nach Verlauf von zwei Stunden glücklich auf dem Felsen an. Hundert Schritte tiefer als die Beatushöhle stand, war der Felsen mit Gesträuch umwachsen. Hier führte der Weg durch. Wie Theodora allmählich über das Gesträuch heraufstieg, ward sie dem Grafen sichtbar, der sie auch sogleich erkannte.

»Sie kömmt! sie kömmt! rief er vor Freude außer sich dem Greisen zu: Theodora! theures Weib! Sie ist es.« Und augenblicklich wollte er am Felsen hinabklettern. Beatus hielt ihn aber sanft zurück. »Bedenkt doch, edler Graf, sprach er, daß die gute Frau erst von einer schweren Krankheit aufgestanden. Zu schnelle Ueberraschung könnte sie tödten. Zieht euch ein wenig hinter die Reihen der Landleute zurück. Ich aber will ihr entgegen gehen, und sie euch dann selbst in eure Arme führen.«

Das Buch wurde so erfolgreich, dass Bauberger, der Sitte der Zeit entsprechend, seine weiteren Erzählungen zumeist nur unter der Bezeichnung »Vom Verfasser der ›Beatushöhle‹« herausbrachte. Es nützte ihm allerdings

Kolorierte Tafel aus »Neuester Orbis Pictus« von H. Becher und J. Schneemann 1843.

nicht sehr viel, denn die vielen weiteren Erzählungen erzielten nicht mehr den gleichen Erfolg wie sein Erstling.

Isabella Braun (1815–1886) gehörte schon der nächsten Generation an und nahm sich zwar Schmid als Vorbild, löste sich zugleich aber auch von ihm und steht so am Beginn einer neuen Reihe von Mädchenbüchern, die wir im nächsten Kapitel näher kennen lernen werden.

Der Mühe, ein Resümee über die Entwicklung der Jugendliteratur in diesen Jahren zu ziehen, enthebt uns ein Zeitgenosse, der Schriftsteller, Redakteur und Politiker Wolfgang Menzel (1798–1873). In seinem schon 1827 erschienenen Werk über die *Die deutsche Literatur* ging er auch näher auf die Kinder- und Jugendliteratur seiner Zeit ein. Sein Urteil ist überwiegend kritisch und negativ. Wie mancher idealistisch eingestellte Ästhet neigte er dazu, in Bausch und Bogen zu verurteilen:

> Die eigentliche *Unterhaltungsliteratur für Kinder* ist noch zahlreicher als die erbauliche. Deutschland ist davon überschwemmt. Nürnberg und Wien sind ihre großen Fabrikstädte. Hier arbeiten nicht mehr die Pädagogen allein; die Sache ist zu *Bücherspeculationen* der Verleger geworden. Man legt ganze Waarenlager von Kinderbüchern wie von andern Kinderspielsachen an und wetteifert echt kaufmännisch. Die Buchmacher können dies, weil unter den Pädagogen keine Einigkeit ist, und weil die Modesucht so weit geht, daß man sogar den Kindern nur neue Sachen geben will. Um die Weihnachtszeit wimmelt es in den Läden der Buchhändler von Eltern und Kinderfreunden, die alle die brisanten Sächelchen aufkaufen, welche die neue Messe geliefert. Die Alten greifen, wie die Kinder selbst, am liebsten nach den neuen Flittern. Aber die Pädagogen selbst wirken mit den Buchhändlern zusammen, und schreiben immer neue Sachen, nicht um das Alte zu verbessern, sondern um Geld und einen Namen davon zu tragen. Gegen diese Sündfluth von Kinderschriften kämpft dann der echte Kinderfreund vergeblich an.

4. Wunderhold und Winnetou

Jugendliteratur in der 2. Hälfte des 19. Jahrhunderts

Wie verschlangen wir Pennäler der Untertertia in Berlin »Robert den Schiffsjungen«, »Pieter Maritz«, mit ihnen in Meeresstürmen oder im Busch alle Gefahren mutig bestehend, »Lionel Forster« – mit dem endlichen glücklichen Testamentsfund, den man gar nicht hatte erwarten können! – Höckers Reihe »Sieg des Kreuzes« und dann einige Klassen höher Scott, den »Quentin Durward« natürlich und »Ivanhoe«, und fast mit dem Gruseln des Verbotenen das ganz harmlose »Schöne Mädchen von Perth!«

Als der Dichter Wilhelm von Scholz um 1880 die hier genannten Bücher las, war er knapp 14 Jahre alt. Die Titel sind typisch für die Zeit. Abenteuer, fremde Länder und vergangene Zeiten erfreuten sich – zumindest bei den Jungen – besonderer Beliebtheit. Die Mädchen hätten wohl am ehesten ein paar der zahlreichen Backfischromane genannt. Gelesen wurde viel in den knapp fünf Jahrzehnten des zweiten deutschen Kaiserreiches. Fast könnte man den berühmten Ausspruch des Ritters Ulrich von Hutten umwandeln in »Oh Jahrhundert, oh Jugendbuch, es ist eine Lust zu lesen!«.

Der Boden für diese geradezu üppige Blüte war in der ersten Hälfte des Jahrhunderts bereitet worden. Nach wie vor wurden Christoph von Schmid und seine diversen Nachfolgerinnen und Nachfolger gern gelesen. Zu ihnen gehörte auch die aus Schwaben stammende Isabella Braun (1815–1886), eine der ersten für Kinder schreibenden Volksschullehrerinnen. Manche ihrer Geschichten, vor allem aus ihren Kindheitserinnerungen, könnten heute noch bestehen, zumal sie sich wohltuend von der einmal so beliebten Erbauungslektüre für Mädchen unterschieden:

Der »Lasche« war ein Jude aus Jchenhausen und hieß wahrscheinlich Lazarus. Von allen Juden war er unstreitbar der absonderlichste, wie mein Vater geringschätzig zu sagen pflegte, »nicht Fisch und nicht Fleisch,« während meine Mutter ihn langer Gespräche würdigte und zwar nicht über Handelsgegenstände, sondern über das Wort Gottes, die christliche Lehre. Er zählte zwischen zwanzig und dreißig Jahren, sah aber bitter elend aus, nur aus Haut und Knochen bestehend. Er besaß weder Eltern noch Verwandte, noch Geld und Gut, nicht einmal Kredit; die israelitische Gemeinde hatte ihn aus Barmherzigkeit erzogen und war nahe daran, ihn auszustoßen und zu verläugnen, denn seine Hinneigung zum Christentume war nur allzubekannt. Lasche kehrte in allen Pfarrhäusern ein und lag oft wochenlang krank in einer Kammer, wo der christliche Unterricht nicht fehlte, während er mit gefalteten Händen, mit traurigen Blicken und mit offenen Ohren sich demselben hingab. Er konnte das neue Testament fast auswendig und reihte im Gespräch mit Christen oft viele Stellen desselben zu einer Rede zusammen. Sein Äußeres glich eher einem Meßner als einem Juden, denn er ging stets in den abgelegten Kleidern der Pfarrer und Vikare einher. Trotz all diesem konnte man ihn nicht zum Übertritte bewegen, obwohl es ihm dann viel besser ergangen wäre. Immer sagte er: »Hab ich's doch geschworen meiner Mutter auf dem Sterbebett, ein Jud zu bleiben. Unser Heiland Jesus Christus leidets net, daß ich einen Schwur brech, und ist mir doch, als ob ich hätt' empfangen die Bluttauf.«

Wahrlich, eine Leidenstaufe empfing er stündlich; er wurde bis auf's Blut geplagt. Die Juden verachteten ihn, die Christenkinder riefen ihm »hepp, hepp« nach und kein Mensch zählte ihn zu seiner Genossenschaft.

(Isabella Braun, *Aus meiner Jugendzeit*)

*Illustration aus
Isabella Braun »Aus
meiner Jugendzeit«
um 1860.*

Eine Art norddeutsches Gegenstück bildete Margarete Wulff
(1792–1874), die erst mit fünfzig Jahren unter dem Pseudonym Anna Stein
zu schreiben begann. Mit der Tagebucherzählung *52 Sonntage oder Tagebuch dreier Kinder* landete sie einen Volltreffer. Trotz einiger gestalterischer
Schwächen und einer nach heutigen Begriffen etwas zu penetranten Moral
wurde diese im Milieu eines ländlichen Gutshofes spielende Geschichte ein
beachtlicher Erfolg und erfreute sich über Jahrzehnte hinweg uneingeschränk-
ter Beliebtheit bei Kindern.

> Dicht am Moor wohnt ein ganz ehrlicher Spitzbube, das heißt,
> ein Mann, der früher im Zuchthause war, weil er gestohlen hat-
> te, und als er zurückkam, wollten sie ihn nicht mehr im Dorfe

haben, wo er früher gewohnt hatte und bauten ihm weit weg ein
Haus am Moor, und gaben ihm ein Stück Land, wo er Korn
säen und Kartoffeln pflanzen kann. Da wohnt er nun; wir sahen
ihn auch; er sieht ganz aus wie andere Menschen, und gar nicht
böse. Er hat auch eine Frau und drei Kinder, denen schenkten
wir allerlei, was wir mitgenommen hatten auf die Reise, denn
so nannten wir unsere Fahrt, Kuchen und Früchte und auch etwas Geld, das freute sie sehr. – Der Mann stiehlt auch jetzt gar
nicht mehr, das hat er sich ganz abgewöhnt. – Als wir wieder
nach Hause kamen, tranken die großen Leute Thee, und wir
bekamen Erdbeeren mit Milch und Butterbrot. Das war ein
sehr vergnügter Tag! –

Sonnabend. An dem Tage bekamen wir Besuch, den wir gar
nicht kannten, und zwei Kinder waren auch mit, aber Mädchen, und so alt als Wilhelm und ich. Sie kamen mit ihren Eltern aus Berlin, wo diese ein großes Haus haben, aber gar
keinen Garten, und doch sprachen die Mädchen immer von ihrem Garten. Das konnte ich nicht begreifen, und ich fragte und
fragte, und am Ende kam heraus, daß sie zwei Kasten mit Erde
haben, und daß darin Kartoffeln gepflanzt sind, und das nennen sie ihren Garten; ich mußte so darüber lachen, daß ich fast
umgefallen wäre. Herr Flohr, der es hörte, machte mir nachher
Vorwürfe und sagte, man müsse niemals darüber lachen, wenn
jemand genügsam sei und sein kleines Eigentum lieb habe. Es
that mir auch leid, daß ich gelacht habe, denn eben weil wir so
viel haben, einen so großen, großen Garten, hätte ich das nicht
thun sollen. In dem Augenblick fiel es mir nicht ein. – Sie sag-
ten beim Abschiede zu Marie: »Wenn du uns im Herbst besuchen willst, sollst du Kartoffeln essen aus unserem Garten.«
Ich lachte wieder, denn Herr Flohr hatte noch nicht mit mir darüber gesprochen; ich wollte, ich hätte nicht gelacht.

*Der bekannte
Berliner Maler
Theodor Hosemann
schuf mit seinen
Illustrationen zur
Erstausgabe von
A. Stein »52 Sonn-
tage« 1846 liebens-
würdige kleine
Genreszenen aus
dem Kinderalltag.*

Dritte im Bunde war Adele Kühner (1808–1907), eine Hamburger Lehrerin, die unter dem Pseudonym Elisa Averdieck zahlreiche Kinderbücher
schrieb. Ihr Arbeitsprinzip umriss sie selbst einmal mit den Worten: »Nach
meiner Erfahrung sind das Wohnhaus, der Garten und allenfalls die nächsten
Spaziergänge die Orte, die das Kind mit lebendigem Interesse umfängt. Geschichten von Rittern, Räubern, von Amerika und Australien können Kinder
wohl zu Zeiten amüsieren und aufregen, aber eine Herzensfreude haben sie,
und heimisch werden sie nur in Geschichten, die sich auf vorgenannte Örtlich-
keiten beschränken.« Mochte sie mit solcher Maxime zwar nur teilweise
Recht haben, so schrieb sie danach doch eine Reihe durchaus passabler Umweltgeschichten, zu deren bekanntesten *Karl und Marie* (1851) gehörte.

Im August ist Trina's Geburtstag. Karl hat sie lieb und möchte
ihr so gern etwas schenken, aber er hat kein Geld und der Geburtstag ist schon übermorgen. Marie will ihm einen Schilling
schenken, aber das will er nicht. »Nein«, sagt er, »dann schen-

ke ich es ja nicht, dann schenkst Du es ja.« – »Dann suche Du
Raupen von unserm großen Aprikosenbaum, ich helfe Dir mit;
Du weißt wohl, für hundert Stück giebt uns Papa einen Schilling.« Der Einfall gefällt Karl. Aber nun schlafen die Raupen,
er muß warten bis zum andern Morgen. Abends liegt er lange
im Bett und wacht; dabei hat er immer die Finger im Munde
und ächzt, als wenn er eine große Arbeit vorhätte. Trina fragt
ihn, ob er Zahnweh habe. Das verneint er, liegt ein kleines
Weilchen stille und dann geht das Aechzen und Arbeiten von
Neuem los. Endlich tritt Martha einmal ans Bette und fragt:
»Junge, was hast Du denn eigentlich vor?« – »Sch!« sagt er,
»er wackelt schon, ich glaube, es geht bis morgen, wenn ich die
ganze Nacht dran reiße.« – »Was reißest Du denn?« fragt
Martha ganz leise, damit die andern Kinder nicht aufwachen.
»Ich reiß' an meinem Zahn, denn wenn ich ihn herauskriege,
so giebt mir Papa morgen einen Schilling. Dann kann ich Trina
was zum Geburtstag schenken.« – »Ja, aber wenn Du nicht
bald schläfst, dann wirst Du morgen die Zeit verschlafen, und
dann kannst Du keine Raupen absuchen.« – »Das ist wahr,«
sagt Karl, »na, vielleicht fällt der Zahn morgen von selbst aus.
Dann will ich nur lieber einschlafen.« Damit legt er sich auf
die andere Seite und in fünf Minuten schnarcht er.

In allen diesen Geschichten tummelten sich noch lauter brave Kinder.
Lausbuben fehlten ebenso wie Backfische, deren Zeit noch nicht gekommen
war. Aber eine neue Gruppe tauchte schon auf, die bis zum heutigen Tage ihren festen Platz im Kinderbuch behaupten sollte, nämlich die Puppen. Die erste Vertreterin war die berühmte *Puppe Wunderhold von A. Cosmar (d. i. Anto-
nie Klein, etwa 1807–1870). So wenig wir über die Autorin wissen, so groß
war der Erfolg der 1839 erschienenen Puppengeschichte, zu der sie 1841
und 1866 ebenso geschätzte Fortsetzungen schrieb. Im Mittelpunkt ihrer Geschichten stehen eine wunderschöne Puppe und ihre Erlebnisse bei verschiedenen Puppenmüttern.:*

Titelbild von Luise Thalheim zu A. Cosmar »Schicksale der Puppe Wunderhold«.

Luischen hatte ein weißes Kleid an mit blauen Schleifen; ebenso ihre Puppe, die sie auf dem Arme trug.

»Guten Tag!« sagte sie eintretend und machte einen tiefen Knicks. Zuerst ging sie zu der Tante, gab ihr artig die Hand und bestellte einen Gruß von ihrer Mama. Dann eilte sie schnell auf Fanny zu, und auch Elise begrüßte sie herzlich.

»Hier habe ich eine große Schürze, damit ich mich nicht voll Stachelbeerflecken mache. Wer bindet sie mir um?« Elise war gleich bereit, und Fanny legte den Hut des Kindes beiseite.

»So, was machen wir zuerst?« fragte die Kleine; »bis halb sieben Uhr darf ich bleiben. Ist das nicht lange? Da können wir viel spielen und Stachelbeeren pflücken. – Wo sind die Hasen?« rief sie und wollte zur Thüre hinaus.

»Wart nur, Kleine«, sagte die Tante, »jetzt zeig mir doch auch einmal deine Puppe, von der ich schon so viel gehört habe. – Die ist auch wirklich sehr hübsch. Wer hat ihr denn das schöne Kleid gemacht?«

»Das hat ihr das Christkind gebracht, und mir dieses. Was hat es dir – Ihnen gebracht?«

»Ein schönes Buch.«

»Mir auch. Meine Puppe hat es selbst geschrieben.«

Die Tante lachte.

»Es ist wirklich wahr! Fragen Sie nur Fräulein Fanny. Sie weiß es ganz genau. Puppen können viel mehr, als wir denken. Bloß nicht richtig essen, glaube ich. – Aber man kann doch so spielen. Heute bekommt sie auch Stachelbeeren. – O, wo sind die Hasen?« wandte sie sich wieder an Elise.

»Geht nur auf den Hof; ich kann nicht hinauskommen. Sorge für alles, Elise; und gieb acht, daß die Kleine sich ihr Kleidchen nicht verdirbt.«

»Darf Wunderhold mit?« fragte Luise.

»Warum nicht?« entgegnete Fanny und nahm das Kind an die Hand.

Auch für die Lektüre der Jungen war in ausreichendem Maße gesorgt. Ein paar produktive Autoren lieferten ein breites Angebot. Da sie ihre Stoffe häufig aus dem Alltags- und Volksleben wählten und für einen breiten Leserkreis vor allem in den einfacheren Schichten schrieben, werden sie gewöhnlich unter dem Sammelbegriff der »Volksschriftsteller« eingeordnet. Drei traten dabei besonders hervor: Gustav Nieritz, W. O. von Horn und Franz Hoffmann. Nieritz (1795–1876) war Lehrer in Dresden. Seit 1834 veröffentlichte er regelmäßig und in rascher Folge meist kleinere Jugendschriften. In seiner auch heute noch ungemein lesenswerten Autobiografie beging er den unverzeihbaren Fehler, dass er zugab, das Schreiben als Nebenverdienst anzusehen, um seine kargen Einkünfte als Armenschullehrer etwas aufzubessern. Zwar wurde er ursprünglich sehr gern gelesen, aber Ende des 19. Jahrhun-

Illustration von C. Offterdinger zu
»Die Türken vor Wien«
von Gustav Nieritz.

derts traf ihn der Bannstrahl kritischer Literaturpädagogen, dem sich auch fortan die Fachleute anschlossen. Erst der bekannte Kinderbuchsammler Karl Hobreker relativierte 1924 erstmals diese Urteile und schrieb: »Nieritz ist eine interessante Erscheinung. Ich glaube, in späteren Jahrhunderten wird man ihn wieder entdecken.« Das dürfte allerdings nicht leicht sein; denn die meisten Jugenderzählungen des fleißigen Dresdners sind bestenfalls in so genannten »überarbeiteten« Ausgaben verfügbar. Aber unter dem Weizen, der sich schon von der Spreu scheiden lässt, finden sich manche interessante und beachtenswerte Texte wie etwa die realistische Beschreibung der Verhältnisse in einem Zuchthaus aus der Erzählung *Der Canarienvogel* 1848.

> Die Reise ging sonach weiter fort nach der Stadt Haltfest.
> »Das ist das Zuchthaus« – sprach der Schulmeister, als vor den Wandernden ein großes, düsteres Gebäude mit Thürmen, fest verwahrten Thoren und eisenumgitterten Fenstern auftauchte.
> »Wir wollen deiner armen Mutter einen Besuch abstatten und sie dadurch in ihrer Noth erfreuen. Darum wirst du dich nicht weigern, dieses Haus zu betreten.«
> Ursula sagte nichts dazu, folgte aber ihrem Pflegevater, welcher sich einem Pförtchen näherte und dort an einem Klingelgriff läutete. Knarrend that sich die schwere Thüre auf und der Schulmeister gab dem Thürhüter seine Absicht kund, die Mutter Ursula's sehen und sprechen zu dürfen.
> Der Pförtner machte seine Meldung und Herr Töpfer empfing das Geheiß, mit Ursula vor dem Zuchthausverwalter zu erscheinen, welcher wohl eben so unumschränkt im Zuchthause zu gebieten hat als ein Monarch in seinem Reiche.
> Der Zuchthausverwalter mochte gerade bei guter Laune seyn, was in seiner schweren Stellung unter lauter Verbrechern gewiß nicht immer der Fall ist, oder gefiel ihm der treuherzige, gemüthliche Herr Töpfer und dessen Pflegetöchterchen? – kurz, er gestattete nicht nur, daß jene die Züchtlinge sehen durften, sondern er bot sich sogar zur Begleitung an. Zuerst ge-

langten die drei in einen zweiten Hof, welcher auf allen vier
Seiten von hohen Gebäuden und außerdem durch fest verwahr-
te Hausthüren verschlossen war. Eine derselben öffnete sich
jetzt, und von zwei Zuchtmeistern angeführt, trat paarweise
eine lange Reihe von männlichen Züchtlingen in den Hof, um,
begleitet von noch vielen Zuchtmeistern, welche in ihrer Rechten einen Stock, an ihrer Seite einen Säbel und außerdem ein
geladenes Pistol bei sich trugen, langsam und schweigsam
längs der Häuserwände im Viereck herum zu marschiren.

»Was machen die Männer da?« fragte der Schulmeister den
Hausverwalter leise.

»Sie gehen spazieren« — lautete die Antwort — »eine halbe
Stunde lang, damit sie sich Bewegung machen können.«

Herr Töpfer schwieg und blickte voll innerer Bewegung auf die
Männerreihe hin, deren leiseste Bewegung, Tritte, Mienen und
Worte mit Argusaugen von den Zuchtmeistern überwacht wurden. Keiner von ihnen durfte einen Laut über seine Lippen
bringen, wollte er nicht dafür einige Stockhiebe empfangen.
Einem von ihnen trat ein boshafter Hintermann absichtlich
und wiederholt auf die Fersen. Er mußte es still sich gefallen
lassen, bis ein Zuchtmeister es gewahrte und durch Prügel be-
strafte.

Der Zuchthausverwalter sah es dem Schulmeister an den trü-
ben Mienen an, daß ihn der längere Anblick dieser
spazierenden Züchtlinge eben nicht erfreute; daher er seine
Gäste weiter und in das eigentliche Zuchthaus führte. Ueberall
verschlossene Thüren, welche des Hausverwalters Haupt-
schlüssel öffnen mußte, um zu den in langen Sälen eifrig arbei-
tenden Züchtlingen zu gelangen. Wiederum dieselbe
Todtenstille, welche nur durch das Schnurren der Spinnräder,
das Streichen der Wollkrämpeln, das Quitschen der Steinsä-
gen und die häufig fallenden Drohworte der beaufsichtigenden
Zuchtmeister unterbrochen wurde. Große, hölzerne Schleif-

kannen voll Wasser nebst den erforderlichen blechernen
Trinkbechern waren unter die Züchtlinge verteilt und auf den
Arbeitstischen standen Salzfäßchen, in welche die Gefangenen
ihr trockenes Brot tauchen durften.

W. O. von Horn (1798–1867) hieß eigentlich Friedrich Wilhelm Philipp
Oertel und stammte aus Horn bei Boppard. Als evangelischer Geistlicher lernte er ähnlich wie sein berühmter Amtsbruder und Schriftstellerkollege Jeremi-
as Gotthelf das Volksleben genau kennen und verarbeitete seine Beobachtungen in Volks- und Kalendergeschichten und heimatgeschichtlichen Erzählungen für die Jugend. Aber kaum beachtet, kündigte sich im literarischen
Schaffen Horns auch schon eine neue Zeit an, in der Geschichte und exoti-
sche Abenteuer eine wichtige Rolle spielten; denn der Herr Pfarrer, der nie
über seine rheinische Heimat hinauskam, schrieb auch Erzählungen über Ne-
gersklaven in Brasilien, Abenteuer auf dem Mississippi oder über Kongo-Neger.

Bald erreichten sie den freien Raum gegen den Hafen hin. Dort
war ein langer, offener Bretterverschlag, der nach der Sonnen-
seite hin eine Bretterwand und oben ein Bretterdach hatte; weniger um die nackten Gestalten der unglücklichen Sklaven zu
schützen, als ihren übermütigen Unterdrückern einen Schirm
gegen die, selbst schon in der Frühe brennenden Sonnenstrah-
len zu leihen.
Als sie dort ankamen, wurde den beiden schwarzen Sklaven, die
Robert nicht einmal bemerkt hatte, die ihnen aber in einiger
Entfernung gefolgt waren, die Zügel der Pferde zugeworfen, und
die beiden Männer traten unter den Bretterverschlag, wo in langer Reihe Neger und Negerinnen zum Verkaufe ausgestellt waren.
Ein entsetzlicher Anblick war es für Robert, als er diese lange
Reihe der Unglücklichen sah.
Ehe er jedoch die Reihe überblicken konnte, trat ein Mensch zu

ihnen, der, seinen breitkrempigen Strohhut in der Hand, sich tief vor beiden verneigte.

Es war ein Farbiger von dem widerlichsten Äußern. Roheit und Bosheit war in seinem Gesichte zu lesen, und trotz der kriechenden Unterwürfigkeit konnte man die Spitzbüberei und den Haß nicht verkennen, mit dem er auf Fonton und Robert blickte.

Der Sklavenvogt von Malpays, sagte Fonton, auf ihn hindeutend.

Bertin, sprach er dann mit schneidendem Tone zu dem Sklavenaufseher, zeigt jetzt dem Herrn Unteraufseher Leloup, dem ihr in Zukunft zu gehorchen habet, worauf es beim Ankaufe eines Sklaven ankommt.

Er wandte sich hierauf zu einem eben ankommenden Manne, welcher der Kapitän des Sklavenschiffes war und sagte: Herr Kapitän, geht mit den beiden hier, und gebt ihnen die nötige Kunde über die Gemütsart der Sklaven. Ich hoffe, Ihr werdet eine gute Kundschaft ehren und die besten uns zukommen lassen; über die Preise werden wir schnell einig sein.

Während der Sklavenvogt Bertin sich tief vor Robert neigte und sich ihm empfahl, kam der Kapitän zu ihnen.

Herrliche Ebenholzblöcke hab' ich diesmal, sagte er, alle aus dem Reiche Kongo in Afrika; Riesengestalten und zierliche Frauen.

Was meint Ihr mit dem Worte Ebenholzblöcke? fragte Robert.

Ihr müßt noch ein frischgebackener Neuling auf Sanct Domingo sein, lachte der Kapitän, wenn Ihr den Ausdruck nicht kennt. Wir nennen so die Neger.

(W. O. von Horn, *Ein Kongo-Neger*)

Franz Hoffmann (1814–1882) schließlich war der jüngste und zugleich fruchtbarste Autor. Der gelernte Buchhändler lebte seit 1841 als freier Schriftsteller, verfasste bis zu seinem Tode rund 250 größere und kleinere Jugenderzählungen. Seine Verdienste liegen aber vor allem in seiner Herausgebertätigkeit. Manches Werk der Weltliteratur verdankt es Hoffmann, dass es damals junge Menschen kennen lernten, so beispielsweise Coopers *Lederstrumpf*,

»Der Schneemann«. Bild von R. Geißler zu »Fünfzig neue Kinderlieder« von Hoff-mann von Fallersleben um 1860.

dessen Siegeszug in Deutschland er eigentlich begründete. Außerdem betreu-te er seit 1846 auch die alljährlich erscheinenden Bände des *Neuen Deut-schen Jugendfreundes,* die mit ihrer schönen Ausstattung und der durchaus ge-lungenen Mischung aus Unterhaltung und Wissensvermittlung ein Vorbild für alle die vielen Jahrbücher für Jungen und Mädchen wurden, die bis zum Zweiten Weltkrieg regelmäßig erschienen und zum festen Bestandteil der weihnachtli-chen Gabentische in den »gutbürgerlichen« Haushalten gehörten.

Im Bereich des Kinderliedes wurde gerade um die Mitte des Jahrhun-derts die große Tradition von Güll, Hey und Rückert fortgesetzt. Vier Namen vor allem verdienen es dabei, besonders hervorgehoben zu werden. Am be-kanntesten wurde wohl August Heinrich Hoffmann von Fallersleben (1798–1874). Wer weiß denn schon, dass von dem Dichter unserer National-hymne so beliebte Kinderlieder und -gedichte wie *Kuckuck, Kuckuck, ruft's aus dem Wald, Alle Vögel sind schon da* oder *Ein Männlein steht im Walde* stammen, die doch heute längst zum Volksgut geworden sind? Ein etwas we-niger bekanntes Lied mag als Probe seines Schaffens dienen.

Der Kuckuck und der Esel,
die hatten großen Streit,
wer wohl am besten sänge
zur schönen Maienzeit.

Der Kuckuck sprach: »Das kann ich!«
Und hub gleich an zu schrein,
»Ich aber kann es besser!«
Fiel gleich der Esel sein.

Das klang so schön und lieblich,
so schön von fern und nah;
sie sangen alle beide:
Kuckuck, Kuckuck! i-a!

Das Geheimnis von Hoffmanns großem, bis heute anhaltendem Erfolg lag, wie man deutlich spürt, in der einfachen, natürlichen Art, wie er die kleinen Freuden im Alltag der Kinder erfasste.

Der Zweite im Bunde war Robert Reinick (1805–1852). Er trat anfangs als Maler, später zunehmend als Lyriker und Erzähler für Kinder hervor und gab einen Jugendkalender heraus. Seine Gedichte waren einmal sehr beliebt, gehörten zum festen Bestand der Lesebücher. Heute sind sie weitgehend in Vergessenheit geraten. Dabei hätten einige aus dem reichen Angebot es durchaus verdient, zu überdauern, zumal sie ungemein treffend das Lebensgefühl und die bescheidenen Freuden der Kinder vor 150 Jahren spiegeln.

Steht ein Kirchlein im Dorf,
Geht der Weg dran vorbei,
Und die Hühner, die machen
Am Weg ein Geschrei.
Und die Tauben, die flattern
Da oben am Dach,
Und die Enten, die schnattern
Da unten am Bach.

Auf der Brück' steht ein Junge,
Der singt, daß es schallt,
Kommt ein Wagen gefahren,
Der Fuhrmann, der knallt.

Und der Wagen voll Heu,
Der kommt von der Wiese,
Und oben darauf
Sitzt der Hans und die Liese.

Die jodeln und juchzen
Und lachen alle beid',
Und das klingt durch den Abend,
Es ist eine Freud!

Und dem König sein Thron,
Der ist prächtig und weich,
Doch im Heu da zu sitzen,
Dem kommt doch nichts gleich!

Und wär' ich der König,
Gleich wär' ich dabei
Und nähme zum Thron mir
Einen Wagen voll Heu.

Klaus Groth (1819–1899) war Lehrer, später Professor für deutsche Literatur und Sprache in Kiel. Sein besonderes Interesse galt der plattdeutschen Mundart seiner Heimat, die er mit seinen Gedichtsammlungen *Quickborn* (1852) und *Voer de Goern* (1858) literaturfähig machte. In ihnen wurden Land und Leute seiner norddeutschen Heimat lebendig. Dabei erwies es sich als Glücksfall, dass Ludwig Richter zu den kleinen Reimen der *Goern* 52 idyllische Holzschnitte schuf, die jungen wie alten Lesern aus anderen deutschen Landschaften den Zugang zu den plattdeutschen Texten erleichterten.

Dar fahrt en Schipp, dat fahrt so wit,
De Wulken kamt un fahrt der mit,
Opt Water treckt dat lank so blank,
Un baben treckt de Wulken lank,
So sachte so kleen,
Man eben mehr to sehn,
So lütt so lütt, so witt so witt –
Nu mank de Wulken geit dat mit.

Aus Süddeutschland gesellte sich zu den drei Vertretern aus der Mitte und dem Norden noch der Münchner Franz Graf von Pocci (1807–1876), eine der großen künstlerischen Doppelbegabungen, wie sie uns immer wieder einmal begegnen. Und wenn man gar nicht so recht weiß, wen man mehr hervorheben soll, den Zeichner oder den Dichter, dann wählt man am besten jene Bücher, zu denen er gleichermaßen Bilder wie Texte lieferte. Pocci unternahm

Holzstich von Ludwig Richter aus Klaus Groth »Voer de Goern« 1858.

auch den erfolgreichen Wiederbelebungsversuch des so genannten Hans-
wurst, der im 18. Jahrhundert eine wichtige und nicht immer rühmliche Rolle
auf den deutschen Bühnen gespielt hatte und durch die vereinten Bemühungen der Neuberin und Lessings von ihnen verbannt worden war. In der Figur
des »Kasperl Larifari« gab ihm nun Pocci auf der Puppenbühne ein neues Wir-
kungsfeld. Und von der Puppenbühne aus eroberte er sich erst mit Hilfe seines Schöpfers und anderer Illustratoren das Bilderbuch und danach das erzählende Kinderbuch, wie ja noch heute der *Räuber Hotzenplotz* von Otfried
Preußler beweist.

> Doktor (allein). Ei, ei, das wäre aber doch! Jetzt kurier' ich
> schon ein halbes Jahr an Herrn Kasperl, und ich kenn' mich
> eigentlich selber noch nicht aus, was ihm fehlt. So was darf
> sich aber ein praktischer Arzt nicht anmerken lassen, oder zu
> was hätt' ich denn erst vor zwei Monaten den Medizinalratstitel
> bekommen? Wir Aerzte müssen zusammenhalten, besonders

*Schulszene von Franz v. Pocci aus der »Lustigen Gesellschaft«, einem beliebten
Bilderbuch von 1867.*

wegen der Homöopathen, die aber sozusagen auch nichts wissen; allein die möchten uns Allopathen ganz ruinieren. Aha! Da kommt er.

(Kasperl tritt ein, große Zipfelmütze auf, ungeheuer wehleidig und affektiert krank und schwach, mit schlotternden Schritten und schwacher Stimme.)

Kasperl. Guten Morgen, Herr Mudizinalrat. Kommen Sie auch wieder einmal zu einem armen kranken Mann? Geltens? Wie ich ausschau! Zum Verschrecken!

Doktor. No, no, 's passiert, Herr Kasperl. Wie ich's letztemal bei Ihnen war, haben S' doch noch viel miserabler ausgesehn, und mit dem Piedestal – scheint mir – geht's doch jedenfalls besser. Sie marschieren ja ganz brav.

Kasperl. Oh, bewahr's Gott! Ich geh' auf meine letzten Füß!

Doktor. Ja, weil überhaupt jeder Mensch nur zwei Füß' hat. Nun also: diskurieren wir ein bißl miteinand. Wie steht's eigentlich mit'm Appetit; denn das ist immer die Hauptsach' beim Menschen.

Kasperl. Gar nit gut. Wenn ich sechs Leberknödl in der Suppen und acht Paar Bratwürst' auf'm Kraut gessen hab', da is mit'm Appetit schon vorbei.

Doktor. Nun, nun, das kann man sich immer gefallen lassen. Der Magen vertragt noch was. Denken Sie nur, daß Sie gar keine Motion machen, Herr Kasperl. Nun – und wie steht's mit dem Durst?

Kasperl. Miserabel! So a halb's Dutzend Liter, wie man's jetzt heißt – die tuen's noch; aber da kann ich höchstens noch a paar Maßl draufsetzen nach'm alten Maß.

Doktor. Das ist immer noch ein ganz erträglicher Zustand und mir scheint doch, daß meine letzte Medizin gewirkt hat. Und jetzt sag'n S' amal, Herr Kasperl, wie ist's mit'm Schlaf? –

Kasperl. Reden Sie mir nur nicht vom Schlaf! Wenn ich mich abends um a 9 Uhr niederleg', so wach' ich um 8 Uhr in der

Fruh schon wieder auf und nachher muß ich mich wenigstens
noch dreimal umkehren, bis ich noch a paar Stündl schlafen
kann. Gelten's, Herr Mudizinalrat, das kann man doch keinen
g'sunden Schlaf heißen?
(Franz Graf von Pocci, *Das Kasperl als Turner*)

Mit dem »Kasperlgrafen«, wie Pocci gern genannt wurde, hatte das Bil-
derbuch neben dem Struwwelpeter-Hoffmann (siehe Kapitel 3) einen zweiten
wichtigen Vertreter gefunden. Zu ihnen gesellte sich der Leipziger Carl August
Reinhardt (1818–1877), der ebenfalls Kasperl-Bilderbücher und die köstli-
chen Tierbilder zu den *Sprechenden Tieren* von Adolf Glaßbrenner schuf, oder
Gustav Süs (1823–1882), von dem zahlreiche Bilderbuchgeschichten wie *Die
Mähr von einer Nachtigall* oder *Het Wettloopen tüschen den Haasen un den
Swinegel* (1855) stammen. In den skurrilen Tierfiguren lag seine besondere
Stärke, hier sind seine Bilder immer noch sehenswert.

In den Fünfziger- und Sechzigerjahren schuf auch Ludwig Richter, den
wir schon als den Illustrator des campischen *Robinson* kennen lernten, seine
schönsten Werke. Die bescheidenen Bilderbogen Gustav Kühns erhielten nun
künstlerisch anspruchsvollere Konkurrenz in den in Stuttgart von 1866–71
bei Gustav Weise erschienenen *Deutschen Bilderbogen* und vor allem in den
von 1849–98 bei Braun & Schneider veröffentlichten *Münchner Bilderbogen*.
Diese waren nicht nur ungemein beliebt, sondern wurden auch zum Sprung-
brett für manchen jungen Künstler wie etwa Wilhelm Busch oder Lothar Meggendorfer.

Alle diese Bücher bildeten eine gleichermaßen quantitativ wie qualitativ
solide Grundlage, auf der sich das Kinder- und Jugendbuch in der zweiten Hälfte des Jahrhunderts vor allem seit den Siebzigerjahren entfalten konnte, wobei sich deutlich ein paar neue Schwerpunkte im Bereich des Mädchenbuches, des Abenteuerbuches und der historischen Erzählung herausbildeten.
Diese Buchgattungen müssen dabei stets vor dem Hintergrund der politischen, wirtschaftlichen und sozialen Entwicklung im neuen deutschen Kaiserreich gesehen werden.

Ganz in der Tradition einer Isabella Braun oder Anna Stein stand im

Illustration von Carl Reinhardt zu den »Sprechenden Tieren« Adolf Glaßbrenners 1854.

Bereich des Mädchenbuches die Schwäbin Ottilie Wildermuth (1817–1873), die als Gattin eines Gymnasiallehrers in Tübingen lebte und dort ihre zahlreichen Erzählungen und Gedichte für junge wie für erwachsene Leser schrieb, mit denen sie Anerkennung bei so bedeutenden Dichtern wie Uhland, Stifter oder Gotthelf fand. Tatsächlich sind die meisten ihrer Geschichten auch heute noch lesenswert und bieten vor allem lebendige Genreszenen aus dem dörflichen Leben und aus schwäbischen Kleinstädten. Mit Recht weisen erfahrene Kritiker auf die natürliche gefühlsbetonte und einfache Art ihres Erzählens hin, mit dem sie sich rasch eine große kindliche Lesegemeinde schuf. Zu ihren bekanntesten Büchern gehörten ihre Sammlungen *Aus der Kinderwelt* (1853) und vor allem *Aus Schloß und Hütte* (1861), dessen Titel schon in der Hervorhebung der Gegensätze Programm ist:

Es war beinahe Abend, als endlich Frau Annemarie sich ein
Herz gefaßt hatte und im allerschönsten Putz mit ihrem Bärbele am Schloß drüben ankam; der Vater hatte sie nur bis ans
Ufer begleitet. Mit Herzklopfen stiegen sie die neuen Treppen
hinauf und betraten das schöne Vorzimmer, in dem sie die
Kammerjungfer warten hieß. Sie durften nicht lange warten;
bald kam die junge Frau Baronin selbst, die nun ohne die vielen warmen Hüllen dem Bärbele erst recht wie ein Engel vor-
kam. Sie bot der schüchternen Annemarie herzlich die Hand,
freute sich, daß sie wieder so gesund und rüstig sei, und erzählte ihr die Ursache, warum sie so lange nicht mehr in die
Gegend gekommen sei, so daß die gute Frau ganz zutraulich
wurde.

»Aber ich muß anzünden!« rief plötzlich die Dame und eilte
rasch davon; – nach einer Weile klang ein silbernes Glöck-
chen, und Bärbele und ihre Mutter wurden von der Kammer-
frau in den großen Saal geführt.

Ach was für eine Herrlichkeit ging da dem armen Kinde auf!
Zur anderen Türe waren all die Herren und Damen eingetreten, aber Bärbele scheute sich nicht vor ihnen; sie meinte fast,
sie sei geradeswegs in den Himmel hineingekommen, da kam
es auf ein paar Engel mehr oder weniger nicht mehr an.

Der große Saal war ganz neu und prächtig gemalt, und von der
Mitte der Decke hing ein kristallener Kronleuchter mit vielen
hellen Kerzen, auf den Tischen unten brannten wieder viele
Lichter in silbernen Leuchtern, und grüne Tannenbäume, die
in der Eile noch vom Walde gebracht worden waren. Dazwischen stand prächtiges Zuckerwerk und reiche und zierliche
Geschenke, und die Lichter und die Geschenke und all' das
schöne neue Gerät im Saal flimmerten und funkelten zusammen, daß es Bärbele war wie im Traum und auch Frau Annemarie nichts konnte, als ihre Hände zusammenschlagen.

»Sieh, Kind, das ist deine Bescherung«, sagte die Dame vom

Schloß und führte Bärbele an einen Tisch, der mit gar herrlichen Dingen besetzt war: »komm, nimm, das ist alles dein,« sagte sie ermutigend, »deine Pate ist dir ja von lange her das Weihnachtsgeschenk schuldig geblieben.« Bärbele nahte zagend mit gefalteten Händchen. Von der Mutter war sie gelehrt worden, eh' sie daheim ihre kleine Bescherung in Empfang nahm, vorher ein Weihnachtsverslein zu beten, darum legte sie auch jetzt die Hände zusammen und betete, was ihr eben im Anblick dieser Pracht einfiel:

»Der Sohn des Vaters Gott von Art,

Ein Gast in der Welt hie ward;

Er führt uns aus dem Jammertal

Und macht uns zu Erben in seinem Saal.«

Die Herren und Damen, die auf das Bauernmägdlein wie auf ein ergötzliches Schauspiel gesehen hatten, fühlten ihr Herz seltsam bewegt von des Kindes frommen Worten, und die Dote fürchtete fast, ob sie mit ihren reichen Geschenken nicht des Kindes einfachen Sinn verderben könnte.

Illustration von Gustav Süs zu »Het Wettloopen tüschen den Haasen un den Swinegel«. Bilderbuch von 1855.

Gefolgschaft, nicht Konkurrenz, erwuchs ihr durch die etwas jüngere Schweizerin Johanna Spyri (1829–1901). Die Tochter eines Schweizer Arztes schöpfte die Anregungen für ihre Erzählungen aus den Schweizer Bergen. Damit hatte sie von vornherein gegenüber einer Wildermuth und anderen Erzählerinnen die interessanteren Schauplätze und bewies überdies ein sicheres Gespür für die kindliche Lebens- und Vorstellungswelt. Gewiss blieb auch bei ihr manches schematisch, anderes wiederum kann nur aus der Zeit heraus beurteilt werden. Doch griff sie immer wieder die sozialen Gegensätze auf, manchmal sogar etwas zu vordergründig penetrant. Rasch stieg sie zu einer der beliebtesten Mädchenbuchautorinnen des gesamten deutschen Sprachraums auf. 1879 begann sie mit der Erzählsammlung *Heimatlos*, dann folgten die beiden Heidi-Bände *Heidis Lehr- und Wanderjahre* und *Heidi kann brauchen, was es gelernt hat* (1880/81), die Geschichte eines kleinen Mädchens aus den Schweizer Bergen, das mit seiner Herzensgüte alle Schwierigkeiten des Lebens meistert. Trotz mehrerer Verfilmungen, Fernsehserien, Comicreihen, Bearbeitungen hat diese Heidi bis heute nichts von ihrem natürlichen Charme eingebüßt und ihre Geschichten werden noch immer so gerne gelesen wie vor mehr als hundert Jahren.

> Nun ging es lustig die Alm hinan. Der Wind hatte in der Nacht das letzte Wölkchen weggeblasen; dunkelblau schaute der Himmel von allen Seiten hernieder, und mitten drauf stand die leuchtende Sonne und schimmerte auf die grüne Alp, und alle die blauen und gelben Blümchen darauf machten ihre Kelche auf und schauten ihr fröhlich entgegen. Heidi sprang hierhin und dorthin und jauchzte vor Freude, denn da waren ganze Trüppchen feiner, roter Himmelsschlüsselchen bei einander, und dort schimmerte es ganz blau von den schönen Enzianen, und überall lachten und nickten die zartblätterigen, goldenen Cystusröschen in der Sonne. Vor Entzücken über all die flimmernden winkenden Blümchen vergaß Heidi sogar die Geißen und auch den Peter. Es sprang ganze Strecken voran und dann auf die Seite, denn dort funkelte es rot und da gelb und lockte

Münchner Bilderbogen mit Illustrationen von E. Ille zu dem Gedicht vom »Bucklichten Männlein« aus dem »Wunderhorn«.

Heidi auf alle Seiten. Und überall brach Heidi ganze Scharen von den Blumen und packte sie in sein Schürzchen ein, denn es wollte sie alle mit heimnehmen und ins Heu stecken in sei-

ner Schlafkammer, daß es dort werde wie hier draußen. – So
hatte der Peter heut' nach allen Seiten zu gucken, und seine
kugelrunden Augen, die nicht besonders schnell hin- und her-
gingen, hatten mehr Arbeit, als der Peter gut bewältigen konnte, denn die Geißen machten es wie das Heidi: sie liefen auch
dahin und dorthin, und er mußte überallhin pfeifen und rufen
und seine Rute schwingen, um wieder alle die verlaufenen zu-
sammenzutreiben.

»Wo bist du schon wieder, Heidi?« rief er jetzt mit ziemlich
grimmiger Stimme.

»Da«, tönte es von irgendwoher zurück. Sehen konnte Peter
niemand, denn Heidi saß am Boden hinter einem Hügelchen,
das dicht mit duftenden Prünellen besät war; da war die ganze
Luft umher so mit Wohlgeruch erfüllt, daß Heidi noch nie so
Liebliches eingeatmet hatte. Es setzte sich in die Blumen hinein und zog den Duft in vollen Zügen ein.

(Johanna Spyri, *Heidis Lehr- und Wanderjahre*)

Johanna Spyri schrieb bis zu ihrem Tode noch mehrere Bücher wie
etwa *Gritlis Kinder* (1883) oder *Einer vom Hause Lesa* (1894), die allerdings
alle nicht mehr die gleiche Breiten- und Nachwirkung erzielten wie die Heidi-Bände.

Fast zur gleichen Zeit entwickelte sich auch aus den alten Wurzeln und
sozusagen am alten Stamme ein ganz neuer Zweig, der bis in die Jahre zwischen den Weltkriegen geradezu üppige Blüten trieb. Neben die braven Natur-
kinder und bescheidenen Mägdlein traten nun die Backfische, Komtesschen,
Trotzköpfe und Nesthäkchen verschiedenster Herkunft. 1863 erschien *Backfischchens Leiden und Freuden* von Clementine Helm (1826–1896). Die Autorin lebte als Gattin eines Professors in Berlin. *Backfischchen* war ihr erstes
Mädchenbuch, nach dessen großem und vor allem anhaltendem Erfolg sie
noch 22 weitere Romane aus dem gleichen Genre folgen ließ. Der Begriff
»Backfisch« für ein heranwachsendes junges Mädchen, also für einen »Teenager«, wie wir heute sagen, war keineswegs neu, tauchte seit dem 16. Jahr-

*Titelbild nach einem
Aquarell von Theodor
Schulz aus Ottilie Wildermuth »Jugendgabe« um
1900.*

hundert immer wieder auf. Neu war nur die Übernahme ins Mädchenbuch und die Fixierung auf Mädchen zwischen zwölf und 16 Jahren und auf die »höhere Tochter aus gutem Hause«, also vorwiegend aus dem begüterten Bürgertum oder dem Landadel. Soziale Gegensätze wurden kaum noch berührt, bestenfalls war noch von verarmten Bekannten oder Verwandten die Rede. Geblieben waren dagegen die alten Erziehungsprinzipien, wie wir sie schon aus dem 18. Jahrhundert von Ewald oder Wilmsen kennen, zurechtgeschnitten eben nur auf die bürgerlichen Familien, erweitert zum Erziehungsprogramm der höheren Tochter und jungen Dame, die schließlich erfolgreich verheiratet werden konnte und musste. So verbinden sich Elemente der alten Erbauungsliteratur, Belehrung im Geiste der Madame Beaumont und triviale bis sentimentale Unterhaltung.

Vorwort.

Ach, was muß man oft von bösen
Kinder hören oder lesen!
Wie zum Beispiel hier von diesen,

Welche Max und Moritz hießen.
Die, anstatt durch weise Lehren
Sich zum Guten zu bekehren,
Oftmals noch darüber lachten
Und sich heimlich lustig machten. —
— Ja, zur Uebelthätigkeit,
Ja, dazu ist man bereit! —
— Menschen necken, Thiere quälen;
Aepfel, Birnen, Zwetschgen stehlen —
Das ist freilich angenehmer
Und dazu auch viel bequemer,
Als in Kirche oder Schule
Festzusitzen auf dem Stuhle. —
— Aber wehe, wehe, wehe!
Wenn ich auf das Ende sehe!! —
— Ach, das war ein schlimmes Ding,
Wie es Max und Moritz ging.
— Drum ist hier, was sie getrieben,
Abgemalt und aufgeschrieben.

*Vorwort der Erstausgabe zu »Max und
Moritz« von Wilhelm Busch 1865.*

Wie schon beim Frühstück so gab es natürlich auch beim Mittagessen gar viele Dinge, welche ich nicht nach den Regeln des Anstandes verrichtete, denn zu Haus nahm die lärmende kleine Kindergesellschaft alle Aufmerksamkeit der Eltern in Anspruch, und Erhaltung der Ruhe war das erste und einzige Erforderniß bei Tisch, alles Uebrige blieb so ziemlich dem eignen Gutdünken überlassen.

Die Mittagsmahlzeiten im Hause der Tante vergingen in der Regel ziemlich gleichförmig, dabei aber gemüthlich und heiter, denn die Tante würzte das Mahl durch angenehme Unterhaltung, in welcher ihre Ermahnungen zur Wohlanständigkeit wie große Ausrufungszeichen die gleichmäßige Rede unterbrachen.

»Bediene dich doch deiner Serviette, liebes Kind!« lautete z. B. eins der Gebote in meinem Anstandskatechismus. »Mit der Hand wischt man sich das Gesicht wohl nur da ab, wo keine Servietten wachsen!«

Das war auf deutsch bei den Bauern, ich verstand das wohl, und griff hastig nach dem bis jetzt so arg vernachlässigten Wesen.

»Sieh mal, was du für ein kleiner Gourmand bist!« sagte Tante Ulrike dann wieder neckend. »Schlürfst deine Suppe mit einer Kennermiene gerade wie ein Feinschmecker seinen Wein. Gewiß willst du heraus schmecken, wie viel Pfund Rindfleisch diese Kraftbrühe hervorbrachten. Auch hast du es dir dabei recht bequem gemacht, essen bei euch die Ellbogen auch mit?«

»O der Thorweg ist zu klein für das mächtige Fuder Heu!« lachte sie ein andermal, wenn ich so große Bissen zum Munde führte, daß ich die Mühe hatte, derselben Herr zu werden. Als ich nun gar mit diesem Vorrath zwischen den Zähnen sprechen wollte, legte die Tante energischen Widerspruch ein, denn: »mit vollem Munde redet man nicht!« Ebenso durfte ich weder die Finger auf den Teller noch das Messer in den Mund führen, worin ich ebenso regellos handelte wie mit der Placierung von Kartoffelschalen und Knochen, die es nie merken wollten, daß ihr Platz nicht auf dem Tischtuche war, sondern auf dem Tellerrande.

»Du könntest dem armen Phylax wohl auch ein Fäserchen Fleisch gönnen, liebe Grete, und nicht selbst die Knochen so gründlich abnagen!« hieß es dann wieder, wenn ich mit jugendlichem Appetit Hühnchen oder Tauben verzehrte, und dabei unbarmherzig alle Knochen zerbiß und benagte.

»In den Knochen sitzt das beste Mark, sagt Papa immer!« erwiederte ich eifrig; als ich jedoch eines Tages mit meinen fettglänzenden Fingern in der Welt umher fuhr, indem ich ein zierliches Hühnerkeulchen zum Munde führte, sagte die Tante lächelnd:

»Mein lieber Schatz, morgen sind wir bei Dunkers zu Tisch, wie du weißt! Sei so gut, und nimm dann kein junges Huhn zwi-

Titelbild zu »Back-fischchen's Leiden und Freuden« von Clementine Helm 1863.

schen die Finger; hier bei mir will ich es dir nicht wehren, ei-
gentlich aber löst man das Fleisch mit Messer und Gabel vom
Knochen, es schickt sich nicht anders.«
(Clementine Helm, *Backfischchens Leiden und Freuden*)

Der Erfolg war erstaunlich, erreichte das Buch Clementine Helms zu
Lebzeiten der Autorin doch 50 Auflagen und rief eine ganze Reihe von Nachah-
merinnen auf den Plan, die einerseits ganz bewusst an dem Markenbegriff
»Backfisch« zu partizipieren suchten und ihrerseits Bücher wie *Backfischchens Kaffeekränzchen* oder *Backfischchens Schatzkästlein* produzierten
oder gleich mit *O du selige Backfischzeit* ins Volle gingen, andererseits aber
dem Motiv der höheren Tochter neue Varianten abzugewinnen suchten. Da
waren die meist vorlauten und forschen Komtessen, da waren vor allem aber
die Mädchen in den verschiedenen Pensionaten, die dort gleichermaßen einen Hauch von Bildung wie vor allem gesellschaftlichen Schliff erhalten sollten. Allen voran jene Ilse, die als »Trotzkopf« Berühmtheit erlangen sollte. Die
Verfasserin ihrer Geschichte, Emmy von Rhoden (1832–1885), war die Tochter eines Leipziger Bankiers und lebte in Dresden. Ihr Trotzkopf, in den sie von
den Pensionatserlebnissen eines jungen Mädchens erzählt, erschien erst
nach ihrem Tode, lag aber so gut im Trend der Zeit, dass er begeistert aufgenommen und von einer anderen Autorin gleich mit drei weiteren Bänden fortgesetzt wurde, bis Ilse und ihre Freundinnen würdige Großmütter waren.
Selbst heute trotzt sie noch auf dem Büchermarkt und sogar eine erfolgreiche
Fernsehserie wurde nach der Geschichte gedreht.

Es ist in der Pension alles so furchtbar streng, man muß jede Sache nach Vorschrift tun. Aufstehen, Frühstücken, Lernen, Essen
– immer zu bestimmten Stunden. Und das ist gräßlich! Ich bin oft
noch so müde des Morgens, aber ich muß heraus, wenn es sechs
geschlagen hat. Ach, und wie manchmal möchte ich in den Garten laufen und muß auf den abscheulichen Schulbänken sitzen!
Die furchtbare Schule!
Ich lerne doch nichts, Herzenspa'chen, ich bin zu dumm. Nellie

und die andern Mädchen wissen viel mehr, sie sind auch alle klüger als ich. Nellie zeichnet zu schön! Einen großen Hundekopf in Kreide hat sie jetzt fertig, als wenn er lebte, sieht er aus. Und Klavier spielt sie, daß sie Konzerte geben könnte – und ich kann gar nichts!

Wenn ich doch lieber zu Hause geblieben wäre, dann wüßte ich doch gar nicht, wie einfältig ich bin. Nellie tröstet mich oft und sagt: »Es ist kein Meister von dem Himmel gefallen, fang' nur an, du wirst schon lernen!« Aber ich habe angefangen und doch nichts gelernt. Ich weiß nur, daß ich sehr, sehr dumm bin.

Am fürchterlichsten sind die Mittwoch Nachmittage. Da sitzen wir alle von drei bis fünf Uhr in dem Speisesaale. Die Fenster nach dem Garten sind weit offen und ich blicke sehnsüchtig hinaus. Es zuckt mir förmlich in Händen und Füßen, daß ich aufspringen möchte, um in den Garten zu eilen – ich darf es nicht, ganz still muß ich dasitzen und muß meine Sachen ausbessern, – Strümpfe stopfen und was ich sonst noch zerrissen habe, wieder flicken. Denke Dir das einmal, mein kleines Papachen! Deine arme Ilse muß solche fürchterlichen Arbeiten tun! – Und Fräulein Güssow

Die Mode hat sich gegenüber dem vorangegangenen Bild gewandelt: Federzeichnung von Willy Planck zu »Der Trotzkopf« von Emmy v. Rhoden um 1910.

sagt, das wär' notwendig, Mädchen müssen alles lernen. Sie war
ganz erstaunt, daß ich nicht stricken konnte. Man kauft doch jetzt
die Strümpfe, das ist ja viel netter, warum muß ich mich unnütz
quälen? Es wird mir so schwer, die Maschen abzustricken, und
ich mache es auch sehr schlecht.

Der *Trotzkopf* war, wie der Untertitel ausdrücklich hervorhebt, für die
»erwachsenen Mädchen« gedacht, und wie diese durch solche Geschichten
auf ihre zukünftigen Aufgaben in der Familie und Gesellschaft vorbereitet werden sollten, wurde natürlich auch für die aus den gleichen Gesellschaftsschichten stammenden kleineren Mädchen gesorgt, die ja den Nachwuchs
der höheren Töchter bildeten. Bei ihnen war der Unterschied zu den lieben
Puppenmütterchen aus Cosmars *Puppe Wunderhorn* und anderen Erzählungen nicht groß. Thekla von Gumpert (1810–1897), die Gattin eines Legations-
rates aus Dresden, wurde Heroldin dieser Gruppe. Seit 1855 brachte sie das
Kinder-Jahrbuch *Herzblättchens Zeitvertreib* heraus, das genau dem Geschmack und den Interessen dieser Altersgruppe angepasst war. Und da sie
größten Wert auf ihre guten Beziehungen zu den Kreisen des höheren Adels
legte und dies auch für ihre Veröffentlichungen zu nutzen verstand, erlaubte
sie braven kleinen Leserinnen auch manchen Blick in diese Kreise.

In der Stadt, in welcher meine Eltern in einer hübschen, aber
einfach eingerichteten Wohnung lebten, war ein großes, schönes Schloß; darin wohnte eine Fürstenfamilie. Die Fürstin-Mutter wurde Königliche Hoheit genannt; denn sie gehörte
zur preußischen Königsfamilie, da sie eine Tochter des Prinzen Ferdinand, des Bruders Friedrichs des Großen, war, von
dem in der Weltgeschichtstunde viel erzählt wird. Die Fürstenfamilie war reich, nämlich an Kindern; es waren sechs Kinder
da, vier Prinzen und zwei Prinzessinnen. Die Prinzessinnen
hießen Elisa und Wanda.
Eines Tages führten mich meine Eltern in das Schloß; denn ich
war damals ein Herzblättchen, und die Fürstin-Mutter suchte

*Einband des
beliebten Kinder-
jahrbuches »Herz-
blättchens Zeit-
vertreib« um
1890.*

für ihr Herzblättchen Wanda eine Gespielin, und sie hatte
meine Eltern gebeten, mich einmal zu ihr zu bringen. Prinzeß
Elisa war kein kleines Kind mehr, sondern schon eine erwachsene Dame, als ich zuerst in das Schloß kam.

Wir beiden kleinen Mädchen wurden gleich in Wandas Stube
allein gelassen; da standen wir einander sehr verlegen gegenüber und sprachen lange Zeit kein Wort; aber ich sah mich
ganz erstaunt in der Stube um; denn solch eine Kinderstube
hatte ich noch niemals gesehen. Da saßen auf einem Sofa eine
ganze Menge kleiner Kinder, alle in einfachen Kleidern und
Kittelchen, Mädchen und Knaben; neben ihnen stand ein etwas größerer Bursche, der war in Livree als kleiner Diener gekleidet. Diese große Kinderschar sprach auch kein Wort; denn
sie bestand aus Puppen, aus wunderschönen Wachspuppen;
auch der stramme, kleine Livreediener war eine Puppe. Stumm
war diese kleine Gesellschaft; desto mehr Lärm machten mehrere Vögel, welche in Bauern wohnten, ein Star, der frei herum-
flog, und ein Kakadu; manchmal knurrte und bellte ein kleiner

weißer Spitz. »Seid doch stille!« sagte Wanda mehrmals; dann schwiegen die Kanarienvögel und die kleinen Ausländer; auch der Spitz verhielt sich ruhig, wenn Wanda ihn anredete: »Parisel, so knurre doch nicht so viel!« Aber Herr Kakadu ließ sich nichts befehlen; er schnarrte, krächzte und schrie unaufhörlich: »Kakadu, Kakadu!« als hätte er das größte Recht, hier nach Belieben zu lärmen. Es gab nur eine einzige Macht, welcher der Kakadu sich beugte; Wanda hatte zum Glück schon ihre Erfahrung, und das half ihr zuweilen aus der Not. Nun, mich störte beim ersten Besuch Herr Kakadu nicht; ich sah alle die gefiederten Schreihälse auch nur flüchtig an; mich hatten die Wachskinder ganz eingenommen; sie waren auch reizend; ich habe eine derartige Gesellschaft wo anders nicht gesehen, auch in späteren Lebenstagen nicht.

Das Bild von W. Claudius aus dem »Tagebuch dreier Kinder« von A. Stein in einer Ausgabe um 1890 zeigt den Wandel in der Illustrationstechnik gegenüber der Erstausgabe von 1846 (vgl. S. 135).

Kein Wunder, dass bei so viel hochherrschaftlicher Ergebenheit die Gattin Kaiser Wilhelms II. ihr sogar die »Silberne Verdienstbrosche am weißen Bande« verlieh! Kein Wunder auch, dass sie zum Vorbild für manche andere Autorin mit ähnlichen Ambitionen wurde. Gelesen wurden sie alle, überdurchschnittlichen Erfolg erzielte allerdings nur eine Nachzüglerin. Es ist Else Ury (1877–1843) mit ihren Nesthäkchen-Bänden, die zwar in den ersten Teilen auch noch im wilhelminischen Deutschland spielen, aber erst ab 1918 erschienen. Auch sie folgte dem Prinzip der Serie, ließ Nesthäkchen, die so gerne mit ihren Puppen spielte, zum Backfisch heranwachsen, den Ersten Weltkrieg erleben und Mutter und schließlich Großmutter werden.

Heute war Annemarie mit ihren Gedanken gar nicht so recht beim Spiel. Gerda bekam keinen Spinat zu essen, der Ball blieb in seinem roten Wollnetz, und selbst der große Reifen lief nicht wie sonst den Vorübergehenden gegen die Knie. Annemie hatte anderes zu tun. Die mußte in den blauen Himmel hinaufgucken, und die kleinen Flatterwölkchen, die wie weiße Wollschäfchen dort oben vorbeizogen, zählen. Ob die wohl Regen brachten?

Als die Kleine heute vom Spaziergange nach Hause kam, war ihr erster Weg nicht wie sonst in die Kinderstube zu den Puppen. Mit Hut und Mäntelchen lief sie in Vaters Sprechzimmer zum Barometer.

Nein – es war noch nicht gefallen, es hing noch ganz fest an der Wand, da hatte sie sich umsonst gefreut.

»Morgen wird deine Kinderstube reingemacht, meine Lotte«, meinte Mutti nach Tisch zu dem Töchterchen.

»Au fein – da kann ich nicht spazierengehen!« Annemarie vollführte vor Freude einen Luftsprung und Gerda, die sie gerade auf dem Arm hatte, mit.

Mutti hatte eine andere Ansicht.

»Du bist durchaus dazu nicht nötig, mein Herzchen. Wir werden gut ohne dich fertig. Im Gegenteil noch schneller, wenn du uns nicht im Wege stehst.«

»Aber meine Puppenküche muß ich doch reinmachen, da darf die Hanne nicht ran. Die zerschlägt mir bloß meine Teller, du hast erst gestern gesagt, Muttichen, die Hanne zerschlägt alles.«

»Ich werde die Puppenküche selbst übernehmen, bist du nun zufrieden, Lotte?« fragte Mutti lächelnd.

»Nein, gar nicht –« Nesthäkchen machte ein langes Gesicht. »Wenn meine Kinderstube reingemacht wird, muß ich dabei sein. Im Kaufmannsladen weißt selbst du nicht so gut Bescheid, Muttichen, und meine Puppenbetten muß ich mir auch selbst klopfen und frisch beziehen. Ach, wenn's doch morgen bloß regnen wollte!«

(Else Ury, *Nesthäkchen und ihre Puppen*)

Unter der großen Zahl dieser und ähnlicher Bücher für die Herzblättchen, Nesthäkchen, Backfische und Trotzköpfe waren einige durchaus passable Texte, natürlich auch viel, fast zu viel Durchschnitt, Kitsch und süßliche Konvention. Kein Wunder, daß die Literaturpädagogen, Lehrer wie Bibliothekare, energisch gegen sie vorgingen, sie scharf verdammten und dabei auch einiges Brauchbare übersahen und in den gleichen Topf mit der Durchschnittsware warfen.

Um das männliche Gegenstück zum Backfisch kümmerten sie sich wenig. Erstaunlicherweise erlangte diese Sorte von Knaben in der Jugendliteratur auch nie nur eine ähnlich große Bedeutung wie die Mädchen. Um die Gymnasiasten, die im Zweiten deutschen Kaiserreich zunehmende Bedeutung erlangten, rekrutierte sich aus ihnen doch die dringend benötigte neue Elite in Wissenschaft, Wirtschaft und vor allem auch beim Militär. Nur die kleinere Zahl von ihnen kämpfte sich mehr oder minder mühsam bis zur Oberprima durch, ersehntes Ziel für viele bildete schon die so genannte Obersekundarreife (heute mittlere Reife); denn diese ermöglichte die Einjährig-Freiwilligen-Laufbahn und damit den Zugang zum oft heiß ersehnten Reserveoffizier. So waren die bunten Mützen, wie sie die Gymnasiasten je nach Klassenstufe trugen, schon begehrter äußerer Ausweis und Merkzeichen für den

»Nelly lernt Frau Jarley kennen«. Aquarell zu »Kindergeschichten aus Dickens Werken« um 1895.

Aufstieg in höhere Gesellschaftsschichten. Natürlich begegnen wir ihnen und ihren Trägern in einigen beliebten Jugendbüchern, allerdings bei weitem nicht so häufig wie den gleichaltrigen jungen Damen. Meist dreht es sich dabei um Schülerstreiche wie in den *Lustigen Gymnasial-Geschichten* von Th. Berthold, die trotz ihrer bieder-trockenen Art ein Dutzend Auflagen erzielten, oder – mit Betonung des Imponiergehabes gegenüber den Backfischen – um so beliebte Erzählungen wie *Rudi der Tertianer* oder *Rudi der Primaner* von Carl von Ecke, einem Pseudonym, hinter dem sich eine sonst wenig bekannte Dame namens Clara von Kameke verbarg.

> Gestern war die Schule aus, und er steuerte inmitten einer gro-
> ßen Schülerhorde dem elterlichen Hause zu, um die Wette mit
> den anderen krähend, disputierend um des Kaisers Bart.
> Da sah er seine Mammi auf der anderen Seite der Straße gehen.
> Sie sehen und flugs den Kopf mit den abstehenden Ohren dem
> Schaufenster zuwenden, war eins. Jä – sie würde ihn doch
> nicht am Ende grüßen oder ihn bemerken? Man ja nicht! Er
> war nämlich in dem berühmten Alter, wo die Jünglinge vor den
> Schulgefährten ihre eigene Mutter verleugnen.
> »He, du«, riefen da einige um ihn herum, »ist das da drüben
> nicht deine Mutter?«
> »Meine Mutter? Na, ihr seid wohl . . .! Die hat heute zu Hause
> furchtbar zu tun, die kann an Fortgehen nicht denken! – Au
> Wetter – seht doch mal hier das Schaufenster – da, da, die Mi-
> kroskope, die Modelle dort – au, da ist ja auch eine Heißluft-
> maschine!« – Damit hatte er die Kameraden am Schaufenster
> festgenagelt.
> Während sie die Herrlichkeiten besahen, schielte Rudi hin-
> über zu seiner Mammi.
> Diese hatte artig den Sonnenschirm vor dem lächelnden Ge-
> sicht; ihr Junge hatte sie gut gezogen. »Ach, Mammi, Mammi –
> mich nur nicht bemerken«, bat er sie stets flehentlich, »wenn
> ich mit Schuljungen gehe, und – und mir nicht zunicken! Tu's

doch ja nicht . . .!«

So ging sie denn unbeirrt ihres Weges. Rudi schielte ihr nach, so wie er nur schielen konnte.

Na ja – das hatte er sich gleich gedacht! Da bog sie wirklich in die Straße ein, wo die famose Konditorei lag. Das Wasser im Munde lief ihm zusammen. Ach – wären doch die Schulkameraden dort, wo der Pfeffer wächst! Wär' er doch allein seiner Mammi begegnet. Ach, so lieb fragte sie ihn dann immer: »Nun, Rudi, wie ist's mit der Konditorei? Gibst du mir einen Korb?«

Nein, länger hielt er's hier bei den Jungen nicht aus, Apfelkuchen und Schlagsahne lockten zu sehr. – Und ungesehen von den Kameraden, die ihre Köpfe noch immer in das Schaufenster bohrten, schlich er davon.

Blitzschnell um die Ecke! Da ging Mammi. Nicht mehr weit von der Konditorei. Na, man ja nicht vorbei. – Und »Mammi, Mammi –« rief er, ihr nachgaloppierend. Jetzt konnte er sie rufen, sich ihr zeigen, denn die Schuljungen klebten ja am Schaufenster.

»Mammi! Ma-mmi!«

Und »Mammi« quiekte, höhnte, piepte es plötzlich im Chor hinter ihm her.

Am bekanntesten wurde wohl eine Geschichte des Schriftstellers Ernst Eckstein (1845–1900) *Der Besuch im Karzer,* die gleichermaßen von Jungen wie von Alten gern gelesen wurde und der sogar die Ehre zuteil wurde, unter die Klassiker von Reclams Universalbibliothek aufgenommen zu werden. Sie wirkt noch fort in dem Roman *Die Feuerzangenbowle* von Heinrich Spoerl. Im Gegensatz zu den Mädchenpensionaten spielten die Internate für Jungen nur eine sehr untergeordnete Rolle, Privileg der jungen Herren, die auswärts das Gymnasium besuchen mussten, war die »Bude« einer darauf schon spezialisierten Zimmerwirtin, wie wir sie ja auch aus den *Lausbubengeschichten* von Ludwig Thoma kennen.

Solche Gymnasialgeschichten wurden zwar gerne gelesen, hatten aber

Der typische Gymnasiast – Einbandillustration zu »Rudi der Tertianer« von Carl von Ecke um 1905.

nie auch nur eine ähnliche Erziehungsaufgabe wie die Mädchenbücher. Dafür waren bei den Jungen die historischen Erzählungen und Abenteuerbücher da, die einen geradezu unwahrscheinlichen Aufschwung erlebten. Bei der historischen Erzählung konnte dabei bewusst an die Tradition des ausgehenden 18. Jahrhunderts und an die Romantik angeknüpft werden. Gerade die Gymnasiasten benötigten ja sozusagen eine flankierende Lektüre zum Latein- und Griechischunterricht. Hier wurde die bewährte Linie von Ewald, Jerrer, Becker und Schwab fortgesetzt und verbessert mit Sachbüchern von Wilhelm Wägner (1800–1886) über *Hellas* und *Rom,* von Hermann Göll (geb. 1822) über *Das gelehrte Alterthum* und *Die Künstler und Dichter des Alterthums* und von Karl Oppel (1816–1903) über *Das Wunderland der Pyramiden.* Alle diese Bücher erschienen erstmals zwischen 1859 und 1870 bei Otto Spamer in Leipzig und erwiesen sich als ein Glücksfall für die Jugend. Der Name dieses Verlages wird uns nun bis zum Ersten Weltkrieg immer wieder begegnen. Seine Stärke lag in der Mitarbeit prominenter und qualifizierter Autoren und in der überdurchschnittlich guten Ausstattung seiner Bücher mit hervorragenden Abbildungen in Xylografen (Holzstichen). Jeder dieser Bände war mit etwa 150 Bildern ausgestattet und so verbanden sich informativer Text und fundierte anschauliche Illustration zu einem neuartigen Sachbuchtyp, der über Jahrzehnte hinweg bestehen konnte. Neben althistorischen Themen pflegte Spamer vor allem auch Entdeckungsgeschichte und Naturkunde. Auch seine zahlreichen historischen Erzählungen und Abenteuerromane stattete er ähnlich gut und überdurchschnittlich reich aus. Sie wurden ihrerseits zu Vorbildern für andere Verlage wie Velhagen & Klasing oder Hirt & Sohn.

Eine wahre Blüte erlebte die historische Erzählung gleichermaßen für Jungen wie auch für Mädchen. Die Ausgangsbasis bildeten die alten noch stärker heimatgebundenen Erzählungen eines Nieritz oder Horn. Sie wurden weitergeführt durch Karl Stöber (1796–1865), Karl Caspari (1815–1861) oder Wilhelm Herchenbach (1818–1889), wobei gerade Stöber und Caspari mit ihren im Altmühltal oder in Mainfranken spielenden Erzählungen unterschätzt werden, wie eine Probe aus Casparis *Der Schulmeister und sein Sohn* (1856), einer Chronikerzählung aus dem Dreißigjährigen Krieg, beweist.

»Der Bau des Part-
henous«. Titelbild
aus W. Wägner
»Hellas« 1877.

Der Mensch denkt's und Gott lenkt's! Der Amtskeller hatte
meinen Sohn willig in sein Haus aufgenommen, aber schon
nach wenigen Tagen brach die Seuche in Kitzingen auch aus.
Ich bekam ein Brieflein von ihm, daß er es bei so bewandten
Umständen für besser halte, mein Söhnlein zurückzuschicken,
und da der Weg über den Berg mit dem Kriegsvolk belegt sei,
wolle er ihn einem Schiffmann mitgeben, der in acht Tagen
nach Würzburg fahre und an Sommerhausen vorbeikomme.
Den Brief erhielt ich zu spät, gerade am Morgen desselbigen
Tages, an welchem der Schiffmann vorbeikommen sollte, ging
ich also hinaus an den Main, um das Schiff zu erwarten. Endlich kam es. Ich dachte, mein Kind werde auf dem Verdeck
stehen und nach mir ausschauen – aber ich sah nichts, und da
ich nach ihm fragte, führte mich der Schiffmann zu einem
Schelch, der an dem Schiff angehängt und mit einem Tuch be-

deckt war. Drin sah ich meinen Johannes liegen.

Ich fragte den Schiffmann, ob er schlafe. Aber er schüttelte mit dem Kopf; dann fragte ich, ob er krank sei, worauf er wieder mit dem Kopf schüttelte, bis ich endlich mir nicht länger es verbergen konnte, daß er tot sei. Der Schiffmann erzählte, es sei der Amtskeller seitdem an der Pest gestorben, hätte ihm aber noch vor seinem Tod aufs Herz gebunden, das Kind mit nach Sommerhausen zu seinem Vater zu nehmen. Da nun das Kind gleich nach ihm auch gestorben, hab' er sich anfänglich geweigert, es mitzunehmen; der Mann aber, bei dem der Amtskeller gewohnt, habe nicht nachgelassen, bis er es mitgenommen, weil das Kind gar zu beweglich vor seinem Tod gebeten, man möge es doch nach Sommerhausen schaffen, wo es auf dem Kirchhof neben seiner Mutter und Geschwistern begraben sein wolle.

Da nahm ich den Taler, welchen ich aufgespart auf die Zeit, da ich meinen Johannes wieder bei mir haben würde, gab ihn dem Schiffmann und wünschte ihm einen Gotteslohn dafür, daß er meines Söhnleins letzten Wunsch erfüllt, dann nahm ich mein totes Kind auf die Arme und trug es heim in mein Haus. Ich weiß nicht, ob die Leute schon etwas davon erfahren hatten, – die mir begegneten, blieben stehen, redeten mich aber nicht an, sondern zogen ihre Hüte ab und schauten mir nach.

Neue Impulse erhielt das historische Jugendbuch dann durch die so genannten Professorenromane, also jene häufig von Universitätsprofessoren verfassten historischen Romane, mit denen diese ihr Fachwissen einem breiteren Lesepublikum zugänglich machen wollten. Georg Ebers gehörte mit seinen Ägypten-Romanen ebenso dazu wie Felix Dahn mit Germanen-Romanen, vor allem aber mit seinem *Kampf um Rom,* und nicht zuletzt Gustav Freytag mit seinem mehrbändigen Zyklus *Die Ahnen,* der die Schicksale eines deutschen Geschlechts von der Germanenzeit bis ins 19. Jahrhundert schildert und der einmal in keinem deutschen Bürgerhaus fehlen durfte.

Nach 1871 förderten das wieder erwachte Nationalbewusstsein und der auf dem Wohlstand basierende Bürgerstolz ein neues Geschichtsbewusstsein, das sich auch in zahlreichen Jugendbüchern gleichermaßen positiv wie negativ niederschlug. Aus der Heimatkunde erwuchs 1876 eine der schönsten und besten Erzählungen dieses Zeitraums, der *Rulaman* des Württembergers David Friedrich Weinland (1829–1915). Selten ist der historische Geist einer Landschaft so gut eingefangen worden wie in dieser Geschichte um die Besiedlung der Schwäbischen Alb in vorgeschichtlicher Zeit. Dabei verstand es der Autor besser als die meisten der schreibenden Professoren, Wissen und Unterhaltung zu verschmelzen. Kein Wunder, dass diese Erzählung bei Spamer mehrfach aufgelegt wurde und auch heute noch ganz gern gelesen wird.

»Die alte Parre«.
Illustration aus David
Friedrich Weinland
»Rulaman« 1876.

Wenn man von der Tulka in das Armital hinabstieg, so führte auf
der anderen Seite des Tales ein vielbetretener Pfad hinauf auf
einen der unwirtlichsten und kältesten Teile der Alb. Hielt man
sich immer westlich, so gelangte man nach einem Marsche von
einer halben Tagesreise wieder an den Absturz des Gebirges, an
einen tiefen, wilden Taleinschnitt, mit mächtigen Felsen geziert.
Hinter diesem engen Tal, immer nach Westen, liegt die Nalli-
höhle, die größte Höhle weit und breit. Hier wohnten gegen vierzig Familien von Aimats mit wohl dreihundert Seelen.

Diese Aimats unterschieden sich in mancher Beziehung von
unseren Tulkas, obgleich die alte Parre selbst eine Nalli war.
Noch heute kann man ja bei den Bewohnern der Dörfer, die an
unserem zerrissenen und zerklüfteten Albrande hin liegen, die
Beobachtung machen, daß fast jedes Dorf, das eine mehr, das
andere weniger, seine eigentümlich ausgeprägten Charakter-
züge hat. –

Auch die verschiedenen wilden Indianerstämme Nordamerikas, obgleich alle einer Rasse angehörend, haben oft recht
verschiedene Lebensweisen, Gewohnheiten und Charakterzü-
ge. Die einen sind friedlicher, die anderen mehr kriegerischer
Natur; die einen neigen mehr zu feigem Diebstahl, andere zu
gewalttätigem Raub. In der Regel sind es wohl dort bei den Indianern und so auch bei unseren alten Aimats einzelne hervorragende Persönlichkeiten gewesen, die auf lange hinein einem
Stamme den Stempel aufdrückten.

So waren die Tulkas ein kräftiges, mutiges, sogar tollkühnes
Völklein, das hauptsächlich von der großen, gefährlichen Jagd
lebte, daher immer nur wenige Männer hatte, weil wenige derselben alt wurden. Der Großvater, ja schon der Urgroßvater
Rulamans, war im Kampfe mit wilden Tieren gefallen.

Anders die Huhkas, die, dem Charakter des Angekko entsprechend, die friedlichere, kleine Jagd betrieben und überhaupt
die Klugheit der Gewalt vorzogen.

Ähnlich, aber doch nicht in derselben Art, die Nallis.

Schon die Umgebung ihrer Höhle war eine ganz andere als bei der Tulka und Huhka. Nicht im Waldesdunkel, sondern frei und offen lag der Eingang. Und in seiner Nähe standen keine Eichen und Eiben, sondern eine große Anzahl Holzäpfel- und Holzbirnenbäume, die offenbar absichtlich hier gepflanzt waren.

Dabei lag der *Rulaman* gar nicht einmal so richtig im Trend; bevorzugt wurde nun nicht mehr Heimat- und Lokalgeschichte, sondern »vaterländische«, d. h. eben deutsche Geschichte aus allen Epochen, besonders aus der Glanzzeit des alten deutschen Kaiserreiches im Mittelalter, aber auch aus der damals noch jüngsten Geschichte der Freiheitskriege. Einzelne Autoren hatten sich bei der starken Nachfrage gleich auf Serien bzw. Fortsetzungswerke im Geist von Gustav Freytags *Ahnen* spezialisiert. So der Schauspieler Oskar Höcker (1840–1894), der an die vierzig Jugendbücher vorwiegend patriotisch-historischen Inhalts verfasste, darunter einen fünfbändigen »Cyklus« *Der Sieg des Kreuzes,* eine vierbändige Reihe *Merksteine des Bürgertums* und ganz in Gustav Freytags Sinn ein vierbändiges *Ahnenschloß.* Höcker war gar kein so schlechter Erzähler, aber vor allem das *Ahnenschloß* wies eine geradezu unheilvolle nationalistische Tendenz auf und einzelne Titel wie etwa *Deutsche Treue, welsche Tücke* trugen viel dazu bei, vor allem das nachbarschaftliche Verhältnis zu den Franzosen schon bei den jungen Menschen zu vergiften.

Saint-Just und Lebas hatten herausgefunden, daß die Bevölkerung Straßburgs und seiner Umgebung aus sehr lauen Republikanern bestand und das noch immer deutsche Gemüt des elsässischen Volkes vor einer Schreckensherrschaft, wie die gegenwärtige, zurückbebte. Monet pflichtete diesen Anschauungen bei, zumal sich zwischen ihm und Eulogius Schneider das freundschaftliche Band bedeutend gelockert hatte und der Maire bestrebt war, alles Deutschtum, mithin also auch die deutschen Jakobiner, aus Straßburg zu verdrängen. Mit großer Freude begrüßte er daher einen von Saint-Just in Scene gesetzten Zuzug französischer Republikaner, die aus Lothringen, Burgund und der Champagne stammten. Diese sechzig bis achtzig Männer gehörten einer geheimen politischen Gesellschaft an, deren Absicht dahin ging, revolutionäre Grundsätze in andre Länder zu verpflanzen. Sie führten den Namen Propagandisten und begannen ihr Tagewerk in Straßburg damit, daß sie die Geistlichkeit in schändlichster Weise verleumdeten, jede religiöse Lehre verspotteten und den Gottesdienst abschafften, indem sie die Kirchen in Heumagazine und Spitäler verwandelten. Sie gaben freilich als Grund für dieses eigenmächtige Verfahren die bedrohliche Nähe des Krieges an, denn die unglückseligen Rheinfeldzüge Österreichs und Preußens hatten bereits begonnen; in Wahrheit aber war es nur ein elender Vorwand für ihre nichtswürdigen Zwecke.

Es währte gar nicht lange, so feierte in dem ehrwürdigen Münsterdome, wo dereinst die frommen, kernigen Worte eines Geiler von Kaisersberg und Matthias Zell erklangen, die Philosophie des achtzehnten Jahrhunderts ihren Triumph, indem die Rotmützen in dem geweihten Raume das »Fest der Vernunft« feierten, wie die Franzosen ihre neue Religion zu bezeichnen pflegten.

Vom frühen Morgen an drängte sich bereits das Volk in den nach dem Münster führenden Straßen, denn ein jedes war begierig auf das neue Schauspiel. Nach neun Uhr endlich erschien der Festzug, eröffnet durch weißgekleidete Frauen und Mädchen, deren Kopfbedeckung aus roten Freiheitsmützen bestand. Ihnen folgten mehrere mit Piken bewaffnete Männer, welche ein lebensgroßes Brustbild des berüchtigten Marat trugen; dann kamen die Propagandisten und Jakobiner, denen sich der Maire, die Kommissäre, die verschiedenen Verwaltungen und die Generalität anschlossen. Kriegsmusik ertönte,

und Freiheitslieder erschollen, welche das Volk derart begei-
sterten, daß es sich dem Zuge beigesellte. Derselbe hatte sich
um das doppelte vergrößert, als er endlich vor dem Münster
anlangte, über dessen großem Portal auf schwarzer Tafel die
goldne Inschrift stand: »Tempel der Vernunft«, und darunter:
»Auf Finsternis folgt Licht!«
(Oskar Höcker, *Deutsche Treue, welsche Tücke*)

Einbandbild
zu einem
historischen
Jugendbuch
von 1914.

Natürlich brauchten gerade die angehenden Einjährig-Freiwilligen auch
militärgeschichtliche Themen und dementsprechend erschienen zahlreiche
Bücher über die preußische Armee, über Ziethen, Derfflinger, Blücher, den
Siebenjährigen und den Deutsch-Französischen Krieg.

Auch für das »reifere Mädchenalter« wurde gesorgt. Brigitte Augusti (d.
i. Auguste Plehn 1839–1917) versuchte sich an einem breit angelegten Kul-
turbild der deutschen Frau unter dem Reihentitel *Am deutschen Herd* und
schilderte in fünf Bänden Frauenleben vom 13. Jahrhundert bis zu den Tagen
der Königin Luise.

Ein Schrei des Entsetzens hallte durch die Berge und Täler; jeder sah mit Angst sein teuerstes Kleinod, seinen Glauben, oder
seinen zeitlichen Besitz bedroht. Da wurden viele schwach und
fielen vom Evangelium ab, nicht aus Überzeugung, sondern
aus Menschenfurcht und aus Liebe zu Haus und Hof. Mit tie-
fem Schmerze sah es mein Vater; unablässig eilte er von Dorf
zu Dorf, von Hof zu Hof, um die Wankenden fest zu machen,
die Verzagten zu trösten, die Ergrimmten zu beruhigen; und
wie er einst der Gefährte seines Vaters gewesen, so war jetzt
Bernhard, obgleich noch ein Knabe, sein treuer Helfer, der in
glühendem Eifer für seine Religion die kühnsten Botengänge
unternahm. Eine große Anzahl treuer Anhänger scharte sich
um meinen Vater, entschlossen, lieber alles andere als den
Glauben zu opfern. Nächtlicherweile traten die Männer in
ernster Beratung zusammen, unter Gebet und Tränen faßten
sie den schweren Entschluß, die teure Heimat zu verlassen
und in fremdem Lande eine Zuflucht zu suchen. Aber meines
Vaters Tätigkeit war nicht unbeachtet geblieben: die Jesuiten
fahndeten auf ihn als auf einen, der das Volk aufhetzte; sie
setzten alles daran, ihn ohne Aufsehen in ihre Hände zu bekommen. Seine Freunde flehten ihn an, zu fliehen oder wenigstens zu schweigen, – er lehnte beides ab: er konnte sich nicht
von denen trennen, die ihr Liebstes hingeben wollten, um die
Seele zu retten, und er mußte predigen, mahnen und trösten,
weil er es als heilige Pflicht erkannte, Gott mehr zu gehorchen
als den Menschen. An einem Herbsttage war es, als überall der
herzogliche Befehl verkündigt wurde, daß jeder, der sich wei-

gere, zur katholischen Religion überzutreten, binnen acht Tagen das Land zu räumen habe; kein Geistlicher aber solle sich
bei Verlust des Leibes und Lebens nach scheidender Sonne
noch innerhalb der Grenzen betreffen lassen.
(Brigitte Augusti, *Das Pfarrhaus zu Tannenrode*)

Sogar innenpolitische Ereignisse wie etwa der Kulturkampf spiegelten
sich prompt auch im Jugendbuch. So wollte der Lehrer Richard Roth
(1835–1915) in seiner Erzählung *Kaiser, König und Papst* (1875), wie er im
Vorwort ausdrücklich betonte, »eine Reihenfolge von Taten des Hasses und
der Unduldsamkeit, der Treulosigkeit und des Wortbruches der Päpste« gegenüber den deutschen Kaisern jungen Lesern vor Augen führen.

Am 2. Oktober des Jahres 1264 war Papst *Urban* VI. in *Peru-
gia* zur ewigen Ruhe eingegangen. Großes Herzeleid herrschte
darob am Sitze des heiligen Vaters und im Lager der Guelfen –
um so größere Freude unter den Ghibellinen. Die frohlockten
und jubelten, es müsse nun anders und besser werden, nachdem der Erzfeind verblichen, der ihnen und ihrem Haupte,
dem mannhaften König Manfred von Sizilien, dem Sohne
Friedrich's II. von Hohenstaufen, so viel schwere Stunden und
so viel heiße Kämpfe bereitet. O, wie oft hatten sie schon auf
bessere Zeiten gehofft, von einem Papste zum anderen, von Innocenz III. bis zu Innocenz IV., vom dritten Urban zum vierten,
und wie die Päpste seit einem Jahrhundert alle hießen, welche
fast sämmtliche Feinde der Hohenstaufen waren. – Ach, wie oft
befanden sich nicht die Hoffenden im Irrthum! Von Anbeginn
ihrer Herrschaft hat ein Papst in seinem Thun und Lassen der
Hauptsache nach nur zu sehr dem andern geglichen. Haben
sie Alle doch nur das *eine* Streben gekannt, die Macht der Kirche über jede andere Macht der Welt zu erheben. Und wahrlich – dies Ziel zu erreichen ist ihnen kein Mittel zu
bedenklich und verwerflich erschienen. Hader, Zank, Mord,

Krieg und Todtschlag ist in friedlichen Zeiten durch die päpstliche Herrschaft erst in die Welt gekommen, von den frühesten bis auf unsre Tage – Gott sei's geklagt! –

Gerade jener Urban war vor vielen Andern ein besonders starrsinniges, ungerechtes und doch dabei schwaches Kirchenoberhaupt. Er hatte es sich zur Lebensaufgabe gemacht, das Ansehen der Hohenstaufen, die oft vergebens alle Mühe aufgewendet, sich mit Papst und Kirche im Einverständniß zu erhalten, zu brechen. Als Mittel zu seinem Zwecke bediente er sich *Karl's von Anjou*, eines hartherzigen, heimtückischen, grausamen Franzosen. Der soll, so hatte Urban es geplant, mit Heeresmacht heranziehen und »das verruchte Geschlecht der Hohenstaufen« ausrotten mit Stumpf und Stiel, dafür aber als Blutlohn die Krone Siziliens hinnehmen. Doch Gott der Herr wollte nicht, daß der arge Papst die blutige Ernte seiner verderblichen Saat selber einheimse. Urban starb, bevor der Prinz von Frankreich den italienischen Boden zu betreten vermochte.

Auffallend ist die starke Betonung einer im preußischen Geiste ostwärts orientierten deutschen Geschichte. So wie die Franzosen im Westen waren die Slawen im Osten die Erbfeinde, gegen die sich immer schon der Kampf gerichtet hatte. Diese Tendenz hielt auch bis zum Vorabend des Ersten Weltkrieges an. Einzelne Verlage spezialisierten sich geradezu darauf, wie Josef Scholz in Mainz mit seinen *Mainzer Volks- und Jugendbüchern,* die von dem Lehrer und späteren freien Schriftsteller Wilhelm Kotzde (d. i. Wilhelm Kottenrodt, 1878–1948) herausgegeben wurden. Äußeres Kennzeichen der uniform gestalteten Bände war eine schöne Typografie und eine von namhaften Jugendstilkünstlern gestaltete Ausstattung, inhaltlich ging es um die »Festigung und Stärkung deutschen Wesens«, wie die Zeitschrift *Der Volkserzieher* wohlwollend vermerkte. Vor allem Kotzde und Wilhelm Lobsien (1883–1947) sorgten mit Büchern wie *Der Tag von Rathenow, Und deutsch sei die Erde!* oder *Jodute!* dafür, dass diese Richtung streng eingehalten wurde.

Noch waren wenige Wochen vergangen, da erhoben sich auf den Steinmauern die Balken zum Bau und das schnell gerichtete Dach. Gekreuzte Pferdehäupter schmückten die Giebel, wie an Herberichs Haus. Dann fuhren sie nach Lehm, die Wände zu bekleiden. Und alles ging mit fröhlichem Ernst. Die Männer kannten sich alle von der Heimat her, und die Frauen und Mädchen, die zuvor nicht aus ihrem Dorf gekommen, schlossen hier in der Fremde Freundschaft. Sachsen von der Weser waren es, die hier sich eine neue Heimat gründeten.

Dann kam eines Tages ein neuer Zug. Der führte Rinder und Borstenvieh herbei. Die Ställe standen bereit, und mit ruhiger Umsicht war bald das Vieh verteilt und untergebracht. Wie traut klang es Wulfhart und Sieghelm, wenn des Abends das Blöken des Viehes über die Dorfstraße ging. So ruhig und reinlich war alles bei diesen Menschen, so ordentlich und sittig, daß sie wohl manches Mal von den Wenden sprachen, mit de-

Jugendstil-Illustration von Franz Stassen zu Wilhelm Kotzde »Und deutsch sei die Erde!« aus der Reihe der »Mainzer Volks- und Jugend-bücher« 1912.

nen sie von Kindheit her gelebt, mit denen ihre Väter schon gelebt, und bei denen sie nie so freudiges, sicheres Werken gesehen.

Dann aber kam eines Tages ein Priester. Da fuhren sie in den Wald, daß der Priester sie nicht sähe. Als sie am Abend zurückkehrten, hörten sie, daß der Grund zu einer Kirche gelegt werden solle.

Während des Baues schon hatte Walther, so hieß der Bauer, für den sie schufen, die Pferde in das Feld, das ihm zugemessen war, ausgetrieben und hatte mit dem starken eisernen Pflug das Land gepflügt. Es war jungfräulicher Boden, in den noch nie das Korn gestreut worden; und als Johannistag kam, da wogte es auf den Fluren im Winde.

(Wilhelm Kotzde, *Und deutsch sei die Erde!)*

Anders der Verlag J. P. Bachem in Köln, der sich in den Ansprüchen weit bescheidener gab und zahlreiche historische Erzählungen herausbrachte, die bis zur Jahrhundertwende schon auf eine vierzigbändige Reihe angewachsen waren. Zu den wichtigsten Autoren gehörte hier der fleißige Robert Münchgesang, der das Feld der historischen Erzählung vom alten Ägypten bis zu den Freiheitskriegen beackerte.

Es ist auffallend, dass die Tendenz zur »Vaterländischen Geschichte« bei den verhältnismäßig wenigen in der k. k. Monarchie erschienenen Titel nicht spürbar war und dort die Heimatgeschichte und die Geschichte der Habsburger Dynastie bis zum Ersten Weltkrieg im Vordergrund standen.

Stark betont wurde auch die Zeitgeschichte, schon beginnend mit den Freiheitskriegen, dem Deutsch-Französischen Krieg, den Kolonialerwerbungen bis hin zum deutschen Einsatz während des Boxeraufstandes in China. Dabei ging es nicht um die historische Aussage oder um die Schilderung der Ereignisse aus Sicht der Betroffenen, letztlich also nicht um »Geschichte von unten«, wie sie noch durchaus bei Nieritz oder Caspari spürbar wurde, sondern um Geschichte als Lehrmeisterin, als Erzieherin zu Nationalbewusstsein und Kampfbereitschaft, eben um das geistige Rüstzeug für den tapferen Einjährigen. Zu

»Heinrich der Löwe in Lübeck«. Illustration von Franz Stassen aus den von Wilhelm Kotzde herausgegebenen »Vaterländischen Bild-Büchern« im Verlag J. Scholz Mainz.

den eifrigsten Autoren gehörte dabei der Bayer Karl Tanera (1849–1904). Er hatte als Offizier in der preußischen Armee gedient und nach seiner Entlassung aus dem Militärdienst eine durchaus erfolgreiche Karriere als Militär- und Reiseschriftsteller begonnen. Zu seinen bekanntesten und bezeichnenderweise meist gelesenen Jugendbüchern gehörte *Der Freiwillige des »Iltis«* (1900), in der er vom tragischen Untergang des deutschen Kanonenbootes »Iltis« während eines Taifuns im Südchinesischen Meer erzählte.

> Schwarze, fast undurchsichtige Nacht!
> Nur um das Schiff herum erkannte man im weißschimmernden
> Gischt der Brandung scharfe schwarze Felsen. Darauf lag der
> Iltis, und unerbittlich peitschte der Orkan ganze Wogenberge
> heran, auf und über das arme Schiff. Dazu prasselten Regen-
> und Hagelschauer nieder, die Hölle war los.

Verderben, Tod heulte der Sturm, und all die armen Schiffbrü-
chigen verstanden den schaurigen Ruf; sie wußten, es ging zu
Ende.

Aber nicht thatenlos wollten sie untergehen; der Schreck hatte
die Braven nicht starr gefesselt, und wem etwa das Fürchterli-
che der Lage die Willenskraft etwas gelähmt hatte, den rief die
scharfe Stimme des Kommandanten zum Bewußtsein, zur
Pflicht zurück. Mitten auf der Kommandobrücke stand Kapitänleutnant Braun, das Bild eines erhaben tapfern Offiziers.

Scharf durchdrangen seine Rufe selbst das Heulen des Orkans.

»Rettungsboote klar!«

»Rettungsringe klar!«

»Hellegat aufsperren!«

»Raketen und Sternsignale abbrennen! Die Freiwächter —«

Ein furchtbares Krachen übertäubte das Kommando.

Der »Iltis« brach mitten auseinander; das stolze schöne Schiff –
ein geborstenes Wrack.

Anfangs war alles wie erstarrt.

Aus, aus auf ewig!

Da war es wieder Kapitänleutnant Braun, der unvergleichlich
brave Kommandant, dessen Stimme den Sturm, das Brausen
der See und alles übertönte.

»Kameraden, angesichts des Todes ein Hurra für unsern Kaiser. Seine Majestät der Kaiser hurra, hurra, hurra!«

Und donnernd, mächtiger als Wogenschwall und Heulen des
Orkans erscholl es aus dem Munde der dem Untergang Geweihten: »Hurra, hurra, hurra!« –

»Deutsche! Deutsche Jugend, das vergeßt nie! Der ›Iltis‹, sein
Kommandant, seine Besatzung bleibe in Euerm Geist, in Euerm Herzen in steter Erinnerung. Die Männer, die dort im fernen Asien starben, die waren echte deutsche Helden!« –

Bei der Koloni-
alliteratur sind die
Grenzen zwischen
zeitgeschichtlichen
Tendenzen und Aben-
teuer fließend, eher
letzteren zuneigend.
Die Blütezeit der deutschen Abenteuerliteratur setzte ebenfalls etwa um die
Mitte des 19. Jahrhunderts ein. Während die großen Entdecker und die See-
fahrer gelegentlich schon als Protagonisten in Büchern aufgetaucht waren,
kamen nun erst einmal die Indianer dazu. Wir sind gewohnt den Einfluss der
Lederstrumpf-Romane James Fenimore Coopers auf die deutsche Indi-
aner-Literatur, insbesondere auf das Jungen-Abenteuerbuch, sehr hoch einzu-
schätzen, doch muss man diese Auffassung zumindest ein wenig modifizie-
ren. Cooper veröffentlichte – ohne einen festen Plan für das Gesamtwerk –
diese Romane zwischen 1823 und 1841. Die erste deutsche Ausgabe erschien 1826–1833 bei Sauerländer in Frankfurt und enthielt *Die Ansiedler,*
Der letzte der Mohikaner und *Die Prärie* (unter dem Titel *Die Steppe*). Sie wurde ein erstaunlicher Publikumserfolg. Goethe las sie mit großem Interesse,

Stifter nahm sie zum Vorbild für seinen *Hochwald*. Es dauerte aber immerhin
noch 20 Jahre, bis der unermüdliche Franz Friedrich Hofmann 1845 eine zwei-
bändige Bearbeitung der Lederstrumpf-Erzählungen für die Jugend herausbrachte. Mit einer Reduzierung des Inhalts auf 600 Seiten, d. h. also auf ein
Fünftel des Originals, wies sie bereits jenen gravierenden Mangel auf, den
seitdem beinahe alle Bearbeitungen zeigen, die sich fast ausnahmslos auf
die vordergründig spannenden Szenen beschränken und nichts von den
episch breiten Naturschilderungen bringen. Hofmann erzielte bis 1875 neun
Auflagen, die noch viele kürzere und schwächere Bearbeitungen von Adam
Stein sogar zehn. Da die Auflagenziffern damals verhältnismäßig niedrig lagen, dürften insgesamt also bis 1875 kaum mehr als 50 000 Exemplare dieser beiden Lederstrumpf-Ausgaben auf dem Markt gewesen sein. Erst danach wurden die Geschichten bei der Jugend so richtig populär.

Ähnlich verhielt es sich mit den Romanen von Charles Sealsfield (d. i.
Karl Anton Postl, 1793–1864), deren Einfluss auf das deutsche Abenteuerbuch immer wieder hervorgehoben wird. Die erste Ausgabe seiner Gesammel-
ten Werke erschien 1843–1846 in Stuttgart, die erste Jugendbuchbearbeitung von drei Erzählungen und von *Tokeah* erst 1878.

Unter den Autoren von Abenteuerbüchern wird für die Mitte des 19.
Jahrhunderts neben Cooper und Postl natürlich Friedrich Gerstäcker
(1816–1872) an bevorzugter Stelle genannt. Er war schon als 21-jähriger
nach Nordamerika gereist und hatte, wie man zu sagen pflegt, Land und Leute aus eigener Erfahrung genauer als mancher andere Reisende kennen gelernt. Erstes Ergebnis seiner Beobachtungen waren die zu Unrecht heute fast
völlig vergessenen *Streif- und Jagdzüge durch die Vereinigten Staaten Nordamerikas*. 1846 folgten *Die Regulatoren in Arkansas* und zwei Jahre später
Die Flusspiraten des Mississippi. So viel Gerstäcker in den folgenden drei
Jahrzehnten auch noch geschrieben hat, erreichten seine Werke doch nicht
mehr die Frische, Unmittelbarkeit und Spannung dieser beiden ersten Romane. Sie gelten heute noch als beliebte Abenteuerbücher für Jungen, waren
aber keineswegs von Anfang an auf diese Leserschicht beschränkt. Gerstäcker wurde zum Haus- und Familienvater des gehobenen deutschen Bürgertums. Auf dieses Publikum spekulierte der Verlag Costenoble später mit sei-

ner schönen Ausgabe, was aber nicht heißt, dass die spannungsgeladene abenteuerliche Handlung der Romane nicht auch junge Leser angelockt hätte. Gerstäcker schrieb ja auch eine Reihe von Jungen-Abenteuererzählungen und -büchern. Dazu gehören *Fritz Wildaus Abenteuer* (1854), die Geschichte eines Jungen, der auf einem Seeräuberschiff die Welt kennen lernt, *Der kleine Wal-fischfänger* und *Der kleine Goldgräber* (beide 1855) sowie eine Reihe kleine-rer Erzählungen, die in verschiedenen Jahrbüchern erschienen. Die Zahl der Jugendbearbeitungen seiner Werke wuchs aber erst seit etwa 1900, als er nun für einige Jahre, ausgestattet mit dem Segen der Jugendschriftenaus-schüsse, zum geförderten Jugendbuch-Autor wurde.

> An Bord des Schweden entstand da plötzlich wilde Verwirrung, die Leute liefen hin und her und es war augenscheinlich, daß sie das furchtbare Symbol des Piraten überrascht hatte. Der »Hai« glitt indessen, aber ohne noch einen Schuß zu thun, so nahe an die Brig hinan, daß sie die wildverworrenen Befehle an Bord hören konnten, als Tom Brendall das erste Signal zum Feuern gab, und gleich darauf auch die sicher gezielte Kugel in den Heck des Schiffes durch die Cajüte einschlug.
> Der am Steuer stehende Matrose verlor dabei den Kopf so voll-kommen, daß er das arme Fahrzeug gerade vor dem Winde weghielt und dem Piraten die günstigste Gelegenheit bot mit seiner zweiten Kugel sein ganzes Deck von hinten nach vorn zu bestreichen.
> Der Steuermann des »Hai« stand selber an der Drehbasse, und ein wirklich teuflisches Lächeln flog über seine Züge, als er den Vortheil erkannte, der ihnen dadurch geboten wurde. Er zögerte auch keinen Moment ihn zu benutzen, und der nächste Schuß that furchtbare Wirkung an Bord der ihrem Geschick verfallenen Brig. Durch eine Gruppe von Leuten schlagend, die auf dem Quarterdeck versammelt standen, traf sie, an dem Hauptmast dicht vorbei streichelnd, den vorderen Mast, und die umherschlagenden Splitter desselben, während das gewal-

tige Holz mit seiner Wucht von Segeln und Tauen schwerfällig
über Bord schlug, verwundeten die Matrosen nach allen Richtungen hin.
(Friedrich Gerstäcker, *Fritz Wildaus Abenteuer*)

Ähnlich liegen die Verhältnisse bei den ebenfalls verschiedentlich unter den Jugendbuch-Autoren genannten Balduin Möllhausen und Armand.
Möllhausens Bücher blieben stärker noch als die Gerstäckers auf ein bürgerli-
ches Erwachsenenpublikum beschränkt, dessen Geschmacksrichtung sich
der Autor weitgehend anpasste. Auch er konnte aus eigener Kenntnis der
amerikanischen Verhältnisse schöpfen, als Reisender und Autor von Reiseberichten wurde er immerhin von Alexander von Humboldt gefördert. Seine Romane erschienen seit 1862. Sie bildeten eine Mischung aus »Gartenlaube«-Familienromantik und Rührseligkeit, selbst erlebten exotischen Abenteuern und bescheidenem sozialem Engagement. Keines dieser Bücher kam bis
zur Jahrhundertwende in eigenen Jugendausgaben heraus, alle wurden eben
sozusagen am Rande mitgelesen.

Armand, wie das Pseudonym von Friedrich August Strubberg lautet, hatte jahrelang in völliger Abgeschiedenheit an der Indianergrenze gelebt. Auch
er begann mit Erlebnis- und Reiseberichten und wandte sich dann der Erzählung zu. Sein *Karl Scharnhorst,* die 1863 erschienenen »Abenteuer eines
deutschen Jungen in Amerika«, wie der Untertitel heißt, erlebte bis 1887 drei
Auflagen. Die *Amerikanischen Jagd- und Reiseabenteuer* von 1858 waren dagegen erstaunlich erfolgreich, wenn man bedenkt, dass 1918 bei der Union
Deutsche Verlagsgesellschaft die neunte Auflage erschien, ein beachtens-
werter Erfolg für ein Indianerbuch, das sich weitgehend von anderen Titeln dieses Genres unterschied, weil es bewusst auf erfundene Sensationen verzich-
tete und die persönlichen Erlebnisse in den Vordergrund stellte.

Ich war nahe genug, um mit Sicherheit schießen zu können, nur
stand der Büffel von mir abgewandt, und ich mußte warten, bis er
sich drehte, um ihm einen tödlichen Schuß beibringen zu können.
Ich lag lange Zeit unbeweglich und hinter mir Trust, den Kopf

platt an die Erde drückend. Endlich sprang der Büffel herum, da ihn die Fliegen wahrscheinlich etwas stark gestochen hatten, und gab mir seine ungeheure Seite preis. Ich ging ihm mit dem Korn dicht hinter das Blatt, handbreit von unten, und drückte mich mit dem Schuß platt in das Gras. Der Büffel fuhr mehreremal herum, sich nach seinem Feinde umsehend, wankte dann sehr krank nach dem Baume hin, wo er sich gegen den trockenen Ast lehnte, um sich auf den Füßen zu erhalten, während er ein furchtbares Gebrüll ausstieß und mit dem Riesenkopf hin und her fuhr. Ich winkte Trust, und mit wenigen Sätzen war er vor dem Bullen und verbellte ihn, auf den Augenblick wartend, wo er seine Nase herunter gab, die er dann mit einem Sprunge faßte, während der Ast abbrach und der Büffel zu Boden stürzte. Ich hatte eben wieder geladen, als sich die Erlenbüsche an der andern Seite der Wiese an hundert Stellen teilten, die ganze Herde der Büffel in einer langen Linie aus denselben hervorbrach und nach mir zu über die Wiese stürmte. Sie hatten die Klagetöne ihres Herrn und die wütende Stimme Trusts gehört und kamen in Carriere ihrem Kameraden zu Hilfe. Ich stand ganz offen und glaubte jeden Augenblick, daß sie, wenn sie mich erblickten, die Flucht ergreifen würden, aber sie stürzten vorwärts in gerader Richtung auf mich zu. Die vordersten der Herde waren nur noch dreißig Schritt von mir, als ich mein weißes Taschentuch hervorzog und es in der Luft schwenkte. Jetzt brachen sich ihre Reihen, und links und rechts drängten sich ihre erschreckten Massen bei mir vorbei, wo ich dann den Nachzüglern noch zwei Kugeln nachsandte, die zwar trafen, aber von den Geschossenen mit fortgetragen wurden. Nun kam Tiger mit den Pferden durch die Erlen gezogen und sagte mir lachend, wenn ich das Taschentuch nicht gehabt hätte, wäre die Herde sicher über mich weggerannt. Wir machten uns nun an den verendeten Büffel, während unsre Pferde um uns her grasten, weideten ihn aus, steckten dann eine Menge zu dem Behufe mitgenommene weiße Lappen auf Stöcken um ihn her und

legten noch ein weißes Tuch auf ihn, um die Aasgeier davon abzu-
halten. Dann bestiegen wir unsre Pferde, um nach Hause zu reiten und auf dem mit Maultieren bespannten Karren das Fleisch
heimzuholen.

Illustration von J. Gehrts zu F. Pajeken
»Mitaha-sa das Pulvergesicht!«.

Die eigentliche Blüte oder – vielleicht auch besser gesagt – Schwemme im Bereich des Abenteuerbuches setzte erst ab den Siebzigerjahren ein, also in der Zeit der »zunehmenden deutschen Weltgeltung«, wie die imperialistischen Tendenzen damals bezeichnet wurden. Schwergewichte zeichneten sich dabei in zwei biografischen Räumen: einmal mit einer Renaissance des Indianerbuches, wobei sich zu den Bearbeitungen der oben erwähnten klassischen Autoren einige neue gesellten, so Friedrich Pajeken, über dessen auf eigener Erfahrung beruhenden Erzählungen *Im Wilden Westen, Bob der Fallensteller* oder *Ein Held wider Willen* Heinrich Wolgast ein sehr kritisches Urteil fällt. Immerhin wurden seine Erinnerungen *Aus dem Wilden Westen Nordamerikas* in Reclams Universal-Bibliothek aufgenommen. Der *Held wider Willen* gehört im Vergleich zu manchen anderen damaligen Abenteuerbüchern durchaus noch zu den brauchbaren Titeln.

James Pat hatte sein Pferd bestiegen, und, demselben die Hakken in die Weiche stoßend, jagte er, bevor ihn jemand aufzuhalten vermochte, den Schrei immer von neuem wiederholend, zum Tore hinaus, den Indianern entgegen, deren erste Reihe soeben beim Washout anlangten, in welchem die Wegelagerer versteckt waren.

»Gott sei ihm gnädig und stehe ihm bei!« rief Frank Alexander erbleichend und eilte nach seinem Pferde, um dem Freunde zu folgen.

Das Kriegsgeheul der Indianer verstummte wie abgeschnitten; doch nur wenige Sekunden dauerte die nun eintretende Stille, durch welche unheimlich die gellenden Schreie James Pats klangen; dann stürmten die Wegelagerer wieder mit Hurra vor, und Tom, Dick, Poinset Bardon und Billy Ben sandten ihnen ihre wohlgezielten Schüsse entgegen.

Dort, wo James Pat in die Reihen der roten Krieger sprengte, wichen diese entsetzt zurück, und keiner der übrigen schien mehr an einen Angriff des Ranchers zu denken. Scheu blickten alle nach dem Manne, der mit wild verzerrter Miene, starren

Augen, schreiend und unbewaffnet mehr als tollkühn auf sie
eindrang, und niemand wagte sich an ihm zu vergreifen.

Schon wandte sich hier und dort ein Haufe zur Flucht; doch
nun ermannte sich Biberzahn, und, seine Büchse schwingend,
stieß er einen weithin schallenden Kriegsschrei aus. – Derselbe wurde von einer Anzahl Mutiger wiederholt, und aufs neue
stürmten die Indianer vor, während James Pat auf seinem
scheu gewordenen Pferde wie rasend zwischen ihnen umhergaloppierte.

Da ertönte plötzlich Trompetengeschmetter und gleich darauf
ein donnerndes Hurra. Von Norden sprengte im Galopp auf
schnaubenden Pferden und von Süden rückte im Laufschritt
Militär heran.

Wie gelähmt standen einige Sekunden die roten Krieger. Nun
war kein Zweifel mehr, daß ihr Glaube sie nicht belog. Mit jenem Manne war der böse Gott im Bunde, welcher jetzt die Buntröcke gegen sie hetzte. Heulend stoben sie auseinander, und
in wilder Flucht jagten sie davon.

1875 erschienen die ersten kleineren Indianererzählungen Karl Mays,
zwei Jahre später brachte er, weniger beachtet, eine Bearbeitung des *Waldläufers* von Gabriel Ferry. Dieser erstmals 1847 in Frankreich erschienene Roman
beeinflusste mindestens ebenso stark, wenn nicht sogar stärker als sein Vorbild Cooper, die populäre Indianererzählung in der zweiten Hälfte des 19. Jahrhunderts. Die später bekannten großen Jungen-Abenteuererzählungen schuf
Karl May vorwiegend in dem Jahrzehnt zwischen 1887 und 1896. Sie haben,
ähnlich wie die Erzählungen Sophie Wörishöffers, von denen noch die Rede
sein wird, das geografische Weltbild der deutschen Jugend in den Jahren vor
und nach dem Ersten Weltkrieg ungemein stark beeinflusst.

Vor Schrecken starr stand Parranoh, als er seinen eigentlichen
Namen rufen hörte. Kaum aber hatte er einen Blick in das Angesicht Old Firehands geworfen, so riß er sich von der Hand

Winnetou's, der seine Aufmerksamkeit getheilt hatte, los und
stürmte wie von der Sehne geschnellt von dannen. Im Augenblick machte auch ich mich von dem Indianer, mit welchem
ich während dieser Scene im Kampfe stand, los und setzte dem
Fliehenden nach. Zwar hatte ich für meine Person keinerlei
Abrechnung mit ihm zu halten, aber selbst wenn er auch nicht
als der eigentliche Urheber des beabsichtigten Überfalles An-
recht auf eine Kugel gehabt hätte, so wußte ich doch, daß er ein
Todfeind Winnetou's sei und ebenso hatten mich die letzten
Augenblicke belehrt, daß Old Firehand an der Habhaftwer-
dung seiner Person gelegen sein müsse.

Beide hatten sich ebenfalls augenblicklich zur Verfolgung in
Bewegung gesetzt; aber ich wußte, daß sie den Vorsprung, welchen ich vor ihnen hatte, nicht verringern würden, und mußte
freilich auch zu gleicher Zeit bemerken, daß ich es mit einem
außerordentlich guten Läufer zu thun hatte. Obgleich Old Firehand nach Dem, was ich von ihm gehört hatte, ein Meister in
allen Fertigkeiten, welche das Leben im Westen verlangt, sein
mußte, so befand er sich doch schon längst nicht mehr in den
Jahren, welche einen Wettlauf auf Tod und Leben begünsti-
gen, und Winnetou hatte mir schon öfters eingestanden, daß er
mich nicht einzuholen vermöge.
Zu meiner Genugthuung bemerkte ich, daß Parranoh den Fehler beging, ohne seine Kräfte gehörig abzumessen, Hals über
Kopf immer gradaus zu rennen, und in seiner Bestürzung die
gewöhnliche Taktik der Indianer, im Zickzack zu fliehen, nicht
befolgte, während ich den Odem zu sparen suchte, und in voll-
ständiger Berechnung meiner Kräfte und der möglichen Aus-
dauer die Anstrengung des Laufes abwechselnd von einem
Beine auf das andere legte, eine Vorsicht, welche mir stets von
Vortheil gewesen war.
Die beiden Andern blieben immer weiter zurück, so daß ich

das Geräusch ihres Athems, welches ich erst dicht hinter mir
gehört hatte, nicht mehr vernahm, und jetzt erscholl auch aus
schon ziemlicher Entfernung die Stimme Winnetou's:
»Old Firehand mag stehen bleiben! Mein junger, weißer Bruder wird die Kröte von Atabaskah fangen und tödten. Er hat die
Füße des Sturmes, und Niemand vermag ihm zu entkommen.«
(Karl May, *Im fernen Westen*)

Neben Nordamerika bildete Afrika für etwa zwei Jahrzehnte den bevor-
zugten Schauplatz von Abenteuergeschichten. Hier allerdings fehlten die so
genannten großen klassischen Autoren. Der Engländer Henry Rider Haggard,
dem ein solches Prädikat durchaus gebührt hätte und der 1885 mit »King So-
lomon's Mines« seinen ersten bedeutenden Afrika-Abenteuerroman schrieb,
wurde merkwürdigerweise bei uns in Deutschland einem breiteren Publikum
kaum bekannt, diente aber verschiedenen deutschen Autoren als unverkenn-
bares Vorbild. Sicher erlangten die Reiseberichte Stanleys und ihre Bearbeitungen dank ihres natürlichen Spannungsgehalts eine mindest ebenso starke
Verbreitung wie Gerstäcker oder Postl. Bestimmend und damit auch das Afrika-Bild der jugendlichen Leser beeinflussend, blieb aber die zweite bzw. sogar
die dritte Autoren-Garnitur. An erster Stelle der »Gartenlaube«-Redakteur C.
Falkenhorst (d. i. Stanislaus von Jezewski), der eine zehnbändige Reihe
Jung-Deutschland in Afrika schrieb, die zwar meist summarisch kritisiert wird,
bei der sich aber doch einige brauchbare Ansätze zeigen.

Am bekanntesten wurde wohl August Niemann, der verschiedene so
genannte Gesellschaftsromane und drei Abenteuerbücher für die Jugend
schrieb, von denen vor allem zwei einen für ihre Zeit überdurchschnittlichen
Erfolg erzielten. Einmal das *Flibustierbuch,* das erstmals 1887 erschien, und
zum anderen sein *Pieter Maritz, der Buernsohn von Transvaal,* erstmals erschienen 1883, ein Buch, das eine eigenartige Faszination auf die junge Generation in der Zeit vom ausgehenden 19. Jahrhundert bis zum Dritten Reich
ausübte und wohl wie kaum ein anderes das Afrika-Bild beeinflusste. Die Geschichte führt übrigens nicht, wie verschiedentlich angenommen, in den Bu-
renkrieg, sondern in die Zeit vor und während des Burenaufstandes von

Indianerabenteuer aus einer frühen Ausgabe von Karl Mays Erzählung »Im fernen Westen« 1894.

1880/81. Ohne offenkundige Schwächen des Buches beschönigen zu wollen, darf doch festgestellt werden, dass Niemann recht geschickt Quellenmaterial verarbeitet hat. Die Tendenz des Buches entspringt ganz dem imperialistischen Denken des ausgehenden 19. Jahrhunderts.

Da ritt Lord Chelmsford vor die Reihen der Ulanen, und zeigte mit der Hand auf Dabulamanzis Flügel, der noch immer standhielt. Hatten in der letzten Schlacht die Dragoner Lorbeeren errungen, so sollten heute die Ulanen den Sieg vollenden. Das Viereck öffnete sich, das stolze Regiment trabte hinaus, das Feuer verstummte auf der rechten Flanke, und die Schwadronen ritten zu staffelförmiger Attacke auf. Dann legte die vorderste Schwadron die Lanzen ein und jagte, die blinkenden Spitzen mit den flatternden Fähnchen gesenkt, gerade auf die Zulus los.

Aber die Zulus hatten von ihren Feinden gelernt, und Dabulamanzi war in ihrer Mitte. Sie schlossen sich eng zu einem Knäuel zusammen, streckten die Schilde vor und feuerten. Viele der Reiter mußten den Sattel räumen. Eine zweite Schwadron stürmte heran und griff über den Flügel der ersten hinaus mit der Lanze an, die dritte und vierte folgten, immer die vorderen überflügelnd, und ritten in die Feinde ein. Die Zulus erlagen unter dem wilden Ansturm. Vergeblich waren ihre Speere und Schilde, die langen Lanzen der Engländer, mit der Wucht von Roß und Mann vorwärts getrieben, durchbohrten Schild und Brust, und einer der tapferen Verteidiger nach dem andern sank zu Boden. Verzweiflungsvoll flüchtete Dabulamanzi mit einer kleinen Schar. Doch nahe an hundert Mann ließ das Ulanenregiment auf dem Platze zurück.

Jetzt brachen auch die Buern auf des Oberbefehlshabers Wink aus dem Karree hervor, und Humbatis Truppen wurden auf die Fliehenden losgelassen. Weithin bedeckte sich die Ebene mit flüchtigen Scharen, hinter denen die Kavallerie herjagte, und Schwerthieb und Lanzenstich räumten unter den Zulus und den

»Titus Afrikaners Tod«. Aus August Niemann »Pieter Maritz« um 1890.

Amatongas auf, welche heute das Zuluheer verstärkt hatten. Langsam rückte das schwere Viereck vor, das Hurrarufen der Sieger donnerte über das Schlachtfeld hin, und die Klänge des »Rule Britannia« spielten dazwischen.

Pieter Maritz ritt an der Spitze der Buern einher, das Schwert in der Rechten, doch brauchte er es nicht mehr, denn die Feinde leisteten keinen Widerstand. Er lenkte nach dem Lickasikrale hin, aber der Hügel war leer, der König war verschwunden. Er ritt nach Ulundi zu und sah, daß die englischen Reiter schon in der Hauptstadt waren. Er kam an die äußersten Hütten hinan, sie waren leer. Als er aber bis zur Wohnung des Königs kam, da sah er den schönen Rasenplatz, auf dem einst die Frauen getanzt hatten, von den Ulanen angefüllt, und aus der Veranda leckten die Flammen empor.

Er ritt langsam zurück, Traurigkeit beschlich sein Herz beim Anblick der Verwüstung und des Todes auf den Stätten, wo er einst ein fröhliches Volk gesehen hatte.

Noch einmal blickte er sich um: Ulundi brannte an allen Ecken und Enden, die leichten Hütten flackerten wie Fackeln auf, düsterer schwarzer Rauch stieg zum Himmel empor. Tschetschwajos Macht war gebrochen, und zum Falle seines Reiches, zum Brande seiner Hauptstadt spielte die englische Musik das »Rule Britannia«.

Neben Karl May erzielte vor allem Sophie Wörishöffer (1838–1890) besondere Erfolge. Sie wurde in Pinneberg geboren, wuchs als »höhere Tochter« in der Familie auf und heiratete einen Architekten, der aber schon nach fünfjähriger Ehe starb. Die weitgehend mittellose Witwe übersiedelte nach Hamburg-Altona. Ohne jemals die Länder gesehen zu haben, von denen sie erzählte, schrieb sie zahlreiche Abenteuerbücher für »die reifere Knabenwelt«. Ihre Schwächen sind oft aufgezählt worden, aber immerhin bescheinigte ihr ein Eduard Spranger, dass sie sich wie wenige auf die schwere Kunst verstünde lesbare Jugendbücher gerade für die Stufe zwischen Märchenalter und beginneder Pubertät zu schreiben. Ihre Bücher hielten sich beinahe ein ganzes Jahrhundert auf dem Markt. Noch 1961 waren 14 Titel bei zehn verschiedenen Verlagen lieferbar. Dabei kosteten sie bei ihrem ersten Erscheinen im Schnitt jeweils 9 Mark, und wenn man bedenkt, dass Ende des Jahrhunderts nach Einführung der Rentenversicherung ein Versicherter der höchsten Lohnklasse nur rund 33 Mark Monatsrente erhielt, muss man staunen, dass sie bei diesem Preis im Durchschnitt je Buch fünf bis neun Auflagen erzielte.

Zu ihren bekanntesten Werken gehören *Das Naturforscherschiff* und *Onnen Visser, der Schmugglersohn von Norderney.* Im *Naturforscherschiff* erzählt sie von zwei jungen Hamburgern, Söhnen eines reichen Reeders, die mit ihrem Erzieher auf einem Schiff zu den Besitzungen des Vaters in der Südsee reisen. In 15 Kapiteln erleben sie auf der Hinreise ein Abenteuer nach dem andern. Im 16. kehren sie dann ohne jede Aufregung und ohne weitere Abenteuer wieder in die Heimat zurück. Diese Erzählung ist durchaus lebendig und auch heute noch lesbar – mit Abstrichen. Die gehäuften Jagdabenteuer könnte man noch in Kauf nehmen, dagegen sind die Eingeborenen, von vereinzelten Protagonisten abgesehen, sowohl in Afrika wie in Hinterindien, auf den Sundainseln und in Australien, also in drei Kontinenten ausnahmslos negativ, d. h. als verräterisch, blutgierig, gehässig gezeichnet. Hier liegt eine besondere Schwäche ihrer Darstellung, neben der sich der ihr verschiedentlich angekreidete Chauvinismus vergleichsweise harmlos ausnimmt. Der *Onnen Visser,* der übrigens zu den besten Büchern der Autorin zählt, schildert die Abenteuer eines friesischen Jungen, der in die Große Armee Napoleons gepresst wird und den Einmarsch in Russland sowie den furchtbaren Rückzug im Winter 1812/13 miterlebt. Er erinnert uns daran, dass gerade in den letzten drei Jahrzehnten des 19. Jahrhunderts, also während der eigentlichen Hochblüte der Abenteuererzählung, Geschichte und Abenteuer im Jugendbuch eng verbunden sind, sodass gerade in den negativen Beispielen das Abenteuer die geschichtliche Atmosphäre erdrückt und der historische Hintergrund zur Kulisse degradiert wird.

Eines Morgens kam der Befehl für alle nicht in Hamburg ansässigen Fremden, sich bei dem französischen Polizeidirektor zu melden und ihre Legitimationspapiere mitzubringen. Sie sollten dann entweder eine Erlaubnis zum Bleiben oder einen sofortigen Ausweisungsbefehl erhalten.

So zogen denn alle drei befohlenermaßen zum Polizeiamt, wo sich die Menge auf den Treppen und in den Gängen drängte; lauter blasse verkümmerte Gesichter, Frauen in Trauer, Krüppel, Kinder und junge Mädchen.

Alle diese Unglücklichen erwarteten von den Lippen der Machthaber den Schicksalsspruch, welcher sie vielleicht binnen wenigen Minuten ins Verderben stürzen mußte. Wenn es hieß: Fort! – wohin sollten sie sich dann wenden? Das ganze benachbarte Gebiet war von den Franzosen besetzt, Altona mit Arbeitskräften jeder Art überfüllt; es gab keine Zuflucht, die den Bedauernswerten offen gestanden hätte.

Zitternd, oft todesblaß legten sie ihre Dokumente auf den Tisch. Die Fragen des Beamten waren in jedem Falle dieselben. »Zahlen Sie Steuern, und wieviel?«

Hieß es: Nichts, ich bin ein armer Schreiber oder Lohndiener, eine Krankenwärterin, eine Näherin, dann erfolgte rasch der Bescheid »Binnen vierundzwanzig Stunden hinaus!« und wenn die Betroffenen dagegen protestierten oder flehentlich bitten wollten, so schoben ein paar bereitstehende Gendarmen sie kurzweg zur Tür und andere Personen kamen an die Reihe.

Nur eine Ausnahme kehrte immer wieder. War der Vorzeiger eines Passes ein kräftiger Mann, so erhielt er ohne alle Weitläufigkeiten die Erlaubnis, in der Stadt zu bleiben. Frauen und Kinder, alte Familienväter wurden samt und sonders ausgewiesen.

Jetzt kam die Reihe an den Zigeuner. »Russische Pässe? Hm, hm!«

Zwei Beamte flüsterten halblaut, dann mussten Onnen und Alexei vortreten. Prüfende Blicke musterten ihre Gesichter, ihre jungen kräftigen Gestalten, – der Protokollführer nickte zufrieden. »Ihr könnt bleiben, solange ihr wollt!«

Ein Schmerzensschrei von den Lippen eines Weibes unterbrach den Franzosen. »Das sind Zigeuner«, rief die Unglückliche, »fahrendes Gesindel, Diebe, – und solche Menschen dürfen nach Belieben in Hamburg bleiben, während eine Mutter mit sechs Kindern auf die Straße geworfen wird. Ist das gerecht, ist es christlich?«

»Hinaus!« donnerte der Beamte.

Die Frau drohte ihm, sie war außer sich. »Was habe ich den Franzosen getan?« schrie sie. »Was kümmert sich wohl ein armes Weib um die Händel der Großen? Ich will hier in Hamburg Kranke pflegen und mit meiner blutsauren Arbeit sechs Kinder redlich ernähren, – das Recht soll man mir lassen.«

»Ja! Ja!« riefen andere Stimmen. »Jagt dafür das landfremde Gesindel hinaus!«

Deutsche Jungen in Afrika. Illustrationen aus dem »Naturforscherschiff« von Sophie Wörishöffer um 1880.

Auch aus dem Ausland gewann das Abenteuerbuch wichtige Impulse, so schon seit der Mitte des 19. Jahrhunderts von den See-Romanen britischer Autoren, vor allem von Frederick Marryat (1792–1848). Sein *Peter Simple,* der 1834 erschien, wurde schon 1845 von Franz Hofmann in einer deutschen Übersetzung und Jugendbuchbearbeitung vorgelegt. Ähnlich des *Masterman Ready,* dessen englische Ausgabe 1841 erschien und dem 1843 gleich zwei deutsche Übersetzungen folgten, die unter dem neuen Titel *Sigismund Rüstig* den Robinsonaden neuen Auftrieb gaben. Nicht minder bedeutsam wurden *Die Abenteuer des Tom Sawyer* von Mark Twain (1835–1910), die schon 1876, im Erscheinungsjahr der amerikanischen Originalausgabe, eine deutsche Übersetzung erlebten, während die *Abenteuer des Huckleberry Finn* (1884, deutsch 1890) in ihrer Beliebtheit ein wenig im Schatten des *Tom Sawyer* blieben.

Die *Schatzinsel* des Engländers Robert Louis Stevenson (1850–1894), die in England 1883 und in einer deutschen Ausgabe 1897 erschien, wurde dagegen erst seit den Dreißigerjahren unseres Jahrhunderts stärker populär.

Wenn die Fachliteratur den Franzosen Jules Verne (1828–1905) gewöhnlich nur als einen der Begründer der Sciencefiction-Literatur nennt, engt sie sein Werk ein und unterschätzt zugleich seinen Einfluss auf das deutsche Abenteuerbuch. Gewiss spielen technische Probleme in verschiedenen Romanen Vernes eine dominierende Rolle, daneben schrieb er aber wohl die besten Abenteuererzählungen seiner Zeit wie etwa *Die Kinder des Kapitän Grant, Reise zum Mittelpunkt der Erde, Der Kurier des Zaren* oder *Reise um die Welt in 80 Tagen.*

Dass sie auch in Deutschland und Österreich erstaunliche Erfolge erlebten und in zahlreichen Familien beliebter waren als die Bücher von Karl May und Sophie Wörishöffer, verdanken sie wohl dem Gespür des österreichischen Verlegers Hartleben, der neben einer aufwändigen und teuren Prachtausgabe mit den Bildern des französischen Originals noch eine preisgünstige kleine Volksausgabe – sozusagen ein Vorläufer der Taschenbücher – herausbrachte, die weite Verbreitung fand.

Ein Überblick über die Geschichte des Abenteuerbuches bzw. der -erzählung im 19. Jahrhundert wäre unvollständig ohne einen Hinweis auf die

*Einband der Prachtausgabe von Jules Vernes Romanen
im Hartleben Verlag.*

Rolle der Jahrbücher und Zeitschriften, allen voran *Der Gute Kamerad.* Diese
Jugendzeitschrift erschien erstmals 1887 und eroberte sich rasch ihren festen Platz nicht nur im Bürgerhaus des wilhelminischen Deutschlands, sondern auch in der k. k. Monarchie. Jedes Heft brachte die Fortsetzung eines
Abenteuerromans. In den ersten sechs Jahrgängen war es jeweils eine Ju-
genderzählung Karl Mays, danach folgten Franz Treller, Maximilian Kern, Kurt
Remberg, Andris van Straaten, Max Felde u. a. Es fällt auf, dass die Zeitschrift versuchte über die Fortsetzungs-Abenteuergeschichte gewisse aktuelle Bezüge zu Zeitereignissen herzustellen. Alle Romane wurden dann in der
»Kamerad-Bibliothek« nachgedruckt und erwiesen sich als ausgesprochene
Bestseller. Die 21 Titel, überwiegend Abenteuererzählungen, haben bis 1914
immerhin insgesamt 210 Auflagen erreicht.

Auch *Das Neue Universum,* das seit 1880 erschien, dürfen wir nicht
übersehen; wenn hier das Schwergewicht auch auf der jugendnahen Darstellung der technischen Erfindungen und Probleme lag, so brachten die Bände
doch auch einleitend kleine Abenteuererzählungen, aus denen dann ganze
Reihen wie z. B. die Bücher von Friedrich Wilhelm Mader hervorgingen, der mit
Erfolg die Arbeitsweise von Falkenhorst und Haggard zu verbinden suchte.
Mader war evangelischer Pfarrer in Württemberg. Seine Abenteuerbücher erschienen etwa ab 1900 und fanden weite Verbreitung. Am bekanntesten wurde dabei seine Afrika-Trilogie *Im Lande der Zwerge, Nach den Mondbergen*
und *Ophir,* die in der Zeit zwischen dem Ersten und dem Zweiten Weltkrieg
mehrere Auflagen erlebte.

> Lange Zeit hielt der wunderbare Anblick die Beschauer ge-
> bannt; dann aber eilten sie hinab ins Tal, und bald betraten sie
> mit ehrfürchtigen Schauern das Kupferschloß, nachdem sie
> noch von außen die herrlichen Bilderszenen und Inschriften in
> Bilderschrift bewundert hatten, mit denen die Wände bedeckt
> waren.
> So hoch der Bau emporragte, so stak er doch über die Hälfte im
> Erdboden; das war das Werk der Jahrtausende, die Schicht um
> Schicht von Sand und Geröll absetzten, um das großartigste

Werk menschlichen Unternehmungsgeistes zu begraben.

Der Eingang in das Schloß erfolgte durch ein Fenster, das vielleicht zum zweiten Stockwerk gehörte, da das Portal und das unterste Stockwerk nunmehr unterirdisch geworden waren. Hohe, reichverzierte Säle und prachtvolle Prunkgemächer befanden sich dort innen, und als unsere Freunde auf der anderen Seite zu den Fenstern hinaussahen, erblickten sie unter neuem überwältigendem Staunen die altberühmten kupfernen Statuen vor dem Schlosse im Halbkreis aufgestellt.

Viele davon waren freilich umgestürzt und lagen im Sande begraben, einigen fehlte der Kopf, andere aber waren noch völlig gut erhalten, und siehe! aus einem dieser Riesenmäuler floß noch wie vor Jahrtausenden das Wasser in mächtigem Bogen hinab, um sich mit den am Boden hinfließenden anderen Zuflüssen zu vereinigen.

Die Gewalt der strömenden Wasser hielt sich noch einen Schacht frei, in den sie hinabstürzten, sich mit Sand und Steinen vermischt durch den uralten Tunnel nach außen zu ergießen. Wenn sich bei Hochwasser hier die Fluten stauten, so mußte das Schloß zum Teil unter Wasser stehen und die Standbilder würden bis zu den Knien bedeckt sein. Welch herrliches Bild mochte das abgeben!

Und wie überwältigend reckten sich die kupfernen Kolosse empor! Da saßen sie auf ihren Thronen, die Hände auf die Knie gelegt; die erhabenen Häupter blickten ernst und ehrfurchtgebietend drein und der weitaufgesperrte Mund verlieh ihnen etwas Drohendes und Schreckliches.

»Meine Herren!« sagte Lord Flitmore feierlich, nachdem der erste Eindruck einigermaßen überwunden war. »Wir schauen als die ersten Sterblichen seit Jahrhunderten, wohl mit einer einzigen Ausnahme, ein Weltwunder, nach dessen Anblick sich die kühnsten und edelsten Geister vergeblich gesehnt haben; ein Cäsar hätte gerne seinen ganzen Kriegsruhm geopfert,

wenn er hätte sehen dürfen, was wir sehen; wir bewundern, was
menschliches Genie vor unvordenklichen Zeiten auszuführen
vermochte, ein Wunderwerk, an dessen Dasein die überge-
scheite Gelehrsamkeit Europas gar nicht glaubt.
(Friedrich Wilhelm Mader, *Nach den Mondbergen*)

Illustration zu Friedrich Wilhelm Mader »Ophir«.

Man könnte fast glauben, dass bei diesem breiten Angebot für die »reifere Jugend« vor allem die kleinen Jungen und die Volksschüler auf der Strecke geblieben wären. Tatsächlich bewegten sie sich etwas zwischen den Fronten, wenn man so sagen will, und das speziell auf sie und ihre Altersstufe zugeschnittene Angebot war verhältnismäßig gering. Als Zielgruppe wurden sie eigentlich erst kurz vor und nach dem Ersten Weltkrieg entdeckt. In dem um die Mitte des vorigen Jahrhunderts von dem Nürnberger Handelsschulrektor G. W. Hopf herausgegebenen Bändchen *Mitteilungen über Jugendschriften an Eltern und Lehrer* werden für Leser bis acht Jahre in erster Linie Märchen, Sagen, Fabeln aufgeführt, dazu Christoph von Schmid, Gustav Nieritz, Franz Hofmann sowie Ernst Houwalds *Buch für Kinder gebildeter Stände.* An diesem mageren Angebot änderte sich auch im letzten Drittel des Jahrhunderts nicht viel. Es war kein Zufall, dass die erwähnte Thekla von Gumpert ihre »Herzblättchen«-Bände ausdrücklich als »Unterhaltungen für kleinere Knaben und Mädchen zur Herzensbildung und Entwicklung der Begriffe« herausbrachte. Geistig mussten die Jungen offensichtlich noch länger Röckchen tragen als auf den zeitgenössischen Familienbildern und Fotos. Kein Wunder, dass so bewährte Autoren wie Christoph von Schmid, Isabella Braun und Anna Stein immer wieder neu aufgelegt wurden, nur die Illustrationen passten sich dem Fortschritt an, wurden verschiedentlich modernisiert und ausgewechselt.

Nicht zuletzt mit dieser Lücke hängt auch der Siegeszug der Grimm'schen und Bechstein'schen Märchen zusammen, die ja anfangs nur verhältnismäßig langsam auf dem Jugendbuchmarkt Eingang gefunden hatten. Nach dem Vorbild von Hans Christian Andersen entstanden auch zahlreiche Kunstmärchen, so etwa von Robert Reinick oder Franz von Pocci. Die beste Sammlung schuf wohl 1871 ein völliger Außenseiter. Der Generalarzt Richard von Volkmann (1830–1889) schrieb sie zum Zeitvertreib während des Deutsch-Französischen Krieges in seinem Quartier vor Paris und veröffentlichte sie unter dem Pseudonym Richard Leander als *Träumereien an französischen Kaminen.* Eigentlich waren sie nicht für ein jüngeres Leserpublikum gedacht, aber in ihrer einfachen und doch so phantasievollen Gestaltung erwiesen sie sich als Glücksfall und wurden begeistert aufgenommen.

Es war einmal eine Frau, die hatte ein einziges Töchterchen, das war sehr klein und blaß und wohl etwas anders wie andere Kinder. Denn wenn die Frau mit ihm ausging, blieben oft die Leute stehen, sahen dem Kinde nach und raunten sich etwas zu. Wenn dann das kleine Mädchen seine Mutter fragte, weshalb die Leute es so sonderbar ansähen, entgegnete die Mutter jedesmal: »Weil du ein so wunderhübsches, neues Kleidchen anhast.« Darauf gab sich die Kleine zufrieden. Kamen sie jedoch nach Hause zurück, so nahm die Mutter ihr Töchterchen auf die Arme, küßte es wieder und immer wieder und sagte: »Du lieber, süßer Herzensengel, was soll aus dir werden, wenn ich einmal todt bin? Kein Mensch weiß es, was du für ein lieber Engel bist; nicht einmal dein Vater!«

Nach einiger Zeit wurde die Mutter plötzlich krank und am neunten Tage starb sie. Da warf sich der Vater des kleinen Mädchens verzweifelt auf das Todtenbett und wollte sich mit seiner Frau begraben lassen. Seine Freunde jedoch redeten ihm zu und trösteten ihn; da ließ er es, und nach einem Jahre nahm er sich eine andere Frau, schöner, jünger und reicher als die erste, aber so gut war sie lange nicht.

Und das kleine Mädchen hatte die ganze Zeit, seit seine Mutter gestorben war, jeden Tag von früh bis Abend in der Stube auf dem Fensterbrett gesessen; denn es fand sich Niemand, der mit ihm ausgehen wollte. Es war noch blässer geworden, und gewachsen war es in dem letzten Jahre gar nicht.

Nach einer längeren Pause erschien seit 1873 endlich wieder einmal eine eigene Jugendzeitschrift. Mit dieser *Deutschen Jugend* wandte sich ihr Herausgeber Julius Lohmeyer (1835–1903), ein erfahrener Journalist aus Oberschlesien, gleichermaßen an jüngere und ältere Kinder, schuf damit also ein Familienblatt im besten Sinne. Es erwies sich als besonderer Glücksfall, dass er die Maßstäbe bei Text und Ausstattung gleichermaßen hoch ansetzte und vor allem bei den ersten Jahrgängen namhafte Dichter und Künstler für

Illustration von Hermann Vogel zu einer Prachtausgabe der Grimm'schen Märchen um 1900.

Illustration von Olga v. Fialka zu einer Prachtausgabe von Richard
Leander »Träumereien an französischen Kaminen« 1878.

die Mitarbeit gewinnen konnte. Der Inhalt bot Märchen, Erzählungen, Gedichte, aber auch zahlreiche historische, geografische und naturkundliche Sachberichte sowie Lebensbilder. Mit einer Mark für das Heft hielt sich der Preis gerade noch in erschwinglichen Grenzen.

Beispiel für eines der beliebten Verwandlungs-Bilder, wie sie Lothar Meggendorfer schuf. Hier aus dem Band »Nur für brave Kinder« (1896).

5. Piddl, Emil und Zora

Jugendliteratur zwischen Jugendbewegung und Drittem Reich

Über ein Jahrhundert hat nun schon das spezifische Kinderbuch leere Stunden unserer Jugend mit nichtigem Inhalt ge-
füllt. Wenn wir nicht dazu gelangen, aus neuen sozialen
Aufgaben heraus die brachliegende Zeit natur- und kulturge-
mäß auszunutzen, so ist jedes Wort gegen Lesewut und schäd-
liche Lektüre in den Wind gesprochen. Nur ein völliger
Umschwung in den pädagogischen Ansichten kann ein altes,
auf Schlendrian und Verwöhnung beruhendes Übel abstoßen.
Wenn heute ein großer Teil der Jugend täglich zwei bis drei
Stunden mit Lesen hinbringt, so wird eine Einschränkung auf
wöchentlich zwei bis drei Stunden nicht zustande kommen
ohne die gleichzeitige Einfügung eines völlig neuen oder bisher seitab stehenden Erziehungsmomentes. Und wenn die
Ware, die bisher in tausenden von Werken den Jugendschrif-
tenmarkt beherrschte, die eine heiligende Tradition von hundert Jahren für sich hat und aus unheimlich heimlichen
Quellen alljährlich aufs neue eine Flut erzeugt, völlig beseitigt
und durch wenige an den Fingern her zählbare Kunstwerke er-
setzt werden soll, so ist als Vorbedingung eine völlige Umwälzung in der literarischen Bildung der Massen und den
literarischen Produktions- und Distributionsverhältnissen zu
bezeichnen. Aber auch umgekehrt! Ist eine solche Umwälzung,
die der Natur der Sache nach nichts anderes als eine riesige
Sinnesänderung des Volkes bedeutet, möglich ohne jene Re-
form der Lektüre unserer Jugend?

Illustration von Paul Hey zu »Sang und Klang für's Kinderherz«, einer 1911 von Engelbert Humperdinck herausgegebenen beliebten Kinderliedersammlung.

Wenn diesem Abschnitt ein Auszug aus Heinrich Wolgasts *Das Elend unserer Jugendliteratur* (1896) vorangestellt wird, dann deshalb, weil der Literaturpädagoge Wolgast mit dieser Streitschrift die Prinzipien der Beurteilung von Kinder- und Jugendbüchern so grundlegend verändert hat, dass dies auch für die Produktion in der Folgezeit nicht ohne Konsequenzen blieb. Er zählt zu den Vertretern der so genannten Jugendschriftenbewegung, die im Zusammenhang mit jenen Reformbewegungen zu sehen ist, wie sie sich um den Anfang dieses Jahrhunderts vor allem im Bereich der Pädagogik manifestiert haben. Dazu rechnet man vor allem die Kunsterziehungsbewegung, als deren Teil sie verstanden werden kann, dann aber auch die Arbeits- und Landschulbewegung. Bei der Jugendschriftenbewegung handelte es sich um eine kritische Rezensentengruppe, die um die letzte Jahrhundertwende hervorgetreten war und sich mit dem Zustand der zeitgenössischen Kinder- und Jugendliteratur nicht einverstanden zeigte. Dies galt vor allem der damals weit verbreiteten trivialen Massenliteratur für Kinder und Jugendliche. Mit der Problematik der anspruchslosen formalen und inhaltlichen Gestaltung hatten sich bereits um die Mitte des Jahrhunderts Pädagogen auseinander zu setzen begonnen, was später zur Gründung von Jugendschriftenkommissionen einiger Lehrerverbände führte. Sie sichteten die Neuerscheinungen und gaben Empfehlungslisten lesenswerter Bücher heraus, in denen beispielsweise Texte wie Peter Roseggers *Als ich noch der Waldbauernbub war* (1902) als Lektüreangebot unterbreitet wurden. Wichtig war hier vor allem die Arbeit der Prüfungsausschüsse des Deutschen Lehrervereins, die 1893 die Zeitschrift »Jugendschriften-Warte« als Diskussionsforum für Fragen der Jugendlektüre gründeten. Nicht unberührt blieb das Aufkommen der Jugendschriftenbewegung von der Entwicklung, die sich in der allgemeinen Literatur vollzog. Die während der letzten Jahrzehnte des 19. Jahrhunderts entstandene und damals für »modern« geltende Literatur des sozialkritischen und psychologischen Realismus und Naturalismus erwies sich in den Augen vieler als geeigneter, um aktuelle Realitäten äußerer wie innerer Art zu erfassen und zu deuten, eine Entwicklung, die man in der damals geläufigen Kinder- und Jugendliteratur schmerzlich vermisste. So verwundert es auch nicht, dass die Vertreter der Jugendschriftenbewegung bei der kritischen Betrachtung der Literatur vornehmlich Textmomente wie Wirklichkeitstreue, Realistik oder psychologische Glaubhaftigkeit beachteten. Dass sich die Jugendschriftenbewegung in erster Linie aus der fortschrittlichen, großenteils sozialdemokratisch orientierten Lehrerschaft der Großstädte wie Berlin, Hamburg, Mannheim, Frankfurt oder Wien zusammensetzte, sei erwähnt, um den gesellschaftspolitischen Hintergrund dieser Bewegung zumindest ansatzweise zu erhellen. Sie stand damit in deutlicher Opposition zum Wilhelminismus, was sich nicht zuletzt darin äußerte, dass u. a. die ungelösten sozialen Fragen jener Zeit in der Kinder- und Jugendliteratur aufgegriffen wurden. Beeinflusst wurde diese Strömung des Weiteren von den Ideen einer vom Kinde ausgehenden Erziehung, wie sie die Schwedin Ellen Key in ihrem Buch *Das Jahrhundert des Kindes* (dt. 1902) entwickelt hatte. Vorbilder für eine »Dichtung vom Kinde aus« fanden sich beispielsweise in den Bilderbüchern des Schweizers Ernst Kreidolf oder in den Illustrationen von Heinrich Vogeler, der in seinen Bilderwelten die

Der bekannte Maler Fritz
Kreidolf schuf 1920 die
Bilder für den »Fitzebutze«
von Paula u. Richard
Dehmel.

Formensprache des Jugendstils so gekonnt umsetzte. Sehr bekannt wurde auch *Rumpumpel* (1903) von Paula Dehmel und Karl Hofer, das ebenfalls der kindlichen Aufnahmefähigkeit Rechnung tragen wollte, ohne dabei einen literarästhetischen Anspruch zu vernachlässigen. Hier klingt ein neuer, frischer Ton in der Kinderlyrik an:

> *Seereise*
> Pitsch – patsch – Badefaß,
> Rumpumpel plantscht die Stube naß;
> ist ein junger Wasserheld,
> segelt durch die ganze Welt
> im Wipp – im Wapp – im Schaukelkahn
> über den großen Ozean!
> Stehn alle Wilden still
> und schrein: Was bloß Rumpumpel will?
> so splitternackt und pitschennaß,
> in seinem kleinen Schaukelfaß,
> Schnell das Badelaken!

Obwohl Heinrich Wolgast (1860–1920) dem kindertümlichen Impetus zunächst distanziert gegenüberstand, gilt er bis heute neben Hermann Leopold Köster als eine der führenden Gestalten dieser Bewegung. Sein Name bleibt – trotz anderer Publikationen, seiner Tätigkeit als Redakteur der »Jugendschriften-Warte« und seiner Arbeit als Herausgeber – eng verknüpft mit dem eingangs erwähnten Titel seines Werkes *Das Elend unserer Jugendliteratur.* Die Grundgedanken dieses in der Geschichte der Kinder- und Jugendliteratur, ihrer Theorie und Vermittlung Epoche machenden Buches sind bis in die unmittelbare Gegenwart in der Diskussion geblieben, haben Zustimmung und Ablehnung erfahren, sind jedoch nie vergessen worden. Dies gilt ganz besonders für Wolgasts immer wieder zitiertes Diktum: »Die Jugendschrift in dichterischer Form muss ein Kunstwerk sein!« In diesem Postulat spiegelt sich nicht nur sein Bemühen um die ästhetische Gleichrangigkeit von Kinder- und Erwachsenenliteratur, sondern auch die Kritik, die er der damals vorfindbaren

Illustration von Julius Diez zu »Dornröschen« in einer Ausgabe der Künstler-Bilderbücher des Verlages Scholz Mainz von 1904, die bis in die Dreißigerjahre im Handel war.

Jugendliteratur entgegenhielt: Wolgast sprach ihr jeden ästhetischen Wert ab. Zudem monierte er, dass es sich bei der zeitgenössischen Kinder- und Jugendliteratur durchweg um patriotische oder religiöse Tendenzschriften handle, was nach seiner Auffassung den postulierten Kunstcharakter von Literatur gefährde. Offensichtlich hielt Wolgast so wenig von der zeitgenössischen Kinderliteratur, dass er geeignete Texte aus der »Hochliteratur« als Lektüre für Heranwachsende empfahl, wie etwa Storms *Pole Poppenspäler.* So erklärt es sich auch, wenn er den – auf den ersten Blick paradoxen – Satz Theodor Storms als Motto seines Buches wählt: »Wenn du für die Jugend schreiben willst, darfst du nicht für die Jugend schreiben.« Gleichwohl hat Wolgast als der wohl wirkungsmächtigste Vertreter der gesamten Jugendschriftenbewegung letztlich einen Beitrag zur Fortexistenz der Kinder- und Jugendliteratur geleistet. Da sich das im Blick auf das vorher Gesagte widersprüchlich anhören mag, soll in diesem Zusammenhang eine Äußerung der Jugendschriftstellerin Agnes Sapper aufgegriffen werden, die in ihrer autobiografischen Schrift *Ein Gruß an die Freunde meiner Bücher* (1922) auf Wolgast eingeht. »Das erste Lesen«, so beschrieb sie ihre Reaktion auf sein Buch, »wirkte geradezu erschütternd auf mich und auf die neuen Pläne, die mir im Sinn lagen.« Trotzdem schätzte sie es positiv ein, nämlich als »eine Schrift, die geeignet ist, den Jugendschriftstellern das Gewissen zu schärfen«.

Wenigstens bei einem Teil der mit der Kinder- und Jugendliteratur befassten Zeitgenossen – Autoren, Verlegern, Rezensenten, Lehrern, Bibliothekaren, Eltern – vermochten die Vertreter der Jugendschriftenbewegung so etwas wie ein kritisches Bewusstsein zu schärfen. Zwar konnten sie noch lange nicht die reaktionären und literarästhetisch anspruchslosen Tendenzen der wilhelminischen Kinder- und Jugendliteraturproduktion eindämmen, doch war es *nach* Wolgast für Autoren und Verleger, denen es nicht bloß aufs Geschäft ankam, nicht mehr so leicht, lediglich »Gutgemeintes« oder auch nur »Gutverkäufliches« zu veröffentlichen. Auch sensibilisierte Wolgast den Blick für die Bedeutung der Lektüre in Zusammenhang mit der allgemeinen Entwicklung und der ästhetischen Bildung von Heranwachsenden, was dazu führte, dass sich immer mehr Autoren, die bis dato ausschließlich für Erwachsene geschrieben hatten, einem kinderliterarischen Publikum zuwandten. Vor allem

Jugendstilbild von Franz
Wacik zu Clemens
Brentano »Gockel,
Hinkel und Gackeleia«
aus der anspruchsvoll
ausgestatteten Aus-
gabe von »Gerlach's
Jugendbücherei« Wien.

im Bereich der Kinderlyrik wird diese Entwicklung deutlich und lässt sich beispielsweise an Namen wie Richard Dehmel, Christian Morgenstern und an
Joachim Ringelnatz festmachen. Von Dehmel stammt die Sammlung *Fitzebutze* (1900, zusammen mit seiner Frau Paula), von Morgenstern *Liebe Sonne,
liebe Erde* (geschrieben 1906, veröffentlicht 1921) und von Ringelnatz u. a.
Für kleine Wesen (1910). Sosehr als gemeinsame Linie die Distanz zu den
vielen süßlichen und pseudokindlichen Versgebilden des 19. Jahrhunderts
auffällt, so sehr unterscheiden sich die drei Autoren doch wieder im Einzelnen: Richard und Paula Dehmel sind in ihrer Lyrik bewusst unkonventionell, ja
antiautoritär, wenn sie Kinder als unangepasste Wesen begreifen und anneh-
men. Morgensterns Gedichte hinterlassen oftmals einen eher besinnlichen,
humorvollen, aber gleichwohl nachdenklich stimmenden Eindruck, während
sich in den Kindergedichten von Ringelnatz trotz ihres vordergründigen Witzes
bereits etwas von jener wehmütigen Clownerie abzeichnet, die für seine späteren Grotesken so kennzeichnend ist:

Der kleine Sünder

Gestern lief der Peter weg,
spinnefix verstohlen.
Setzt sich Mutter den Bänderhut auf:
wart, ich will dich holen!
Sausepeter,
Flausepeter,
kleiner Sünder, wo *bist* du?

Hahnematz steht auf der Wiese,
»kiek ins Grüne!« kräht er;
sag mir, bunter Kickeriki,
wo ist unser Peter?
Bummelpeter,
Schummelpeter,
kleiner Sünder, wo *bist* du?

Wie sie sich im Garten umkuckt,
ist er nicht zu sehen;
bleibt sie neben dem Spargelbett
unterm Pflaumbaum stehen.
Aber Peter,
nirgends steht er;
kleiner Sünder, wo *bist* du?

Hört sie etwas lachen, horch,
oben aus dem Baume,
sitzt der Peter seelenvergnügt,
pflückt sich eine Pflaume.
Wirft ein Steinchen,
schwenkt die Beinchen,
wupptich –: Mutter, da *bin* ich!
(Richard und Paula Dehmel)

Übergewicht

Es stand nach einem Schiffsuntergange
Eine Briefwaage auf dem Meeresgrund.
Ein Walfisch betrachtete sie bange,
Beroch sie dann lange,
Hielt sie für ungesund,
Ließ alle Achtung und Luft aus dem Leibe,
Senkte sich auf die Wiegescheibe
Und sah – nach unten schielend – verwundert:
Die Waage zeigte über Hundert.
(Joachim Ringelnatz)

Neue Akzente setzten die Überlegungen der Jugendschriftenbewegung um Wolgast auch insofern, als sie geradezu eine neue Gattung der Kinderliteratur hervorbrachten. Gemeint ist die »Umweltgeschichte« – heute würde man wohl von der »realistischen Kindergeschichte« sprechen. Diese mehr oder weniger umfangreichen Texte realistischer Art stellen Verhältnisse und Erlebnisse aus der unmittelbaren Lebenswirklichkeit dar. Dabei ist es kein Zufall, dass sich unter den Autoren der frühen Umweltgeschichten zum einen besonders viele Pädagogen finden und zum andern Themen aus der Welt der Großstadt dominieren. Diese Texte wurden auch in pädagogischer Absicht geschrieben, nämlich um Texte für eine großstadtbezogene Heimatkunde bereitzustellen. Zu nennen sind hier etwa Ilse Frappan mit ihrem Buch *Hamburger Bilder für Hamburger Kinder* (1899), Heinrich Scharrelmann mit der vierbändigen Folge *Aus Heimat und Kindheit und glücklicher Zeit* (1903–1925) und seiner Berni-Reihe (ab 1908) sowie Richard Hennings mit *Klein Heini* (1912). Diese und andere Texte aus dem Genre »Umweltgeschichte« sind durchweg einfach und ganz im Sinne von Fritz Gansbergs Überlegungen zum »Anschauungsunterricht« erzählt. Sie meiden falsche Dramatisierungen ebenso wie überzogene Sentimentalität, wenn auch nicht jeder Text frei ist von einer gewissermaßen »schulmeisterlichen« Diktion. Viel gelesen wurden ferner die Bücher von Agnes Sapper (1852–1929).

Illustration von Eduard Stella zu Alexander Redlich »Friedrich der Streitbare« um 1910.

Die Autorin stammt aus München und lebte seit 1898 in Würzburg. Neben zwei populär gehaltenen Büchern über Erziehungsfragen veröffentlichte sie zahlreiche Kinder- und Jugendbücher, zunächst Geschichten für Mädchen und so genannte »Backfischbücher«. Ihr größter Erfolg jedoch war *Die Familie Pfäffling* (1907), die eine enorme Auflagenhöhe erreichte. Darin schildert sie einige Monate aus dem Leben einer kinderreichen Familie in Marstadt, einer fiktiven Stadt in Süddeutschland, die das kleinbürgerliche Leben in Würzburg spiegelt. Als Musiklehrer kann der Vater die seinen einigermaßen durchbringen, gleichwohl ist die Familie froh eine günstige Wohnung im

»Großstadtstraße« von Paul Helms aus »Berni. Ein kleiner Junge« von Heinrich Scharrelmann 1912.

Haus eines Schreiners gefunden zu haben. Doch eines der Kinder, Wilhelm, wird in eine Schneeballschlacht verwickelt und richtet dadurch Unheil an. Der Ausschnitt lässt den für seine Zeit wirklichkeitsnahen Grundzug der Geschichte erahnen:

> Das ging so zu: Beim Heimweg von der Schule an einer Straßenecke, wo einige Lateinschüler mit Realschülern zusammentrafen, gab es ein hitziges Schneeballgefecht. Wilhelm Pfäffling war auch dabei. Einer der Realschüler hatte ihn und seine Kameraden schon mehrfach getroffen, indem er sich hinter der Straßenecke verbarg, dann rasch hervortrat, seinen Wurf tat und wieder hinter dem Eckhaus verschwand, ehe die andern ihm heimgeben konnten. Nun aber wollten sie ihn aufs

Korn nehmen. Es waren ihm einige tüchtige Schneeballen zu-
gedacht, wurfbereit warteten sie gespannt, bis er sich wieder
blicken ließe. Jetzt wurde eine Gestalt sichtbar, die Ballen
sausten auf sie zu. Aber es war nicht der Realschüler gewesen,
sondern ein gesetzter Herr. Zwei Schneeballen flogen dicht an
seinem Kopf vorüber, zwei trafen ihn ganz gleichmäßig auf die
rechte und linke Achsel. Und das war nicht der richtige Platz
für den Schnee!

Herr Sekretär Floßmann, der so ahnungslos um die Ecke gebo-
gen war und so schlecht empfangen wurde, stand still, warf
böse Blicke und kräftige Worte nach den Jungen. Daß sie ihn
getroffen hatten, war ja nur aus Ungeschick geschehen, daß
nun aber einige laut darüber lachten und dicht an ihm vorbei
weiterwarfen, das war Frechheit.

Zu den Ungeschickten hatte auch Wilhelm gehört, zu den Fre-
chen nicht. Nach Pfäfflingscher Art ging er zu dem Herrn, ent-
schuldigte sich und erklärte das Versehen, half auch noch die
Spuren des Schnees abschütteln. Der Herr schien die Entschuldigung gelten zu lassen, und Wilhelm ging nun seines
Weges nach Hause. Er sah nicht mehr, daß Herr Sekretär
Floßmann, als er ein paar Häuser weit gegangen war, einem
Schutzmann begegnete, sich bei ihm beschwerte und verlang-
te, er solle die Burschen aufschreiben und bei der Polizei an-
zeigen.

Ein Jahr später veröffentlichte Josephine Siebe die erste ihrer beim
Publikum so erfolgreichen *Oberheudorfer Buben- und Mädelgeschichten*
(1908), die ganz in der Tradition der Dorfgeschichte stehen. Die meisten ihrer
Bücher spielen in einem ländlichen Milieu, wenngleich ein regionaltypischer
Wiedererkennungswert nicht gegeben ist. Geschildert werden die Geschehnisse in einem idealtypischen Dorf, das auch heute noch Vorstellungen von
einer »heilen Welt« weckt:

Oberheudorf, wo es liegt und wie es darin aussieht

An einem Frühlingstage kamen drei junge Männer auf ihrer
Wanderung durch das deutsche Land nach Oberheudorf, das
zwischen Gebirg und Ebene liegt. Als sie in das Dorf einzogen,
lief ihnen unversehens ein Schweinchen in den Weg. Da rief
der erste, der sich leicht über jeden Quark ärgerte: »Pfui, ist
das ein abscheuliches, schmutziges Dorf! Hier laufen ja die
Schweine auf der Straße herum! Und was für häßliche, baufäl-
lige Häuser das Dorf hat!« Er sah dabei immer nur des Schnipfelbauers alten Ziegenstall an, die andern Häuser würdigte er
keines Blickes. Schnurstracks eilte er von dannen, und in sein
Reisebuch schrieb er: »Oberheudorf ist klein, schmutzig und
häßlich.«

Der zweite, der zu denen gehörte, die alles besser haben wollen, sah, als er durch das Dorf ging, immer in die Luft und rief:
»Wie niedrig die Berge sind! Und wie weit der Wald entfernt
ist! Auf einem der Berge müßte eine Burg stehen. Der Bach
müßte breiter sein und brausend bergab stürzen. Ja, dann
möchte mir das Dorf gefallen!«

Flugs lief auch er von dannen, und in sein Reisebuch schrieb
er: »Es lohnt sich nicht, Oberheudorf anzusehen, es hat keine
schöne Lage.«

Der dritte der jungen Leute aber blieb mitten im Dorf stehen
und schaute sich um. Er sah die blühenden Fliederbüsche in
des Schnipfelbauers Garten und übersah darüber den baufälli-
gen Ziegenstall. Er sah die kleine weiße Kirche, deren spitzes
Türmchen sich scharf von dem lichten Frühlingshimmel ab-
hob. Er sah die roten Ziegeldächer der Bauernhäuser in der
Sonne leuchten und sah, wie liebevoll der große Apfelbaum
seine blütenschweren Zweige über Muhme Lenelies' Häus-
chen breitete. Wohl waren die Berge nicht allzu hoch, aber
schöner, dichter Tannen- und Laubwald bedeckte sie, auf des-

sen Boden weiche Moosteppiche lagen und zarte, helle Blumen blühten. Wohl war das Bächlein schmal, aber es plätscherte und brauste vergnügt durch das grüne Wiesental und sah aus wie ein aus Silberfäden gesponnenes Gürtelband.

Umschlagbild zu einem Buch von Josephine Siebe in der Ausgabe von 1910.

Siebe hat viele Bücher in dieser Art geschrieben, die bis heute aufgelegt werden. Wenn man versucht Gemeinsamkeiten für ihr literarisches Schaffen zu finden, wird man als den wohl wichtigsten gemeinsamen Nenner die Betonung der intakten Familie und des harmonischen Familienlebens hervorheben. Am bekanntesten wurde sie mit ihren Kasperle-Geschichten (ab 1921), die eine Gesamtauflage von über zweihunderttausend Exemplaren erreichten. Es ist das alte Motiv der lebendig gewordenen, sprechenden Puppe. Querverbindungen zu Franz von Poccis Kasperle-Stücken und zu Collodis *Pinocchio* sind gegeben, wenn die Autorin auch keineswegs dessen literarische

*»Am Fahrkartenschalter«. Illustration von M. Altheimer aus einem »Eisen-
bahn-Bilderbuch« 1906.*

Qualität erreicht. Wieder deutlicher dürfte der Zug ins Realistische werden,
wenn man an einen Jugendroman erinnert, dessen Autor Wolgasts Kritik an
der Kinder- und Jugendliteratur des ausgehenden 19. Jahrhunderts ganz offensichtlich für seine eigene literarische Arbeit verarbeitet hat: Wilhelm Scharrelmann (1875–1950). Der jüngere Bruder von Heinrich Scharrelmann war neben seiner Tätigkeit als Autor vor allem als Verfasser von Büchern zur Schulre-
form im Zusammenhang mit der Kunsterziehungsbewegung tätig. Wie sein
Bruder war er Volksschullehrer und unterrichtete geistig behinderte Kinder,
um »Demut zu lernen und jugendliche Selbstüberschätzung zu überwinden«.
Seine reformpädagogischen Ansichten haben ihn dabei immer wieder in Kon-
flikt mit den Schulbehörden gebracht, sodass er sich vorzeitig pensionieren
ließ und bis zu seinem Tod im Jahre 1950 als Schriftsteller in Worpswede lebte. In Scharrelmanns Büchern lässt sich durchweg ein starker Regionalbezug
ausmachen, der vor allem in dem Roman *Das Fährhaus* (1928) oder der Er-

»Weihnachtsmarkt« von Gertrud Caspari in dem Bilderbuch »Herbst und Winter«.

zählsammlung *Katen im Teufelsmoor* (1937) offenkundig wird; aber auch der frühe Kinderroman *Piddl Hundertmark* (1912) weist einen starken Bezug zur norddeutschen Heimat auf, hier zu Bremen, der Stadt, in der Scharrelmann geboren wurde und aufwuchs. In diesem Buch begegnet der Leser dem Jungen Piddl Hundertmark. Zu Beginn des Textes ist Piddl neun Jahre alt; am Ende der Geschichte hat er seine Schulpflicht erfüllt und beginnt auf einer Werft zu arbeiten. Zur Sprache kommen Themen wie soziale Verelendung durch den Verlust des Arbeitsplatzes, der Kontrast zwischen Arm und Reich, Fragen der Bildung, das Großstadtleben sowie Liebe und Freundschaft zwischen Kindern. Das Herausragende des Textes liegt in der präzisen Zeichnung zweier sozialer Welten: die Welt der Arbeiterschaft und die des gehobenen Bürgertums. Dabei macht die wirklichkeitsnahe Erzählweise Scharrelmanns die Unterschiede zwischen diesen beiden gesellschaftlichen Schichten unmittelbar anschaulich, ohne in ein anklägerisches Pathos oder in Sozialromantik zu verfallen. Zwar schildert der Autor die Umstände, wie sie sind, doch gilt sein ganzes Interesse dem kindlichen Protagonisten und seiner Lebenswelt. Bereits zu Beginn des Textes wird dies deutlich:

> Piddl Hundertmark hieß er. Gewiß, sein Vorname paßte genau, aber die hundert Mark in seinem Namen waren der reinste Hohn. Es wäre ihm nicht ein roter Heller aus den Taschen gefallen, wenn man ihn auf den Kopf gestellt und ausgeschüttelt hätte wie ein leeres Portemonnaie. Dabei sah er aus, als wenn ihn der liebe Herrgott in einer langweiligen Stunde aus einem alten Stück Holz geschnitzt hätte, um auch einmal ein Vergnügen und etwas zum Lachen zu haben. Der dicke Kopf mit den kleinen Augen und den großen Ohren, den borstigen Haaren und abgezehrten Wangen war das Auffälligste an ihm. Die kleinen Beine steckten in ganz unmöglichen Hosen. Man wußte nie, was man mehr anstaunen sollte, Piddl oder seine Hosen. Sie waren tütenförmig und oben von einer so unnatürlichen Weite, daß man fürchten mußte, der kleine Knirps werde rettungslos in dem gewaltigen Hosenboden versinken. Seine Mutter hatte sie abends nach der Arbeit beim Schein der trüben, kleinen Petroleumlampe zusammengenäht, und es war mehr guter Wille als Geschicklichkeit an ihnen zu erkennen. Aber

Piddl war stolz auf sie, und er tat nichts lieber, als die Hände in
die Taschen zu vergraben und mit unbewegter Gelassenheit
den Spielen der Kinder auf der Straße zuzusehen. Kein Spott-
wort rührte ihn so leicht, und nur, wenn es gar zu arg wurde,
drehte er sich um und ging ohne ein Wort, mit langsamen, ab-
gemessenen Schritten ins Haus. Und wenn er dann wohl auch
heimlich die Zähne zusammenbiß und sich die kleinen Augen
mit Tränen füllten, so sah ihn doch niemand jemals weinen, sooft ihn auch die Kameraden an den Haaren zupften oder mit
dem Ellbogen in die Seite stießen. Er ging dann in den dunklen, kahlen Kellerflur, der öde und schmutzig war und an dem
das Zimmer seiner Mutter lag. An solchen Tagen kam er meistens erst des Abends wieder zum Vorschein, wenn die Gasse
still geworden war. Dann schlich er an den Häusern entlang bis
zur nächsten Straßenecke und stand unbeweglich unter der
Gaslaterne, die dort brannte, und wartete auf seine Mutter, die
tagsüber bei feinen Leuten die Wäsche besorgte und zuweilen
erst spät des Abends heimkehrte. Er stand dann da, unbeweglich wie ein kleiner Gnom, der sich in die Stadt verirrt hat und
nun mit großen, verwunderten Augen die Häuser und die Vorübergehenden mustert.

Die Textprobe lässt erkennen, dass Scharrelmann nicht zuletzt die
psychischen Konsequenzen der Armut darzustellen vermag. Bereits hier deutet sich an, dass Piddl in eine Welt gerät, der er zunächst hilflos und verloren,
ja ausgeliefert gegenübersteht. Ganz offensichtlich hat der Pädagoge Scharrelmann bei der Gestaltung dieser wie auch anderer Passagen des Buches
auf persönliche Erfahrungen im Umgang mit Heranwachsenden zurückgegrif-
fen. Um zu ermessen, wie innovativ dieses Buch tatsächlich war, muss man
sich Folgendes vergegenwärtigen: Das Thema der sozialen Verelendung
durch den Verlust des Arbeitsplatzes ist keineswegs erst in den frühen Dreißigerjahren von der Jugendliteratur aufgegriffen worden, etwa mit Alex Weddings *Ede und Unku* (1931); die Welt der Großstadt wurde bereits vor Wolf Du-

rians *Kai aus der Kiste* (1927) und Erich Kästners *Emil und die Detektive* (1928) als handlungsbestimmender Raum von Jugendbüchern dargestellt. Liebe zwischen Kindern gibt es auch nicht erst seit Peter Härtlings *Ben liebt Anna* (1979) und das jugendliterarische Tabu, das auf der Darstellung des Geburtsvorgangs oder der Existenz unehelicher Kinder lag, wurde bereits von Scharrelmann gebrochen.

Will man die Entwicklung der Kinderliteratur im Zuge der Jugendschriftenbewegung weiter erhellen, so ist zumindest für die ersten zwei Jahrzehnte nach 1900 darauf hinzuweisen, dass auch die traditionellen Genres einen Innovationsschub erfahren haben. Neben dem schon erwähnten Kindergedicht gilt das darüber hinaus mindestens noch für das Märchen sowie für die *Robinsonade*, was hier aber nur angedeutet werden kann. Großen Erfolg hatte etwa Waldemar Bonsels mit seiner märchenhaften Naturdichtung *Die Biene Maja und ihre Abenteuer* (1912), Geschichten, die auch heute noch – nicht zuletzt durch ihre vielfache Medienpräsenz – in vielen Ländern ihr Publikum finden. Ob die Gratwanderung zwischen Kitsch und Kunst immer gelungen ist, mag der Leser entscheiden:

> Wieviel Geheimnisvolles und wie viele Wunder das Waldesdunkel birgt, ahnt wohl niemand, der rasch und gedankenlos auf den gebahnten Wegen dahingeht. Dazu muß man die Zweige der Büsche auseinandergebogen haben oder seine Blicke zwischen den Brombeerranken hindurch in die hohen Gräser und über das dichte Moos schweifen lassen. Unter schattigen Blättern der Pflanzen, in Erdlöchern und Baumhöhlen, zwischen den morschen Rinden verwitterter Holzstümpfe und im krausen Schlingwerk der Wurzeln, die sich wie Schlangenleiber über den Erdboden dahinwinden, ist Tag und Nacht ein reges und vielgestaltiges Leben, voller Freuden und Gefahren, voller Kampf und Leid und Vergnügen.
>
> Die kleine Maja ahnte von alledem nur wenig, als sie zwischen den braunen Stämmen und dem grünen Blätterdach dahinflog. Sie erkannte unter sich im Gras eine schmale Spur, die als ein

deutlicher Weg durch Dickicht und Lichtungen führte. Zuweilen schien es ihr, als verschwände die Sonne hinter Wolken, so tief wurden die Schatten unter den hohen Kronen und im dichten Buschwerk; dann wieder flog sie in lauter goldgrünem Glänzen dahin, unter sich die breitblätterigen kleinen Wälder der Waldfarne und blühende Brombeerranken.

Endlich öffnete der Wald seine überdachten Säulentore, und vor Majas Blicken lag ein weites Kornfeld in der goldenen Sonne. In den Ähren leuchteten Kornblumen und Mohn. Die kleine Biene ließ sich in den Zweigen einer Birke nieder, die am Rand des Feldes stand, und betrachtete entzückt das goldene Meer, das sich im Frieden des stillen Tags vor ihr ausbreitete. Es schien ihr unabsehbar weit, und es gingen sanfte Wogen darüber hin; das tat der schüchterne Sommerwind, der so liebreich wehte, um nirgends die Ruhe der schönen Welt zu stören.

Steinzeichnung von Fritz Franke zu Waldemar Bonsels »Die Biene Maja« 1920.

Zu ihrer Zeit sehr bekannt wurde auch die Höhlenkinder-Trilogie von A. Th. Sonnleitner (d. i. Alois Tluchor). Tluchor wurde 1869 als Sohn einer armen Bauernfamilie in Daschitz in Böhmen geboren und war dort nach seinem Studium in Wien als Lehrer und Schuldirektor tätig. Von seinen Veröffentlichungen, die auch Beiträge zur Pädagogik, Lyrik und Märchen umfassten, ist neben seinen Koja-Bänden vor allem die Höhlenkinder-Trilogie bis heute lebendig geblieben. Alle seine Bücher werden von der Vorstellung einer göttlichen Ordnung der Welt bestimmt, der sich der Mensch einzufügen hat. Der Auszug aus dem Buch *Im Pfahlbau* (1919) führt in die Zeit nach dem Dreißigjährigen Krieg. Die Kinder Peter und Eva werden von ihrer Pflegemutter auf der Flucht vor einem Hexenprozess in ein abgelegenes Hochgebirgstal in den Dolomiten gebracht. Eine Naturkatastrophe schneidet das Tal von der Außenwelt ab; die Pflegemutter kommt dabei ums Leben. Allein auf sich gestellt, müssen die Kinder, wie Robinson auf seiner Insel, alles, was sie zum Leben brauchen, selbst schaffen. Die folgende Stelle zeigt den Versuch der Kinder einen Pfahlbau zu errichten:

Es war noch früh am Morgen, und Peter drängte zum Beginn des Pfahlbaues, mit dem er noch am selben Tag fertig zu werden meinte. Als er aber von der Triftleiten auf die Fläche des Moorsees niedersah und mit Eva nach geeigneten Bäumen suchte, bot sich in der Entfernung der Birken vom Ufer schon eine Schwierigkeit, die Zeitverlust bedeutete. In der Richtung des Moorbaches, eine Pfeilschußweite vom riedgrasbewachsenen Rand des schwingenden Bodens, der die Uferböschung säumte, standen vier und weiter oben fünf Birken im freien Wasser nahe genug beisammen. Peter entschied, daß die fünf Bäume Evas Hütte mit der Feuerstelle tragen sollten; die vier anderen, welche so nahe beisammenstanden, daß zwischen ihnen gerade für ein Lager reichlich Platz war, sprach er sich zu. Als er daran ging, seinen Fahrbaum über den schwankenden Moorboden hinweg ins offene Wasser des Moorsees zu schleifen, brach er nach wenigen Schritten bis zu den Knien durch die schwimmende Torfschicht ein und mußte sich auf den Fahrbaum retten. Er sah sich genötigt, erst

durch Auflegen von quergeschichteten Traghölzern und Jung-
stämmen den Sumpfboden zu überbrücken. Mit Evas Hilfe
schleppte er den Fahrbaum über den schwingenden Moorsteg ins
klare Wasser. Da er aber nicht nur selbst zu den Pfahlbäumen
hinübergelangen, sondern alles zum Baue Nötige hinschaffen
mußte, entschloß er sich, durch beiderseitiges Anbringen von
Stämmen den Fahrbaum zu einer Art fahrbaren Steges, zu einem
Floß zu verbreitern. Mit starken Waldrebenranken verband er einige Bäume und belud sie mit Bauholz und Bindzeug. Die Ab-
stoßstangen erwiesen sich bei der Tiefe des Wassers als zu kurz.
Da versuchte Peter in liegender Stellung das Fahrzeug mit den
Händen zu rudern. Es rührte sich kaum von der Stelle, aber es bewegte sich doch. Um die wenig ausgiebige Hand durch etwas
Breiteres zu ersetzen, holte er ein Schulterblatt des im Vorjahr ge-
fundenen Hirsches, das schon in der Höhlenzeit ihm als Schnee-
schaufel gedient hatte, aus seinem Zelt.

*Der Maler Fritz
Jaeger illustrierte
seit 1920 die
Höhlenkinder-
Bände von
A. Th. Sonnleitner.
© 1959, 1976,
1991 Franckh-
Kosmos Verlags
GmbH & Co.,
Stuttgart*

Betrachtet man den Zeitraum vom Ende des Kaiserreichs bis zum Ende der Weimarer Republik, also die Zeit zwischen 1918–1933, so zeigt sich, dass beide Ereignisse tiefe Einschnitte in die neuere deutsche Geschichte setzten, die sich nicht zuletzt im Bereich der Künste bemerkbar machten. Selbstverständlich wurde auch die Kinder- und Jugendliteratur von diesen epochalen Wandlungen erfasst, wenngleich nicht sofort und nicht in ihrem ganzen Umfang; das Beharrungsvermögen eines eingefahrenen Literaturbetriebs darf wohl nicht unterschätzt werden. Dazu kam, dass das Ende des Kaiserreichs keineswegs nur Zustimmung ausgelöst hatte. Auch hatte die kritische wie herausgeberische Arbeit Wolgasts und der anderen Vertreter der Jugendschriftenbewegung keineswegs ausgereicht die von ihnen mit guten Gründen abgelehnten jugendliterarischen Genres, vor allem das historisch-patriotische Jugendbuch oder gar das Mädchenbuch, zum Verschwinden zu bringen. Beide Genres erfuhren eher einen Aufschwung. Nicht zuletzt die neue Welle nationalistischen Denkens und Empfindens, die der Erste Weltkrieg mit sich gebracht hatte, fand ihren Ausdruck in einer entsprechend ausgerichteten Jugendbuchproduktion. In ihr wurden die Kämpfe an den Fronten, aber auch zur See und in der Luft für junge Leser erzählerisch verarbeitet. Vor allem die Luftkämpfe boten mit ihrer Kombination von Krieg und Technik einen hohen Leseanreiz, so in dem bereits 1915 erschienenen Buch von Walter Heichen *Mit Zeppelin und Flugzeug. Der Krieg in den Lüften 1914–15.* Des Weiteren wurde ein Teil der eigentlich für Erwachsene geschriebenen Kriegserinnerungen auch Jugendlichen empfohlen und von Jugendlichen gelesen, namentlich wenn sie abenteuerliche Momente aufwiesen, wie Paul von Lettow-Vorbecks *Heia Safari (*1920) oder Felix Graf Luckners *Seeteufel* (1921). Romanhafte Verarbeitungen von Kriegerlebnissen wurden von jugendlichen Lesern gleichfalls übernommen. Erfolgsbücher waren etwa *Durchbruch anno achtzehn* (1933) oder *Männer. Ein Buch des Stolzes* (1936) von Erhard Wittek, der uns unter dem Pseudonym Fritz Steuben als viel gelesener Autor von Indianerbüchern wieder begegnen wird.

Auch das Mädchenbuch führte seine Existenz auf Jahrzehnte hinaus kaum angefochten fort. Nach Kriegsbeginn griffen die Autorinnen mit Vorliebe Kriegsmotive auf – wie die Pflege verwundeter Soldaten durch Kriegskranken-

Der idealisierte Krieg: »Die Feuertaufe« von M. Liebenwein in »Patriotisches Bilder-buch« Wien 1914.

schwestern, also freiwillige Helferinnen, oder sonstige Hilfsdienste junger Mädchen im Krieg. Ein paar Titel genügen: *Jüngferchen Feldgrau* (1915) von Luise Glaß, *Majors Einzige im Kriegsjahr* (1915) von Marga Rayle oder *Trotz-kopfs Erlebnisse im Weltkriege* (1916) von Marie von Felseneck. Noch im Krieg begann dann auch der Siegeszug einer neuen Backfischbuchreihe mit Else Urys Nesthäkchen-Bänden (ca. 1918–1925), die thematisch aber noch in die bürgerliche Welt des wilhelminischen Kaiserreiches zurückgreifen (vgl. Kap. 4). Unmittelbar vor und nach dem Ersten Weltkrieg war auch die große Zeit der 1848 in Ludwigsburg geborenen Schriftstellerin Tony Schumacher, deren Bücher bei den Jugendlichen auf eine weit reichende Resonanz stießen und durchweg hohe Auflagen erreichten. In ihrer jugendliterarischen Tätigkeit lässt sich ein ausgesprochen pädagogisierender Zug ausmachen, der nicht nur für die Mädchenerziehung in der Kaiserzeit bezeichnend war. Aufschluss-reich ist in dieser Hinsicht ein Auszug aus *Mütterchens Hilfstruppen* (1909):

Als die Mutter am andern Morgen in die Wohnstube trat – sie
war gewöhnlich die erste im Hause – da lag schon das Tuch auf
dem Frühstückstisch. Erstaunt blickte sie um sich und sah
Karl, welcher auf dem Boden vor dem Buffet kniete und Ausle-
se unter den Tassen hielt.

»Was tust du denn hier?«

»O Mütterchen, kannst du mich denn sehen?« rief er fast erschrocken. »Ich hab's ja gesagt, ich wolle in Zukunft den
Frühstückstisch richten, aber nun kenne ich doch nicht so
recht die Tassen auseinander, und das dumme Tuch bringe ich
auch nicht gerade hin. Allemal ist wieder ein Zipfel länger als
der andere.«

»Ich will dir's zeigen«, sagte die Mutter, hocherfreut über den
Eifer ihres Sohnes. »Siehst du, ein jedes Tuch, das gedeckt
wird, hat in der Mitte einen Bug, der vom Bügeln herrührt. Den
legst du genau der Länge nach auf den Tisch, faltest dann das
Tuch nach beiden Seiten hin auseinander und ziehst dann
oben und unten, bis es gleich wird. Die Serviette legst du schön
in die Mitte übers Kreuz – siehst du, so! – und stellst dann darauf dies kleine Brettchen mit Zuckerdose und Rahmkanne.
Die erstere muß aber jeden Tag aufgefüllt werden, denn es
sieht schlecht aus, wenn wenig Stücke darin sind. – Dann kommen die Tassen. Du weißt ja, daß ein jedes seine eigene besitzt
und sein Löffelchen, das auf die Untertasse gelegt wird. Den
Zwillingen vergiß nicht, ihre Wachstuchdeckchen zu geben,
denn sie schütten noch gern um.«

»Darf ich nun um Geld bitten, damit ich zum Bäcker gehen
kann?« fragte Karl und nahm etwas zögernd das Körbchen in
die Hand, das zu diesem Zwecke gebraucht wurde. Eigentlich
war es ihm peinlich, den Korb zu tragen, aber er hoffte darauf,
keinem seiner Freunde zu begegnen. »Also zwölf Semmeln und
ein großes Brot?« fragte er nochmals im Hinausgehen.

»Laß dir noch geschwind etwas sagen, Karl,« rief ihm die Mut-

ter nach, und er kehrte die zwei Schritte wieder um. »Wenn du
zum Bäcker gehst, um einzukaufen, so sieh dir die Ware vorher
recht genau an, ehe du sie auswählst. Nimm kein zu blasses
Gebäck, es ist nicht ganz ausgebacken und deshalb ungesund;
nimm aber auch kein zu dunkles, denn dann ist es verbrannt
und hart, und Muttings und Tantchens Zähne sind leider nicht
mehr so gut wie die euern! Aber gestatte dir ja nie, wie so manche Leute es tun, daß du das Backwerk vorher anrührst oder
gar mit den Händen krachen läßt. Das ist eine abscheuliche
Unsitte, und es ist ekelhaft zu denken, mit was für Händen die
Semmel etwa schon in Berührung gekommen ist.«

*Zeichnung aus
T. Schumacher
»Mütterchens Hilfs-
truppen« um 1900.*

Es lohnt kaum,
den weiteren Weg der
Mädchenbücher nachzu-
zeichnen; er bewegte sich
durch längst bekanntes
Gelände. Veränderungen
betrafen lediglich Äußerlichkeiten wie das Milieu. Es macht jedoch keinen großen Unterschied, wenn die Mädchenbuchväter statt Gutsbesitzer jetzt Fabrik-
direktoren, Großkaufleute oder Modeärzte sind, wenn der Zukünftige nicht
mehr hoch zu Ross, sondern im offenen Sportwagen herbeikommt, und es

hat sich auch nicht viel geändert, wenn die Protagonistin jetzt, statt dem Aus-
erwählten aus dem Elternhaus gleich in die Ehe zu folgen, zuvor eine Weile einen Beruf ausübt, natürlich mit einem hohen Sozialprestige. Das sind lediglich andere Kulissen, vor denen immer wieder dasselbe Spiel aufgeführt wird,
nämlich das vom schönen Mädchen, das den Märchenprinzen bekommt. Tief
gehende Veränderungen des Mädchenbuchs, die im Grunde ein neues Genre
herbeiführten, setzten erst wesentlich später ein, etwa drei Jahrzehnte nach
dem Zweiten Weltkrieg, also in den Siebziger- und Achtzigerjahren.

Nach der Blütezeit im letzten Drittel des 19. Jahrhunderts erlebte das
Abenteuerbuch unmittelbar vor und vor allem nach dem Ersten Weltkrieg eine
Stagnation. Das scharfe Verdammungsurteil Heinrich Wolgasts mochte hier
wirksam werden, dem sich die Prüfungsausschüsse der Lehrerverbände eifrig
angeschlossen hatten. Es wurde geradezu Mode, alle Abenteuergeschichten
unter die Begriffe »Schmutz und Schund« oder »trivial« einzuordnen, und sogar
Jugendbuchautoren, die selbst nur mittelmäßige Abenteuerbücher schrieben,
wetterten gegen ihre Kollegen. Die meisten Autoren, allen voran Karl May und
Sophie Wörishöffer, hielten sich auf dem Markt, Letztere teilweise in bearbeiteten Ausgaben. Dass vor allem Karl May in den Jahren zwischen den beiden
Weltkriegen eine Art Renaissance erlebte, war nicht zuletzt das Verdienst des
Karl-May-Verlages in Radebeul und seines geschickten Verlegers (und Bear-
beiters der Originalausgaben) Euchar Schmidt. Zu den bereits erwähnten Autoren gesellte sich nach der Jahrhundertwende der ehemalige Schauspieler
Franz Treller, der mit Büchern wie *Der Enkel der Könige oder Unter dem Rö-
merhelm* beachtliche Erfolge erzielte und sich mit bearbeiteten Neuauflagen
sogar bis in die Fünfzigerjahre hineinrettete. Manche Epigonen wie Richard
Blasius oder Franz Sättler segelten ganz im Fahrwasser ihres Vorbildes Karl
May. Gelegentlich gelangen dabei dem einen oder anderen Achtungserfolge
wie Wilhelm Matthiessen mit seinem *Herrn der 100 Augen* oder den Nem-
si-Bey-Bänden. Nach dem Ersten Weltkrieg öffnete sich der Markt und auslän-
dische Autoren boten manche Anregungen. Jetzt erst lebten in Deutschland
Klassiker wie Mark Twain mit seinem *Tom Sawyer* oder dem *Huckleberry Finn*
und Robert Louis Stevenson mit der *Schatzinsel* auf, Letztere verdankte ihren

Erfolg wohl nicht zuletzt der unvergessenen Verfilmung in den Dreißigerjahren. Frischen Wind brachten einige realistische Abenteuererzählungen wie die Eskimo-Bücher von Vilhjalmur Stefansson, Robert Keartons *Tier im Feuerberg,* die abenteuerlichen Tiergeschichten von Jack London oder Ernest Thompson Seton sowie *Arizona Charleys Junge* von dem schwedischen Tierfilmer Bengt Berg. Neue Impulse erhielt das Indianerbuch. Hier hatten sich die Klassiker des 19. Jahrhunderts gehalten. 1927 veröffentlichte der Schriftsteller Friedrich von Gagern sein *Grenzerbuch,* das weniger für die Jugend als vielmehr für die abenteuerbegeisterten Väter gedacht und entsprechend anspruchsvoll gestaltet war. Es diente vom Inhalt und nicht zuletzt auch von der Ausstattung her dem Redakteur Erhard Wittek zum Vorbild, als dieser für das von ihm redigierte Jahrbuch *Durch die weite Welt* unter dem Pseudonym Fritz Steuben (nach dem preußischen General und Kampfgefährten Washingtons Friedrich Steuben) als Titelgeschichte die Indianererzählung *Der fliegende Pfeil* schrieb. Sie erschien 1930 erstmals in Buchform und zog eine Reihe von Folgebänden nach sich. In ihrer geschickten Mischung aus Abenteuer und Geschichte, die auch durch die hervorragende Ausstattung mit aufgelockerten Szenenbildern des bekannten Malers Anton Hoffmann-München und ethnologischen und historischen Sachdarstellungen noch unterstützt wurden, fanden sie rasch eine breite Lesergemeinde. Im Mittelpunkt standen der Indianerhäuptling Tecumseh und seine Schicksale. Die Steuben heute vorgeworfene Betonung eines Führerkults (die in seinen als Erhard Wittek geschriebenen Kriegsbüchern noch viel deutlicher zum Ausdruck kommt), lässt sich dabei vor allem in den letzten nach 1938 erschienenen Erzählungen nachweisen. Hier ein Beispiel aus Steubens Tecumseh-Geschichten:

> Morgen für Morgen zogen nun die Jäger hinaus, und Abend für Abend brachten die Packpferde ungeheure Mengen von Fleisch und Fellen in das Lager zurück. So aufregend die Jagd selbst war, so anstrengend und mühsam war die Verarbeitung der Beute.
>
> In der Zeit der Herbstjagden waren die Lager- und Jagdgesetze besonders streng; sehr hohe Strafen erwarteten den, der ohne

Erlaubnis des Stammes auf eigene Faust auf die Jagd ging, er hätte ja die Herden vertreiben können.

Sobald die ausgesandten Späher Büffel meldeten, war es die erste Sorge, »unter den Wind« zu kommen; wenn dann die Herde gesichtet wurde, so kam es ganz auf das Gelände an, wie die Jäger vorgingen. War die Herde sehr groß, so versuchten sie durch wildes Geschrei, tollkühnes Hineinreiten in die Herden, durch Schwenken von Lanzen und Häuten, einen Teil davon abzusprengen, was diesen erfahrenen Jägern stets ohne besondere Schwierigkeiten gelang. Kleinere Herden, die sich beim Anblick der Jäger stets sofort eng zusammenschlossen, griffen die Indianer meistens nur mit einem Teil ihrer Mannschaft an, jagten sie über die Prärie, dann brachen von der Seite oder von vorne andere Jäger auf die Herde ein, von der dann ein Teil zu fliehen pflegte, während ein anderer sich gegen die Jäger kehrte, ein dritter wohl gar unbekümmert um die Gefahr weiter über die Ebene stürmte. Ganz besonders beliebt war das Hineintreiben kleinerer Herden in Seitenschluchten oder enge Täler, in denen sie dann mühelos erlegt werden konnten.

Die Shawanos bewaffneten sich für diese Jagden mit Lanzen und mit Pfeil und Bogen. Büchsen gab es zu jener Zeit unter den Indianern noch so gut wie gar nicht, und wo ein Krieger wirklich im Besitz eines Rifle war, zog er es bei den Büffeljagden meistens vor, den Bogen zu benützen. Diese kleine und unscheinbare Waffe hatte in der Hand der Roten eine furchtbare Gewalt.

Abenteuerbücher dieser Art und die entsprechenden Backfisch-Buchreihen für die Mädchen waren beliebt und wurden weiterhin gelesen, daran änderten auch die eifrigsten Bemühungen Wolgasts und seiner bald in ganz Deutschland etablierten Mannschaften, der Jugendschriftenausschüsse, zumindest anfangs noch verhältnismäßig wenig. Ihr Verdienst war es aber, neue Wege gezeigt und geebnet zu haben, auf denen die Autoren

... von allen Seiten stürmten die Indianer heran ...

Federzeichnung von Anton Hoffmann-München für Fritz Steuben »Der fliegende Pfeil«
1930. © 1930 Franckh-Kosmos Verlags, Stuttgart, 26. Auflage 1996

zwar anfangs noch zögernd, dann aber immer bereitwilliger gingen. Die Eltern
lernten aufzumerken und dem Kinderbuch doch etwas mehr Aufmerksamkeit
zuzuwenden als den Flecken, mit denen die Kinderkleidung ausgebessert
wurde, wie einmal ein Kenner bitter feststellte. Und die Kinder lernten allmählich sich mit neuen Themen auseinander zu setzen.

So wurden zeitlich parallel zu der eben charakterisierten Fortführung
der Abenteuerbücher realistische und kritische Ansätze in der Kinder- und Jugendliteratur weiter entfaltet. Diese Entwicklung, die – wie schon erwähnt –
mit Wilhelm Scharrelmanns Kinderroman *Piddl Hundertmark* zu einem bemerkenswerten Text geführt hatte, setzte sich fort; schließlich waren ihre Anlässe
bestehen geblieben, ja hatten sich unter den Bedingungen von Kriegs- und
Nachkriegszeit eher noch verschärft. Hier können nur einige signifikante Titel
aus dem Zeitraum von 1918 bis 1933 genannt werden:

Lisa Tetzner führte in ihrem frühen, noch stark von märchenhaften Mo-
menten geprägten Buch *Hans Urian oder die Geschichte einer Weltreise*
(1919) ein Panorama des Elends in vielen Ländern der Welt vor. Berta Lask
ließ in ihrem Buch *Auf dem Flügelpferde durch die Zeiten. Bilder vom Klassen-
kampf der Jahrtausende. Erzählung für junge Proletarier* (1925) den Arbeiter-

jungen Karl, der sich in der Fabrik eine Verletzung zugezogen hat und nun krank zu Hause liegt, in einer Reihe von Träumen Stationen aus der Geschichte der Klassenkämpfe nacherleben. Anni Geiger-Gog stellte in *Heini Jermann. Der Lebenstag eines Jungen* (1929) den Untergang eines ohne Liebe und Verständnis behandelten elternlosen Kindes dar; das Buch kam 1933 auf die Liste der von den Nationalsozialisten verbotenen Schriften. Besonders erwähnt werden müssen ferner drei Autoren mit je einem ihrer Werke, weil sie sich mit diesen Titeln über ihre Zeit hinaus eine große Leserschaft erschrieben. So legte Carl Dantz mit *Peter Stoll. Ein Kinderleben* (1925) und *Peter Stoll, der Lehrling, erzählt von Flegel-, Lehr- und Wanderjahren* (1930) eine genaue Milieuschilderung vor, in der er den Lebensweg eines Proletarierjungen zeichnete. In *Kai aus der Kiste* (1927) erzählte Wolf Durian in einer gelungenen Mischung aus modernem Märchen und Bandengeschichte von den Abenteuern des elternlosen Kai, den die Straßenjungen einer Großstadt zu ihrem Anführer gemacht haben. Wilhelm Speyers *Der Kampf der Tertia* (1927) handelt von der Tertia eines Landerziehungsheimes in der Nähe der Kleinstadt Maineweh und stellt gewissermaßen die aristokratische Version zu den beiden vorher genannten Jugenderzählungen dar. Dass diese Bücher im wahren Sinne des Wortes »Straßenfeger« waren, mag hier eine Stelle aus Wolf Durians Erfolgsbuch *Kai aus der Kiste* illustrieren:

> Wie der Wind liefen die Jungen auf und davon. Die Torbogen und Gänge zwischen den Häusern verschluckten sie, sie kletterten über Kistenstapel und Zäune, sie zerrissen sich die Hosen an Stacheldrähten. Sie pfiffen in allen Hinterhöfen und in allen Treppenhäusern das Signal der großen Klapperschlange. Alle Hunde bellten, und alle Erwachsenen schimpften.
> Türen knallten zu. Wie viele Nachtessen wurden kalt an diesem Abend! Die Zeitungsjungen ließen ihre Zeitungen im Stich, die Schusterjungen liefen ihrem Meister davon. Zwei Jungen wurden eingesperrt, da stiegen sie durchs Fenster und rutschten am Blitzableiter hinunter.
> »Die Schwarze Hand versammelt sich um zehn Uhr!« hieß es

Abenteuer in neuem Gewand und preiswert – Einbandbild eines Buches aus dem Franz-Schneider-Verlag aus den Dreißigerjahren.

überall. Aus zwanzig Jungen wurden fünfzig, hundert. In allen Straßen rannten sie. Viele Roller ratterten über die Pflaster. Im Untergrundbahnhof am Alexanderplatz stürmte eine ganze Bande durch die Sperre und in den Zug, der gerade abfuhr. Der Kontrolleur schloß die Sperre und lief ihnen nach. Aber es war zu spät; rubinrot funkelte die Schlußlampe des Zuges aus der Tunnelfinsternis, und der Beamte mußte zurück, denn die Erwachsenen hinter der Sperre schimpften, weil sie nicht auf den Bahnsteig konnten.

Ebenfalls sehr populär waren Werner Bergengruens Geschichten vom *Zwieselchen* (ab 1931), mit denen der auch heute noch geschätzte Autor eine literarische Welt ganz eigener Art erschuf. Zwieselchen ist ein kleiner Junge, der eigentlich anders heißt, von den Eltern und im Kindergarten aber so gerufen wird. Bergengruen erzählt seine kleinen Erlebnisse daheim und auf Reisen:

> Weil der Onkel Sebastian dagewesen war, der das Zwieselchen damals in den Zoologischen Garten mitgenommen hatte, so dachte das Zwieselchen jetzt wieder viel an den Zoo und meinte, es würde noch mehr Spaß am Garten haben, wenn der Garten ein bißchen so ähnlich wäre wie der Zoologische Garten. Aber es gab nur ganz kleine Tiere, Schmetterlinge und Marienkäfer und Regenwürmer und Fliegen, und mit denen kann man doch keinen richtigen Zoo machen. Darum ging das Zwieselchen zu seinem Vater und sagte: »Wir wollen uns doch einmal ein richtiges großes Tier für unsern Garten kaufen! Einen Löwen oder einen Tiger.«
>
> Der Vater dachte einen Augenblick nach und sagte dann: »Ja, dazu hätte ich auch Lust. Aber ich glaube, es wird doch nicht gehen. Denn so ein Löwe oder Tiger zerkratzt einem die ganzen Erdbeerbeete. Ein bekannter Löwe von mir, der bei meinem Freunde Kanditenschlecker im Garten wohnte, hat auch immer alle Beete zerkratzt, und der arme Kanditenschlecker hat keine einzige Erdbeere zu essen gekriegt.«
>
> »Aber wir können ja den Löwen in einen Gartenkäfig tun«, meinte das Zwieselchen.
>
> »Das ist richtig!« rief der Vater ganz froh. »Das ist ein sehr guter Gedanke! Aber da fällt mir leider etwas anderes ein. Nämlich, wie sollen wir ihn füttern? So viel Fleisch, wie ein Löwe frißt, können wir nicht kaufen.« Das tat dem Zwieselchen recht leid. Aber es mußte wohl so sein, wie der Vater sagte.
>
> Plötzlich schrie das Zwieselchen: »Hurra! Jetzt habe ich es: eine Giraffe wollen wir kaufen. Die wird nämlich überhaupt nicht gefüttert. Am Giraffenhaus im Zoo hängt eine bedruckte Tafel, und ich habe den Onkel Sebastian gebeten, sie mir vorzulesen, und da stand drauf: Füttern strengstens verboten.«

Missverständnissen ausgesetzt war Bergengruens Formulierung von der »heilen Welt«, mit welcher der stark in der christlichen Religion verwurzelte Autor sicher nicht den Rückzug aus der Wirklichkeit einläuten wollte. Das wird an dieser Stelle deshalb betont, weil dieses Diktum vor allem in den Jahren nach dem Zweiten Weltkrieg zur Legitimation einer wirklichkeitsfernen Darstellungsweise in der Kinder- und Jugendliteratur herhalten musste. Bergengruens Aussage lässt sich vielmehr als Aufforderung verstehen der vielfach versehrten Welt zumindest literarisch eine »andere« entgegenzusetzen.

Dass sich die Literatur für junge Menschen in den Jahren der Weimarer Republik nicht in einen Elfenbeinturm zurückzog, zeichnet sich an einer weiteren Entwicklung ab. Auffallend oft ist der Handlungsort vieler Bücher die Welt der Großstadt, wobei diese Tendenz zum großstädtischen Milieu nicht nur in der Kinder- und Jugendliteratur zu beobachten ist; man denke etwa an den Roman *Berlin Alexanderplatz* (1929) von Alfred Döblin. Doch wie lässt sich die Wahl des Schauplatzes »Großstadt« in den Kinder- und Jugendbüchern jener Zeit erklären? Zunächst kann man festhalten, dass das Sujet »Großstadt« nicht nur Dreh- und Angelpunkt literarischer Zivilisationskritik, sondern sicher auch Ausdruck einer gesellschaftlichen Modernisierung ist. Ferner gab es Autoren, die das Urbane als Hintergrundfolie für ihre spannenden Erzählungen wählten, wie etwa Wilhelm Matthießen mit seiner viel gelesenen Detektivgeschichte *Das Rote U* (1932):

> Und nun hatte das Rote U sie gerade in diese unheimliche Villa Jück bestellt! Freilich, immer hatten sie schon einmal vorgehabt, dort einzusteigen. Denn so etwas Gruseliges wie dies alte Haus gab's in der ganzen Stadt nicht mehr! Aber damals hatte die Polizei neue Schlösser an alle Türen und eiserne Stäbe vor die Fenster machen lassen. Und Boddas und Mala hatten schon hundertmal um das Haus geschnüffelt, aber nie ein Loch gefunden, durch das sie hätten hineinschlüpfen können. Vielleicht ließ sich etwas von der Hofseite her machen? Das wollten sie heute versuchen. Wenn das Rote U hineinkonnte, dann konnten sie's doch hundertmal! »Jetzt sind wir bei 87«, sagte Boddas, und wirklich, kaum hatte

er's ausgesprochen, da lösten sich von dem dunklen Steingelän-
der zwei Gestalten.

»Losung?« rief ihnen Boddas mit unterdrückter Stimme entgegen.

»Schatten an der Kirchhofsmauer«, klang es zurück.

Dies Erkennungswort hatten sie am Morgen ausgemacht.

Es waren also Knöres und Döll.

»Wir wollen ganz langsam weitergehen«, zischelte Döll, »habt ihr
den Schutzmann gesehen?«

*Zeichnung von Fritz Loehr aus
»Das Rote U« von Wilhelm
Matthießen« 1932.*

Die Stadt erscheint
jetzt bei einigen Autoren als
der Lebensraum, der den
Heranwachsenden spezifi-
sche, sonst nirgends mögli-
che Erfahrungen gestattet.
Großstadt wird also das, was Kinder- und Jugendbuchautoren bisher nur auf
dem Land oder in idyllischen Kleinstädten gesehen haben – Heimat. Man
kann in dieser Hinwendung zum Alltagsleben von Großstadtkindern durchaus
eine Abkehr von verklärenden Darstellungsformen sehen, die auch mit einer
veränderten Kindheitsauffassung einhergeht, wobei dem städtischen Erfah-
rungsraum eine wichtige Funktion für die Entwicklung der jungen Protagonisten zugeschrieben wird. Das gilt vor allem im Blick auf die Ausbildung von
Identität und die Erfahrung von Solidarität. Im Folgenden soll dies wenigstens
an einer der so berühmt gewordenen kinderliterarischen Arbeiten von Erich

Kästner, an *Emil und die Detektive* (1928), etwas eingehender beleuchtet werden. Der 1899 in Dresden geborene Autor kam schon als junger Mann zum Schreiben, denn bereits in seiner Studentenzeit war er journalistisch tätig, was er nach seiner Übersiedlung nach Berlin 1927 als freier Mitarbeiter von Zeitungen und Zeitschriften fortsetzte. Seit 1928 erschienen seine Bücher; 1933 wurden sie aus politischen Gründen öffentlich verbrannt. Nach dem Zweiten Weltkrieg ging er nach München, wo er wieder als Journalist und Schriftsteller arbeitete, für das Kabarett schrieb und bis zu seinem Tode, 1974, blieb. Die Textprobe aus dem berühmten Kinderbuch-Klassiker *Emil und die Detektive* zeigt, wie Emil zusammen mit dem »Professor«, dem intellektuell überlegenen Anführer der Detektive, das Hotel Kreid beobachtet, in dem der Dieb Grundeis sich ein Zimmer genommen hat:

> Der Professor und Emil traten vors Tor und erzählten sich von ihren Lehrern. Dann erklärte der Professor dem andern die verschiedenen in- und ausländischen Automarken, die vorbeifuhren, bis Emil ein bißchen Bescheid wußte. Und dann aßen sie gemeinsam eine Stulle.
> Es war schon dunkel geworden. Überall flammten Lichtreklamen auf. Die Hochbahn donnerte vorüber. Die Untergrundbahn dröhnte. Straßenbahnen und Autobusse, Autos und Fahrräder vollführten ein tolles Konzert. Im Café Woerz wurde Tanzmusik gespielt. Die Kinos, die am Nollendorfplatz liegen, begannen mit der letzten Vorstellung. Und viele Menschen drängten hinein.
> »So ein großer Baum, wie der da drüben am Bahnhof«, meinte Emil, »kommt einem hier ganz ulkig vor. Nicht? Er sieht aus, als hätte er sich verlaufen.« Der Junge war bezaubert und gerührt. Und er vergaß beinahe, wozu er hier stand und daß ihm hundertvierzig Mark fehlten.
> »Berlin ist natürlich großartig. Man denkt, man sitzt im Kino. Aber ich weiß nicht recht, ob ich immer hier leben möchte. In Neustadt haben wir den Obermarkt und den Niedermarkt und

den Bahnhofsplatz. Und die Spielplätze am Fluß und im Amselpark. Das ist alles. Trotzdem, Professor, ich glaube, mir
genügt's. Immer solcher Fastnachtsrummel, immer hundert-
tausend Straßen und Plätze? Da würde ich mich dauernd ver-
laufen. Überleg dir mal, wenn ich euch nicht hätte und stünde
ganz alleine hier! Da krieg ich gleich 'ne Gänsehaut.«
»Man gewöhnt sich dran«, sagte der Professor. »Ich hielte es
wahrscheinlich wieder nicht in Neustadt aus, mit drei Plätzen
und dem Amselpark.«

Der Auszug macht zunächst die für Kästner charakteristische Sicht der
Großstadt deutlich, jedenfalls wie sie sich in *Emil und die Detektive* niederge-
schlagen hat. Emil hat die Großstadt Berlin zunächst als fremd erlebt. An einer früheren Stelle des Buches heißt es: »Die Stadt war so groß. Und Emil war
so klein. Und kein Mensch wollte wissen, warum er kein Geld hatte, und warum er nicht wusste, wo er aussteigen sollte. Vier Millionen Menschen wohnten in Berlin, und keiner interessierte sich für Emil Tischbein.« Als er jedoch
auf die Detektive gestoßen ist und ihre Hilfsbereitschaft erfährt, verändert
sich seine Einstellung zur Stadt, und er kann jetzt auch sagen: ». . . aber
schön ist Berlin. Keine Frage, Professor. Wunderschön.« Nun erfasst er das
Lichterspiel der Leuchtreklamen, die Geräusche der verschiedenen Verkehrs-
mittel – Hochbahn, Untergrundbahn, Straßenbahn, Autobusse und Autos –,
aber auch die Tanzmusik, die aus einem Café herüberdringt, und die Menschen, die zu den Spätvorstellungen in die Kinos drängen, nicht mehr nur als
verwirrend und bedrohlich; er spürt auch ihren spezifischen Reiz. Was ihm
hilft in der Großstadt zu bestehen – auch seelisch zu bestehen –, ist offensichtlich die Jungengruppe, in deren Solidarität er sich geborgen fühlt. Die
Textprobe lässt auch etwas von den für Kästner charakteristischen Kinderge-
stalten, wie sie uns auch in *Pünktchen und Anton* (1931) oder in *Das fliegende Klassenzimmer* (1933) begegnen, erkennen. Sie sind aufgeweckt, schnell
in ihrer Auffassung und ihren Reaktionen und wortgewandt bei ihren Äußerun-
gen, wobei sie Emotionen gern unter saloppen Formulierungen verbergen. Sie
können Gefühl entwickeln, sowohl für die Mitglieder ihrer »peergroup« als

Nesthäkchen wird modern – Illustration von C. Benedek zu »Nesthäkchens Backfischzeit« aus den Dreißigerjahren.

auch für sympathische Erwachsene. Besonders kennzeichnend ist das Verhältnis Emils zu seiner Mutter. Kästner charakterisiert den Jungen in einer referierenden, auktorial darstellenden Passage seines Buches ausdrücklich als »Musterknaben«: »Könnt ihr es begreifen, und werdet ihr nicht lachen, wenn ich euch jetzt erzähle, dass Emil ein Musterknabe war? Seht, er hatte seine Mutter sehr lieb. Und er hätte sich zu Tode geschämt, wenn er faul gewesen wäre, während sie arbeitete, rechnete und wieder arbeitete.«

Natürlich kann man aus heutiger Sicht anmerken, dass es in Kästners Berliner Kinderwelt arg harmonisch zugeht. Jeder hilft jedem; außer dem Übeltäter Grundeis sind alle Erwachsenen freundlich und für die Wünsche der Kinder aufgeschlossen. Die Eltern, die nur erwähnt werden, aber nirgends persönlich auftauchen, sind schon vorab mit allem, was die Söhne tun, einverstanden. Überdies leben die Kinder offenbar in einer Welt ohne soziale Probleme. Ihr Taschengeld reicht für die Finanzierung ihres Detektiv-Abenteuers;

von den Familien der zwanzig Detektive haben zwölf ein Telefon, und das gegen Ende der Zwanzigerjahre; auch scheinen die Unterschiede zwischen Arm und Reich nicht so krass zu sein, denn selbst Emil und seine Mutter haben letztlich, was sie brauchen. An dieser in gesellschaftlicher Hinsicht harmonisierten Welt haben einige Rezensenten dann auch schon beim Erscheinen des Buches Kritik geübt. Gleichwohl bleibt dieser Text ein Fixpunkt in der Geschichte der deutschen Kinder- und Jugendliteratur, zeigt doch der als »Asphaltliterat« beschimpfte Kästner in diesem Kinderbuch-Klassiker, dass ausweglos erscheinende Situationen veränderbar sind, vor allem dann, wenn die Handelnden auf Solidarität bauen dürfen. Kästner hat sich stets als Moralist verstanden, der die Menschen auf ihre Schwächen aufmerksam macht, um damit auf sie und dadurch letztlich auch auf die Welt verbessernd einzuwirken. Dass seinem anthropologischen Optimismus ein humanes Menschenbild zu Grunde liegt, erklärt nicht zuletzt, warum seine Bücher durch die Nationalsozialisten am 10. Mai 1933 verbrannt wurden: Sie entsprachen einfach nicht der NS-Ideologie. Spätestens mit dem Veröffentlichungsverbot seiner Bücher begann die Ära einer »anderen« Kinder- und Jugendliteratur.

Dabei finden sich zwischen den Jahren der Weltwirtschaftskrise und der endgültigen Machtergreifung der Nazis noch mindestens zwei Bücher, die die gesellschaftliche und wirtschaftliche Situation dieser Zeit signifikant, wenngleich entgegengesetzt zum Ausdruck bringen: Alex Weddings *Ede und Unku* (1931) und Karl Aloys Schenzingers *Hitlerjunge Quex* (1932).

Alex Wedding schildert die wirtschaftlichen und politischen Verhältnisse Deutschlands zur Entstehungszeit des Buches am Beispiel der Berliner Familie Sperling. Vater Sperling war bis zu seiner Entlassung Arbeiter bei der AEG, ist Sozialdemokrat und dem Kapitalismus gegenüber eher kompromisslerisch eingestellt; bestimmte Ideologien der kapitalistischen Gesellschaftsordnung hat er internalisiert. Erst am Ende des Buches, nach entsprechenden Erfahrungen, beginnt er Klassenbewusstsein zu entwickeln. Sein Gegenbild ist der kämpferische Kommunist Klabunde, ebenfalls ein Arbeiter, der sich beim AEG-Streik für die Ziele seiner Partei einsetzt und deshalb von der Polizei verfolgt wird, während Sperling, wie schon bei einem früheren Streik, erneut zum Streikbrecher zu werden droht, wovor ihn sein Sohn Ede durch eine

„Man nennt die Arbeiter, welche hier in dem Druckschild ihre Tätigkeit
ausüben, die verlorene Mannschaft."

Die neue Arbeitswelt.
Illustration von O. Weise
zu Hans Dominik
»John Workman, der
Zeitungsboy« 1925.

List bewahrt. Ede war von Klabunde durch eine Beispielgeschichte über die Gründe der Arbeitslosigkeit aufgeklärt und damit zugleich in Grundzüge des Marxismus eingeführt worden. Er steht nun auf der Seite Klabundes, den er vor der Polizei rettet. Am Ende reichen sich Sperling und Klabunde die Hand, als Zeichen der Solidarität unter den Arbeitern. »Ja, zusammenhalten, darauf kommt es an«, hat er an einer früheren Stelle des Buches bereits gesagt, »zusammenhalten, damit der Arbeiter endlich wie ein Mensch leben kann.« Das Zigeunermädchen Unku, das mit seinen Leuten in einem Wohnwagen lebt, unterstützt ihren Freund Ede und hilft ihm bei seinem Vorhaben. Die Textprobe führt in die Verhältnisse der Familie Sperling ein:

> »Mutter, können wir nicht bald essen?« jammerte Ede plötzlich. »Mein Magen knurrt schon gewaltig.«
> »Vater wird gleich da sein, Ede!« tröstete Frau Sperling ihren Jungen. Natürlich, Ede hatte immer den größten Hunger. Er war ja im Wachsen. Mit seinen zwölf Jahren sah er wie ein Vierzehnjähriger aus, so war er in die Höhe geschossen. Und

essen konnte er! Mehr als der Vater. »Wenn ich ihm nur immer genug geben könnte«, sagte Frau Sperling oft zu ihren Freundinnen, »futtern kann er, wie ein Türke!«

Edes Ärmel und Hosenbeine waren fast immer um ein gutes Stück zu kurz, da war alles Ziehen umsonst. Selbst die schöne neue Wolljacke, die er vor knapp zwei Monaten zum Geburtstag bekommen hatte, war ihm schon wieder zu klein.

»Ach, da fällt mir ja ein, wir haben doch gestern die neuen Schuhe ausgesucht. Die holt Vater jetzt wohl ab. Dann kann er auch noch nicht da sein.«

Und da fühlte Ede gleich wieder die Nässe in seinen Schuhen. Die Wollstrümpfe juckten mächtig. Dieses ekelhafte Matschwetter! Neue Schuhe! Recht warm gefüttert. Und mit Messingösen. Ede freute sich sehr. Die darf keiner putzen außer ihm.

In der Küche war es still geworden. Nur der Wasserkessel summte. Von Zeit zu Zeit hörte man Schritte auf der Treppe. Doch sie kamen nicht nach oben und hörten sich auch nicht an wie Vaters Schritte. Vaters feste Stiefel mit den steifen dicken Sohlen knarren ganz besonders; die Füße stampfen gleichmäßig über die Stufen. Es sind die selbstbewußten Schritte eines Metalldrehers, des Vorarbeiters Martin Sperling, dessen Tagewerk erst mit der letzten Treppenstufe zu seiner Wohnung beendet ist.

»Nun ist er's aber!«

Die ausgetretene Holztreppe knarrte. Jetzt waren die Schritte im zweiten Stockwerk, nun waren sie schon im dritten. Die Familie horchte gespannt. Vater war plötzlich stehengeblieben. Dann hörte man seine Schritte näher kommen, sie wurden immer langsamer, zögerten wie das Ticken einer Uhr, deren Werk gleich ablaufen wird. Auf jeder Stufe blieb Vater stehen.

»Es wird doch nichts passiert sein?« meinte Frau Sperling besorgt.

Ängstlich lief sie zur Tür.

Bedenkt man die Entstehungszeit von *Ede und Unku,* dann verwundert es aus heutiger Sicht, dass bei der vielgerühmten Autorin und ihrem für musterhaft erklärten Buch kein einziger Nationalsozialist vorkommt, war doch die Partei Adolf Hitlers längst auf dem Vormarsch. Ganz anders stellt sich das in Karl Aloys Schenzingers *Hitlerjunge Quex* dar, das zu dem nationalsozialistischen Jugendbuch schlechthin avancierte. Schenzinger beschreibt den Weg des fünfzehnjährigen Heini Völker (»Quex« wird er wegen seines »quecksilbrigen« Wesens genannt) vom Angehörigen einer kommunistischen Jugend-Clique zum Nationalsozialisten. Dabei sind die Konnotationen des Namens zu beachten: Heinrich ist ein alter deutscher Kaisername, »Völker« verweist auf die Zugehörigkeit zum Volk und das Verbundensein mit ihm. Heini ist Schreinerlehrling, Sohn eines links orientierten, arbeitslosen und trunksüchtigen Vaters aus einem typisch »roten« Berliner Viertel, aus Moabit, der ihn in die kommunistische Gruppe geschickt hat. Die Mutter leidet unter den

Verhältnissen, in denen die Familie leben muss. Bei einem Ausflug mit seiner Clique wird Heini vom Verhalten ihrer Mitglieder abgestoßen; sie stehlen, trinken, rauchen und werden von einer frühreifen sexuellen

Federzeichnung von Willy Planck zu A. Kappert »Die Feuer lodern!«, einer typischen Germanen-Erzählung der Dreißigerjahre.

Freizügigkeit bestimmt. Auf dieser Fahrt stößt Heini nachts im Wald zufällig auf eine Gruppe Hitlerjungen und wird von ihrer Disziplin, ihrer Haltung und ihrem Ernst beeindruckt. Allmählich nähert er sich den nationalsozialistischen Jungen an. In Gesprächen mit ihnen überwindet er seine frühere, von marxistischen Klassenkampfideen bestimmte Einstellung. Deshalb und weil er einen geplanten Überfall der Kommunisten verrät, wird seine Lage bedrohlich. Heinis Mutter kann die Zustände, in denen sie leben muss, nicht mehr ertragen und begeht Selbstmord. Eigentlich hat sie Heini mit in den Tod nehmen wollen; der Junge aber wird gerettet. Die Bindung an die Nationalsozialisten wird dadurch besonders wichtig für ihn. Er verlässt seinen Vater und findet Unterschlupf in einer Geschäftsstelle der Hitlerjugend. Als er HJ-Führer wird, besteht er darauf, in seiner alten »roten« Wohngegend eingesetzt zu werden, obwohl er weiß, in welche Gefahr er sich damit begibt. Er führt Propagandaveranstaltungen durch. Eines Nachts wird er auf dem Heimweg überfallen und erleidet eine Kopfverletzung, an der er stirbt. Es folgt eine Stelle des Buches, die deutlich macht, wie die Gestalt des Heini Völker von Schenzinger heroisiert und zum Ideal eines Hitlerjungen stilisiert wird:

> Heini bekam Aufträge und führte sie aus. Er ging nie, er lief. Kaum daß er saß, erhob er sich wieder. Er stand nicht ruhig, er ging hin und her. Seine Tätigkeit war Bewegung, Bewegung war ihm Bedürfnis, war ihm Ablenkung, Linderung, Heilung vielleicht. Er wollte Befehle, er wollte gehorchen. Er wollte bewundern und verehren.

Obwohl Heini Völker – abgesehen von seiner Einsatz- und Opferbereitschaft – kaum dem von Hitler propagierten Ideal entsprach, scheint das Buch seinen Lesern versichert zu haben: Auch wenn du so bist wie Heini Völker, also körperlich eher schwach und von weichem Gemüt, hast du Platz in der nationalsozialistischen Bewegung; dein Wille, für sie zu kämpfen, entscheidet über deine Zugehörigkeit zu uns. Die Kinder- und Jugendliteratur, die in den Jahren zwischen 1933 und 1945 publiziert wurde, forcierte und radikalisierte dieses Bewusstsein. Auch sie war tatsächlich eine Literatur *des* Nationalsozialismus, d.

h. entweder Literatur, in der die NS-Ideologie vertreten wurde oder die man akzeptierte, was sich in Formen der Volksdichtung wie Märchen oder Sagen und in einer übersteigerten nationalistischen Literatur niederschlug.

Gleichschaltung, Kontrolle und Säuberung bestimmten nun nicht nur das gesamte öffentliche Leben, sondern auch alle Bereiche der Kunst. Das oberste Beurteilungskriterium für die Kinder- und Jugendliteratur hat der Ideologe Max Fehring damals so charakterisiert: »Der Wert einer deutschen Jugendschrift ist abhängig von . . . ihrer Bedeutung für die nationalpolitische Erziehung der Jugend im Geiste des deutschen Volkstums, der völkischen, rassischen und sozialen Einheit, der Volks- und Schicksalsgemeinschaft. Was diesem ersten und wichtigsten Ziel schädlich ist, was überwundene liberalistische, individualistische und pseudosozialistische Tendenzen an die Jugend heranträgt, was artfremd ist und undeutsch, das wird ausgemerzt werden aus dem Erziehungsgut der deutschen Jugend.«

Die Kinder- und Jugendbuchautorinnen und -autoren hatten offensichtlich keine Probleme damit, ihre Arbeit in den Dienst solcher Ansichten zu stellen. Die Folge war eine weitgehende Instrumentalisierung der Jugendliteratur zu propagandistischen Zwecken. Dabei ist im Einzelfall nicht immer leicht zu trennen zwischen Schreiben aus Überzeugung und Schreiben als Versuch von einer gerade gängigen Konjunktur zu profitieren. Zwei Gruppen von Autoren können hier voneinander unterschieden werden. Da sind zunächst ältere, die ihre bereits in früheren, vor 1933 publizierten Büchern manifestierte nationalistische Einstellung lediglich radikalisiert haben und jetzt von Rasse schreiben, wo sie früher vom Volk oder der Nation geschrieben haben. Die zweite Gruppe umfasst jüngere Schriftsteller, die gewissermaßen ohne Umwege zum Nationalsozialismus gestoßen sind. Die Leichtigkeit, mit der sich Angehörige beider Gruppen nach 1945 erneut umzustellen und ihr Fähnlein in einen jetzt aus einer anderen Ecke wehenden Wind zu recken vermochten, lässt ihre Arbeiten auch heute noch fragwürdig erscheinen. Zu nennen wären hier Autoren wie Josef S. Viera und Alfred Weidenmann, die mit Büchern wie *Der Kampf um die Feldherrnhalle* (1933), *Utz kämpft für Hitler* (1933) oder der Trilogie *Dreißig Jungen im Dienst* (ab 1936) ihre propagandistische Absicht unverkennbar zum Ausdruck brachten – und damit Erfolg hatten.

Es blieb nicht aus, dass sich auch einige Mädchenbuchautorinnen an der kinderliterarischen Aufrüstung beteiligten. Sie begannen ebenfalls den Nationalsozialismus als Stoff für ihre literarischen Zwecke auszubeuten und schrieben ganz im Sinne des etablierten Regimes. Es genügt auch hier, auf ein paar signifikante Titel zu verweisen: *Ulla, ein Hitlermädel* (1933) von Helga Knöpke-Joest oder *Ein Mädel kämpft fürs Reich. Eine Erzählung aus deutscher Sturmzeit* (1939) von Minni Grosch. Einen besonderen Hinweis erfordert das Buch *Jugend voraus* (1933) von Else Ury, der Autorin der Nesthäkchen-Bände. Else Ury (1877–1943) entstammte einer jüdischen Familie, die nach ihrem geistigen Habitus dem deutschen Bildungsbürgertum zuzurechnen war. Ihre Verbundenheit mit Deutschland hatte sie ja bereits mit dem Nesthäkchen-Band *Nesthäkchen und der Weltkrieg* zum Ausdruck gebracht. In *Jugend voraus* begrüßt sie nun den Nationalsozialismus als Wende zum Besseren für Deutschland und schließt ihr Buch mit einem Bekenntnis zu Adolf Hitler. Allerdings könnten hier auch Eingriffe des Verlags vorliegen. Es war Else Urys letzte Veröffentlichung. Sie erhielt Schreibverbot und wurde später in Auschwitz umgebracht.

Doch nicht alle Autorinnen und Autoren stellten ihre Arbeit in den Dienst des Nationalsozialismus. So gab es durchaus einige, die den Weg der »inneren Emigration« wählten und damit eine andere Art von »Parteinahme« bekundeten. Hans Falladas Kindergeschichten *Hoppelpoppel, wo bist du?* sind hier ebenso zu erwähnen wie E. O. Plauens auch heute noch sehr bekannte Vater-und-Sohn-Episoden. Auch Erich Kästner, Herbert Paatz oder Walter Bauer sind dieser Gruppe zuzurechnen.

Gleichwohl sah sich eine Reihe von Autorinnen und Autoren durch die Verfolgungsmaßnahmen der Nationalsozialisten gezwungen ins Exil zu gehen. Die Zahl der im Exil geschriebenen Bücher war nicht sehr groß, denn hier gab es für die deutsche Jugendliteratur kaum ein Publikum und deshalb auch nur wenig Publikationsmöglichkeiten. Überdies mussten die meisten Autoren im Ausland zunächst einmal um ihre wirtschaftliche Existenz kämpfen. Nach Kriegsende stand es kaum günstiger um diese Art Literatur. Nicht alle Autoren kehrten zurück und die Rückkehrer waren ihrem früheren Publikum fremd geworden. Ähnlich stand es mit den Büchern selbst. Sie behandelten Themen,

Die schon 1923 erschienene »Häschenschule« mit Bilder von Fritz Koch-Gotha hat sich bis heute auf dem Kinderbuchmarkt gehalten.

die man jetzt schnell vergessen wollte. Trotzdem gab es einige Autoren, die die Kluft zwischen den frühen Dreißiger- und den Fünfzigerjahren gewissermaßen überspannten. Lisa Tetzner und Kurt Held (d. i. Kurt Kläber) stehen beispielhaft für diesen Brückenschlag in der Geschichte der Kinder- und Jugendliteratur, ein Autorenehepaar, das auch heute noch jüngere und ältere Leser durch seine Literatur fasziniert.

Da sahn sie in dem Höllenpfuhl
den Teufel auf dem Flammenstuhl
mit Pferdefuß und Schweif und Spieß,
so grinst' er nach dem Paradies.

Und all die schwarzen Teufelein,
die fingen greulich an zu schrein,
war ein Gezeter und Gezank
und Ruß und Pech und Schwefelstank.

Ernst Kutzer gehörte zu den beliebtesten
Kinderbuch-Illustratoren der Zwanziger- und Dreißigerjahre.
Hier ein Bild aus dem Weihnachtsmärchen
»Hans Wundersam«.

Beide Autoren waren in ihrem Schweizer Exil in Carona/Tessin sehr produktiv. Kläber (1897–1959) schrieb vor allem Jugendbücher, die er unter dem Pseudonym »Kurt Held« veröffentlichte, u. a. *Die rote Zora und ihre Bande* (1941), *Der Trommler von Faido* (1947/49) und *Giuseppe und Maria* (1955/56). Im Zentrum stehen durchweg Kinder, die an der bestehenden Sozialordnung – vor allem an der Trennung in Arme und Reiche – und an den Folgen von Kriegen zu leiden haben. Held erzählt breit und detailreich und trotzdem spannend. Wie er einmal sagte, wollte er mit seinen Büchern den Jugendlichen keine »Schonkost« geben. Das Textbeispiel aus der *Roten Zora* zeigt, wie der kleine Branko von Zora, einem rothaarigen, elternlosen Mädchen, die die Anführerin einer Bande armer Jungen ist, gerettet und in deren Versteck gebracht wird:

> Sie krochen, kletterten, stiegen und schlichen diesmal langsamer vorwärts, aber sie mußten noch beinahe über ein halbes Dutzend Zäune, Mauern und Hecken, kamen an einem Springbrunnen vorbei, an schönen Aprikosenbäumen, an einem ganzen Blumenhain. Branko sah Sonnenblumen, Lilien, Klatschmohn, Rittersporn, Rosen und war erstaunt, wie abgeschlossen und schön es auf der anderen Seite der Mauern war, die er noch nie gesehen hatte, denn er hatte mit seinen Kameraden immer nur in Höfen und Kellern oder unten am Meer gespielt.
>
> Sie sahen fast niemanden. Einmal eine alte Frau, die Unkraut jätete, eine Katze, einen alten Mann, der in der Sonne saß und kaum aufblickte, als sie vorüberrannten, und einen asthmatischen Hund, der aber zu dick war, um sie einzuholen. Im gleichen Augenblick krochen sie auch durch die letzte Hecke und befanden sich zwischen Schlehenbüschen, Brombeer- und Himbeergewirr und Ginster.
>
> Ja, hinter der letzten Mauer war die Schönheit, Abgeschlossenheit und Gepflegtheit der Gärten wie weggewischt. Es begann eine heiße, erst noch dichte, aber dann immer dürftigere Wild-

nis.

Die Kinder gingen einige Meter in dem Bachbett des Potoc und bestiegen dann eine Höhe. Die Hitze war hier beinahe unerträglich. Die Hecken fielen zu winzigen Sträuchern zusammen. Immer mehr kam der Stein und Fels durch. Sie sahen auch keine Blumen und kaum einen Grashalm mehr.

Hinter dem Hügel, wo es etwas schattiger war, begann das Brombeergebüsch, von dem Zora gesprochen hatte. Es zog sich die ganze Hinterseite des Hügels hinab und reichte bis hinunter ans Meer.

»Da drin kommen wir hie und da zusammen.« Zora zeigte auf die Mauer von Dornen und Ranken.

Branko stotterte nur: »Da drin?« Die Hecke schien ihm so undurchdringlich, die Ranken so fest und stachlig, daß er das Gefühl hatte, nicht einmal ein Hund oder sonst ein Tier könnte hineinkommen.

»Es darf eigentlich keiner, der nicht in der Bande ist, mit hineingenommen werden«, sagte Zora weiter, »aber du darfst hinein. Es ist ja meine Bande, also komm.«

Sie bückte sich, zog einige Ranken, die fest in der Erde steckten, heraus und legte sie neben sich. Langsam wurde ein Gang frei. »Kriech hinein!« Sie zeigte auf das Loch.

Lisa Tetzner (1894–1963) hat durch die Zeitereignisse, aber zuvor schon durch das zeitkritische Engagement ihres Mannes eine weitgehende Politisierung erfahren. Das zeigt sich unübersehbar an ihren im Schweizer Exil entstandenen Jugendbüchern, besonders an ihrer Kinderodyssee, dem neunbändigen Werk *Die Kinder aus Nr. 67* (1933/1949). In einem weit gespannten Erzählzusammenhang, der in der letzten Phase der Weimarer Republik einsetzt und bis in die Zeit nach dem Zweiten Weltkrieg reicht, entwirft Lisa Tetzner ein stimmiges Bild dieser Zeit, das zugleich Anklage und Mahnmal ist. Der Leser begegnet einer Reihe von Kindern, die anfangs zusammen in einem großen Mietshaus – eben in Nr. 67 – gelebt haben, dann durch die Zeitereignisse, nicht zuletzt durch Verfolgung und Krieg getrennt werden, sich auf unterschiedlichen Wegen durchschlagen müssen und dabei auf andere Kinder in ähnlichen Situationen stoßen. Am Ende kommen die Überlebenden zusammen und schließen den »Neuen Bund«, der für eine bessere Welt eintritt. Das offen-realistische Buch, in dem sich die Autorin auch nicht vor brutalen Szenen gescheut hat, brauchte zwar einige Zeit, um sich durchzusetzen, gehört heute aber ebenso wie die *Rote Zora* zu den Klassikern, die aus der Kinder- und Jugendliteratur nicht mehr wegzudenken sind. In dem Band *Die Kinder auf der Insel* (1944) vergegenwärtigt Lisa Tetzner die letzten Jahre vor dem Zweiten Weltkrieg. Dabei wird u. a. geschildert, wie ein Schiff mit Flüchtlingen vor der Küste Boliviens strandet und untergeht. Nur sieben Kinder können sich auf eine kleine unbewohnte Insel im Ozean retten. Die Kinder, die sich wie Robinson auf diesem Eiland durchschlagen müssen, werden auch hier mit dem Tod konfrontiert. Bartel, ein buckliger Junge, der sich nur schwer in die Gemeinschaft einfügen kann, stirbt durch einen Schlangenbiss und bewahrt dadurch Ruth vor dem gleichem Schicksal:

> »Er hat sein Leben für Ruth hingegeben«, fuhr Hans fort.
> Da schwiegen sie alle und schauten nur um so zärtlicher auf ihn nieder, denn jeder fühlte, daß es etwas Größeres nicht geben kann.
> Pascal kam, die Schaufel über der Schulter, aus dem Wald zurück. Er hatte dort an einer stillen, freien Stelle ein kleines Grab gegraben. Es war dieselbe Stelle, an der Bartel, von Reue und Verzweiflung gepackt, niedergesunken war und sich zum erstenmal die Flügel gewünscht hatte.
> Sie hoben ihn auf und trugen ihn behutsam, um ihm nicht weh zu tun, dorthin. Das junge und das alte Guanaco folgten neugierig. Den Papagei trug Gerti auf der Schulter. Er sollte auch mit. Cornelia nahm ihre Katze auf den Arm, Mirjam trug Ruth. Sie ging mit ihr dicht hinter Bartel als erste, Lukas, auf seine zwei Krücken gestützt, als letzter. Sie gingen einzeln, und es

sah wie ein richtiger langer Leichenzug aus. Jedes trug rote Blüten, Ranken und Zweige in der Hand.

Pascal hatte das ganze Grab mit Palmenzweigen ausgelegt. Weil sie keinen Sarg, auch keine Decke und nicht einmal ein Leintuch hatten, um ihn darin einzuhüllen, hüllten sie ihn in Blüten und Blätter. Sie vergaßen, ein Lied zu singen, wie es damals auf dem Schiff geschehen war, als Ruths Mutter starb. Sie dachten nicht an Musik und Gesang und vermißten keine Predigt und kein Gebet, denn ihre Herzen beteten im stillen.

Mirjam sagte unaufhörlich so leise, damit keiner es hörte: »Lieber, guter Bartel, ich danke dir. Lieber, guter Bartel, ich danke dir.«

Dann beugte sie sich zu Ruth und flüsterte: »Sag: ade, Bartel!«

»Dada, Bartel«, wiederholte die Kleine und warf eifrig Blumen auf ihn.

Jeder sagte etwas anderes in seinem Herzen.

6. Pippi, Krabat und Lady Punk

Kinder- und Jugendliteratur nach 1945

Ich hatte keine sonnige Bullerbü-Kindheit, eher deren krasses Gegenteil. Zuweilen kommt mir sowieso der Verdacht, daß meine Kolleginnen und Kollegen, die sich ganz dem Schreiben von Kinderbüchern verschrieben haben, eine von der allgemeinen Norm abweichende Kindheit hatten, extremer als andere Kinder: glücklicher oder zerstörter. Und daß diese Autoren nun entweder im späteren Leben immer wieder versuchen, sich die intensiven Glücksmomente der frühen, endgültig verlorenen Kindheit vor Augen zu führen, sie schreibend zumindest für den Augenblick wieder zu spüren, zu empfinden (dazu rechne ich etwa Astrid Lindgren), oder – und das wäre jetzt das andere Extrem, das wären nun die Autoren, denen ich mich zurechne – die fast verzweifelt versuchen, sich im Erwachsenenalter die glückliche Kindheit zu imaginieren und schreibend nachzuschaffen, die sie nie erlebt haben.

Aus zwei Gründen eröffnet diese Selbstaussage Paul Maars, die sich in seinem autobiografischen Text *Meine beiden Biografien* (1994) findet, den Rundgang durch die Kinder- und Jugendliteratur nach 1945: Zum einen macht sie deutlich, warum – jedenfalls einige – Autoren überhaupt für Heranwachsende schreiben. Zum anderen ruft dieses Zitat die Erinnerung an die unmittelbaren Nachkriegsjahre wach, ein Thema, dem sich der 1938 geborene Autor in seinem Jugendbuch *Kartoffelkäferzeiten* noch ausführlich widmen sollte. Nach der Teilung Deutschlands nahm die Entwicklung der Kinder- und Jugendliteratur in der Bundesrepublik Deutschland und der DDR einen unter-

Georg Popp

DIE
GROSSEN
DER WELT

Georg Popps »Die Großen der Welt« schuf einen völlig neuen Sachbuch-Typus im Ju-gendbuch. Hier der Umschlag der ersten Ausgabe von 1955. © Arena Verlag, Würzburg

schiedlichen Verlauf. Dabei kam die Jugendbuchproduktion sowohl in West-
als auch in Ostdeutschland nur langsam in Gang. Zwar wurden bis etwa 1950
einige Verlage neu gegründet – der Oetinger Verlag 1946 und der Arena Verlag 1949 im Westen und der Altberliner Verlag 1946 sowie der Kinderbuchver-
lag Berlin im Osten –, gleichwohl blieben die Rahmenbedingungen ungünstig.

Betrachtet man die Neuerscheinungen der ersten Nachkriegsjahre im
Westen näher, so fällt auf, dass es kaum Autoren gab, die sich zeitgeschichtlichen Themen zuwandten, sieht man einmal von Lisa Tetzner oder Kurt Held
ab. So etwas wie eine »Trümmerliteratur« für junge Leser hat sich in der Nach-
kriegskinderliteratur nicht unmittelbar entwickelt; im Gegenteil – der »Be-
wusstseinsschutt« sollte noch einige Jahre liegen bleiben: Gegen Ende der
Vierzigerjahre konnten Autoren wieder veröffentlichen, die aus heutiger Sicht
als politisch belastet gelten, wie etwa Fritz Steuben, Alfred Weidenmann oder
Kurt Knaak. Aufs Ganze gesehen hielt man sich im Bereich der Kinder- und Jugendliteratur ans scheinbar Bewährte, nicht zuletzt an Kinder- und Jugendbücher, die vor den zwölf NS-Jahren geschrieben worden waren, bis zurück in die
Kaiserzeit und das Biedermeier. Gleichwohl sollten diese eher restaurativen
Tendenzen nicht von Dauer sein. So fand sich 1949 neben diversen Umweltgeschichten, Kunstmärchen, traditioneller Mädchenliteratur, Klassikern wie
Spyris *Heidi,* Hoffmanns *Struwwelpeter* und Karl Mays Winnetou-Romanen ein
Buch, in dem sich thematisch und sprachlich Neues abzeichnete. Gleichzeitig
sollte die Verfasserin dieses Buches mit ihrer phantastischen Erzählung zur
wohl berühmtesten Kinderbuchautorin der Welt werden. Gemeint ist Astrid
Lindgrens *Pippi Langstrumpf.* Bereits Pippis äußere Erscheinung lässt ahnen,
dass die Autorin die stereotype Gestaltung der bis dato vorherrschenden Kin-
derbuchfiguren durchbricht:

> Ihr Haar hatte dieselbe Farbe wie eine Möhre und war in zwei
> feste Zöpfe geflochten, die vom Kopf abstanden. Ihre Nase hat-
> te dieselbe Form wie eine ganz kleine Kartoffel und war völlig
> von Sommersprossen übersät. Unter der Nase saß ein wirklich
> riesig breiter Mund mit gesunden weißen Zähnen. Ihr Kleid
> war sehr komisch. Pippi hatte es selbst genäht. Es war wunder-

schön gelb; aber weil der Stoff nicht gereicht hatte, war es zu
kurz, und so guckte eine blaue Hose mit weißen Punkten darunter hervor. An ihren langen dünnen Beinen hatte sie ein Paar
lange Strümpfe, einen geringelten und einen schwarzen. Und
dann trug sie ein Paar schwarze Schuhe, die genau doppelt so
groß waren wie ihre Füße. Die Schuhe hatte ihr Vater in Süd-
amerika gekauft, damit sie etwas hätte, in das sie hineinwach-
sen könnte, und Pippi wollte niemals andere haben.

Und als sich Pippi zum Kaffeekränzchen bei Thomas und Annika auf-
macht, da sieht sie – wie die schwedische Literaturwissenschaftlerin Vivi Ed-
ström treffend bemerkt – fast wie eine moderne »Punkkönigin« aus:

Das rote Haar trug sie wegen des besonderen Anlasses offen,
und es lag wie eine Löwenmähne um ihre Schultern. Ihren
Mund hatte sie mit einem Rotstift knallrot gemalt, und die Au-
genbrauen hatte sie sich mit Ruß geschwärzt, so dass sie beinahe gefährlich aussah. Auch ihre Fingernägel hatte sie mit
Rotstift bemalt, und auf ihren Schuhen hatte sie große grüne
Schleifen befestigt.

Einer feinen, »ladyliken Dame« begegnen die jungen Leser nicht,
denn es sind keine adretten, sondern eher clowneske Züge, die Pippis Aussehen zeichnen. Dass Lindgren mit dieser Figur das Kind von Konventionen
befreien, ja es förmlich »entfesseln« wollte, hat sie nicht nur in *Pippi Langstrumpf* zum Ausdruck gebracht, sondern in vielen anderen Kinderbuchge-
stalten ihres Werkes. Dennoch darf dieser Verweis auf Lindgrens literarische Sprengkraft nicht den Eindruck erwecken, als habe sich unter den Kin-
der- und Jugendbuchautoren jener Zeit unmittelbar eine neue Auffassung
vom Kinde und damit auch der literarische Einsatz für Vorstellungen einer
»unbeschränkten Kindheit« eingestellt. Vielmehr blieb die Kinder- und Jugendliteratur der frühen Fünfzigerjahre bestimmt von einem literarischen Angebot, das sich tendenziell in geglätteten und harmonischen Schilderungen

von Realität erging und nahezu jede Form kindlicher Lebenswelt fiktional regulierte.

Erst in der zweiten Hälfte der Fünfzigerjahre finden sich Autoren, die maßgeblich dazu beitrugen, die Entwicklung der Kinder- und Jugendliteratur voranzutreiben, was sich wohl am ehesten durch die Nennung einiger signifikanter Namen und Titel verdeutlichen lässt. So veröffentlichte in diesen Jahren Kurt Lütgen (1911–1992), einer der bemerkenswertesten Vertreter eines neuen, nämlich einem sozialen Ethos verpflichteten Typus der Abenteuerliteratur, eine Reihe von geschichtlichen Jugendbüchern, u. a. *Kein Winter für Wölfe* (1955). Kennzeichnend für seine Arbeit ist eine ethisch vertiefte Auffassung vom Abenteuer, die die Rolle des »großen« Helden relativiert, ja sogar in Frage stellt, sofern er Grundsätze der Humanität verletzt. Sehr bekannt geworden ist *Das Rätsel der Nordwestpassage* (1966), das 1967 den Deutschen Jugendbuchpreis erhielt. Darin schildert er die 400 Jahre dauernden Bemühungen von Kapitänen und Forschern einen Seeweg vom Atlantischen zum Pazifischen Ozean im Norden des amerikanischen Kontinents zu finden. Die klare und fesselnde Erzählweise Lütgens übte auf jugendliche Leser eine Sogwirkung aus, der man sich auch heute nur schwer entziehen kann:

Der Hinweis auf Backs Vorhaben scheuchte Simpson auf. Sein Ehrgeiz litt es nicht, daß jemand ihm im Osten zuvorkam. Noch ehe das Flußeis aufging, brach er Anfang Juni 1838 auf. Die Boote wurden auf Schlittenkufen gesetzt und gezogen. Nach fünf Tagen kam Tauwetter, und der im Winter erkundete Kendall-River brachte sie in wenigen Stunden zum Kupferminen-Fluß.

Er führte Hochwasser. Die Expedition mußte warten, wollte sie nicht von den dicken Eisschollen überrannt werden, die mit dem Strom zum Meer trieben. Auch dann noch blieb die Stromfahrt gefährlich. Simpson konnte sie nur riskieren, weil er eine Mannschaft ausgesucht tüchtiger Voyageurs hatte und er selbst ebenso wie Rease ein erfahrener und wagemutiger Bootsführer war. Bei Hochwasser war es nämlich unmöglich, an den Steilufern der Stromschnellen am Blutfall zu landen und Boote und Gepäck um die Enge herumzutragen. Es hieß, entweder die halsbrecherische Fahrt wagen oder viele Tage wartend versäumen.

Von der reißenden Strömung wie Späne mitgerissen, jagten die schwer beladenen Boote durch die Wirbel und an den Unterwasserklippen vorbei. Einmal mußten sie durch eine nur wenig über zwei Meter breite Lücke zwischen scharfkantigen Klippen hindurch. Tatsächlich gelang es, alle Boote heil bis zum Meer zu bringen.

Auch die Seefahrt ließ sich gut an. Schon am 9. August hatten Simpsons Boote dieselbe Strecke bewältigt, die Franklin 1821 zurückgelegt hatte. Aber fünf Kilometer vor Kap Turnagain hielten schwere Stürme sie tagelang fest. Große Treibeismengen drängten gegen die Küste und bedeckten das Meer nach allen Richtungen.

Publikumserfolge waren des Weiteren die Bücher von Barbara Bartos-Höppner und Ingeborg Engelhardt, die ebenfalls das Abenteuer-Genre wieder belebten, vor allem aber auch die *5 Freunde*-Erzählungen sowie die Hanni und Nanni-Geschichten der Engländerin Enid Blyton. Wurden Blytons Jugendbücher in der Folgezeit, vor allem seit den Siebzigerjahren, von der Kritik deutlich distanzierter aufgenommen, so bleibt der Beitrag, den Erich Kästner beim Aufbau der Kinder- und Jugendliteratur in der Nachkriegszeit geleistet hat, unbestritten. Seine bereits vor dem Einschnitt des Jahres 1933 publizierten Bücher erschienen wieder und fanden erneut einen ausgesprochen großen Leserkreis; das gilt insbesondere für *Emil und die Detektive,* aber auch für *Pünktchen und Anton* oder *Das fliegende Klassenzimmer.* Wiederum neue Impulse setzte er 1949 mit *Die Konferenz der Tiere* und *Das doppelte Lottchen.* Letzteres war damals wegen seiner Thematik heftig umstritten, konnte aber sowohl als Buch wie als Film an die Erfolge des Emil anknüpfen. Aus heutiger Sicht ist Kästners Wirkung nicht zuletzt deshalb so interessant, weil er den Kinderbuch- und Erwachsenenautor gleichermaßen verkörperte, was vor allem dem Ansehen der Kinder- und Jugendliteratur nützen sollte, galt sie doch in den Augen vieler – z. T. bis heute – als Literatur minderer Qualität. Gerade weil er die Belange der Kinder so ernst nahm, bestand er darauf, dass der Schriftsteller, der für Kinder schreibe, nicht in die »Kniebeuge« gehen dürfe.

Anregung aus den Vereinigten Staaten – Bildausschnitt aus Maurice Sendak »Wo die wilden Kerle wohnen«.
© 1967 by Diogenes Verlag AG, Zürich

Große Beachtung fand schließlich Ursula Wölfel, die mit Büchern wie *Der rote Rächer* (1959), *Feuerschuh und Windsandale* (1961) oder *Mond, Mond* (1962) die ersten sozialkritischen und problemorientierten Töne in die Kinder- und Jugendliteratur brachte und die Sorgen und Nöte von Außenseitern thematisierte. So erzählt sie in *Feuerschuh und Windsandale* (1962: Deutscher Jugendbuchpreis) die Geschichte von Tim, der mit sich selbst und seiner Umwelt zunächst überhaupt nicht zurechtkommt:

> Der Junge hieß Tim. Er war fast sieben Jahre alt.
> Manchmal war er traurig. Er war nämlich ein besonders dicker Junge, der allerdickste in der ganzen Klasse. Und besonders klein war er auch, der allerkleinste in der ganzen Schule! Die anderen Kinder nannten ihn meistens »Möpschen« oder »Dicker«. Das meinten sie nicht böse. Aber Tim wurde oft sehr wütend darüber. Er schrie:
> »Ihr häßlichen langen Bohnenstangen! Ihr dürren Klappergestelle! Ihr Zaunlatten!«

Eine besondere Bedeutung für den Neuanfang und die zunehmende Breitenwirkung der Kinder- und Jugendliteratur sollte vor allem das Aufkommen der »Phantastischen Erzählung« bekommen. Dabei ist es fast überflüssig, darauf hinzuweisen, dass Otfried Preußlers Erstlinge *Der kleine Wassermann* (1956), *Die kleine Hexe* (1957) und *Der Räuber Hotzenplotz* (1962) auch heute noch gerne gelesene Kinderbücher sind. James Krüss legte in diesen Jahren *Der Leuchtturm auf den Hummerklippen* (1956), *Mein Urgroßvater und ich* (1959) und *Timm Thaler oder das verkaufte Lachen* (1962) vor. Michael Ende gab sein erfolgreiches Debüt mit den vor Phantasie nur so sprudelnden Geschichten *Jim Knopf und Lukas, der Lokomotivführer* (1960) sowie *Jim Knopf und die wilde 13* (1962). Wer hätte damals gedacht, dass dieser junge Autor zu einem Trendsetter der westdeutschen Kinderliteratur werden und mit Büchern wie *Momo* (1973) und *Die unendliche Geschichte* (1979) ein Millionenpublikum erreichen sollte?

Die Erzählung »Der Bär auf dem Försterball« wurde 1972 von W. Schmögner illustriert. © Middelhauve Verlags-GmbH, München

Was die phantastischen Kinderbücher jener Zeit miteinander verbindet, ist, dass die Autoren es verstanden haben, sich mit viel Feingefühl auf kindliche Bedürfnisse einzulassen, ohne in falsche, gewissermaßen »onkelhafte« Kindertümlichkeit zu verfallen. Sie biedern sich nicht an; im Gegenteil: Sie nehmen die Bedürfnisse und Fähigkeiten ihrer Leser zwar unbedingt ernst, geben aber nichts von den Forderungen auf, die sie an sich selbst als Schriftsteller richten. Das schließt die ästhetischen Aspekte ihrer Bücher ein, d. h., sie bemühen sich um eine literarische Gestaltung, die einer kritischen Analyse standzuhalten vermag. Die Qualitätssteigerung der deutschen Jugendliteratur um diese Zeit ist unübersehbar: Preußlers *Kleiner Wassermann* oder Endes *Jim Knopf*-Bücher sind hochpoetische, sprachlich wie formal artifizielle Texte, die nicht nur Kinder berühren. Ein Auszug aus *Kleiner Wassermann* mag dies verdeutlichen:

> Der Moormann aber griff insgeheim in die Tasche und zog seine Flöte hervor. Und zuletzt, als die Reihe an ihm war, da sagte er: »Junge, ein fröhliches Herz sollst du haben!« Dann spitzte er flugs die Lippen und setzte die Flöte an.
>
> Hei, wie der Moormann dem kleinen Wassermann aufspielte! Lustig war das zu hören – und lustig zu sehen! Aus jedem Flötenloch, das er aufdeckte, stieg nämlich immer zugleich mit den Tönen ein dünner bräunlicher Wasserfaden empor. Und weil sich der Moormann beim Spielen verneigte und wiegte und drehte, wehten die Fäden wie eine Schleppe der Flöte nach – und es schien, daß sie tanzten.
>
> Da nahmen sich die dreizehn Wassermänner an den Fäden ein Beispiel und tanzten mit ihren Wassermannfrauen gleich mit. Und der Brunnenmann mit dem weißen Bart und das Brückenweiblein von der Sankt-Nepomuks-Brücke faßten sich ebenfalls bei den Händen und drehten sich auch mit im Kreise.
>
> Doch plötzlich blieben sie alle stehen, wie angewurzelt, und staunten.
>
> Sie staunten den kleinen Wassermann an.
>
> Der war aus dem Binsenkörbchen herausgekrabbelt und schwamm nun, mit Armen und Beinen rudernd, wohlgemut um den Moormann herum.
>
> »Ist das möglich?«, fragte der Wassermannvater verwundert. »Der Hemdenmatz schwimmt schon?«
>
> »Du siehst es ja«, sagte der Brunnenmann leise und strich sich den weißen Bart.

*»Häuptling Scharfes
Adlerauge« von Paul
Maar aus »Onkel Florians
fliegender Flohmarkt« im
Verlag Oetinger 1977.
© Verlag Friedrich
Oetinger*

Darüber hinaus sind viele Bücher aus den Fünfzigerjahren – auch das fällt auf – sehr gelassen erzählt. Die Autoren – wie etwa Lütgen – nahmen sich die Zeit eine Biografie breit nachzugestalten, einer Sagengestalt – so Preußler – einen anderen Charakter zuzuschreiben und sich die Konsequenzen auszudenken, die das haben könnte, oder eine phantastische Welt in allen Einzelheiten auszuspinnen, wie das Michael Ende so »phantastisch« vermochte. Hier glaubt man etwas von der Beruhigung zu spüren, die sich mehr als ein Jahrzehnt nach Krieg und Zerstörung, Not und Entbehrung ausgebreitet hat. Daher rühren natürlich auch die idyllischen Züge vieler dieser Texte, die ihren Autoren später den Vorwurf eingebracht haben, sie spiegelten den kindlichen Lesern eine nirgends existierende »heile Welt« vor. Seitens der Jugendbuchkritik – namentlich der der Siebzigerjahre – ist in diesem Zusammenhang vielfach von »Restauration« die Rede, um das Charakteristische der Kinder- und Jugendliteratur der Fünfziger- und frühen Sechzigerjahre auf den Begriff zu bringen. Doch zumindest im Blick auf die genannten Autoren und Titel bleibt zu fragen, ob diese Etikettierung den wesentlichen Grundzug der Epoche hinreichend erfasst, es sei denn, man verwendet das Wort »Restauration« nicht nur in seiner negativen Konnotation. Dann nämlich trifft es gemäß seiner Bedeutung als »Wiederherstellung« einen fundamentalen Aspekt der Zeit. Was zumindest die genannten Kinder- und Jugendbuchautoren wollten, war tatsächlich die Wiederherstellung des Zerstörten, und zwar nicht nur in materieller Hinsicht; was die Politik angeht, wollten diese Autoren die Wiederherstellung der freiheitlich demokratischen Verhältnisse, die 1933 untergegangen waren; im Geistigen ging es um die Wiederherstellung einer moralisch-ethischen Ordnung, die in den Jahren der Diktatur und des Krieges der Verwahrlosung anheimgefallen war. Schließlich ging es nach einem Jahrzwölft der Gleichschaltung und Kollektivierung aller Lebensbereiche auch um die Wiederherstellung des Privaten und Individuellen, einschließlich der Verantwortung des Einzelnen statt des Sichunterwerfens oder des Unterworfenwerdens unter Gruppennormen. Insofern kann man insbesondere jene Texte, die phantastische Welten fiktional gestalteten, auch als Versuch lesen Hierarchien abzubauen und das Poetische wiederzugewinnen. Besonders deutlich wird diese Rückkehr zur Poetizität auch in der Lyrik für Kinder. Neben James Krüss war es insbesondere Josef Guggenmos, der der deutschsprachigen Kinderlyrik in jenen Jahren zu einer neuen Blüte verhalf. 1956 erschien sein erster Band mit Gedichten unter dem Titel *Lustige Verse für kleine Leute*. Rund ein Jahrzehnt später folgt sein berühmt gewordener Gedichtband *Was denkt die Maus am Donnerstag?*, 1971 *Gorilla ärgere dich nicht,* beides Bände, die zu Recht auch heute noch Höhepunkte deutscher Kinderlyrik markieren. Hans Manz gehört ebenfalls zu jenen Wegbereitern der Kinderliteratur, die es über Verse und Sprachspiele vermögen, Heranwachsenden die Freude am Umgang mit Sprache zu vermitteln; beispielhaft sei hier der Band *Lügenverse, Kinderreime* (1968) genannt.

Starenlied

Die Stare kommen wieder
Von Süden übers Meer
Mit blitzendem Gefieder,
Und keiner weiß, woher.

Verbrachten sie den Winter
Wohl an der Adria?
Oder weit, weit dahinter
Im heißen Afrika?

Ich kann euch nicht verraten,
Wohin die Sterne ziehn.
Vielleicht in die Karpaten,
Vielleicht nur bis Turin.

Die Stare sind inzwischen
Zurückgekehrt nach Haus.
In Bäumen und in Büschen,
Da schwatzen sie sich aus.

Und wer von euch, ihr Kinder,
Das Starenlied versteht,
Der hört, wohin im Winter
Die Starenreise geht!
(James Krüss)

Hummel, gib acht!

Hummel, gib acht!
die Spinne hat ein Netz gemacht.
An Engelwurz und Baldrian
knüpfte sie es voll Arglist an.
Sie hat es gesponnen aus Seide fein,
um dich zu kriegen.
Sie will dich fesseln an deinem Bein
und verschnabulieren.
Es geht um dein Leben.

Drum,
dicke Hummel, flieg mit Gebrumm
weit, weit, weit um das Netz herum.

Sei klug!
Es ist auch daneben
für dich Hummel-Brummel noch Platz genug.
(Josef Guggenmos)

Dass sich die Kinder- und Jugendliteratur zu Beginn der Sechzigerjahre thematisch vielgestaltiger und qualitativ reichhaltiger entwickeln konnte, lag auch an den Institutionen, die ihren Einfluss als Vermittlungsinstanzen geltend machten. Viele Pädagogen und Eltern sahen im Aufkommen einer zumindest teilweise »trivialer« werdenden Jugendliteratur sowie in der Hochkonjunktur der Heftchen und Comicbooks eine ungute Entwicklung, was zur Gründung verschiedener Institutionen führte. So wurde der »Arbeitskreis für Jugendschrifttum« ins Leben gerufen (1955; seit 1969 »Arbeitskreis für Jugendliteratur«), der seitdem für die Verleihung des »Deutschen Jugendbuchpreises« (seit 1981 »Deutscher Jugendliteraturpreis«) zuständig ist, und ebenso das »Deutsche Jugendschriftenwerk« (1956). Beiden Institutionen ging es durch die Vergabe von Preisen und Empfehlungslisten um die Förderung qualitativ anspruchsvoller Kinder- und Jugendliteratur. Daneben bekämpfte man das, was man in der Terminologie von damals als »Schund und Schmutz« bezeichnete. Ziel der literaturkritischen wie der literaturpädagogischen Arbeit war – um es mit dem Titel einer 1951 gegründeten Zeitschrift auszudrücken – »Das gute Jugendbuch« (seit 1980 »Jugendbuchmagazin«). Das Epitheton »gut« bezog sich sowohl auf den Gehalt der Texte, also deren ethische Aspekte, als auch auf ihre sprachliche und literarische Gestaltung, womit das ästhetische Moment angesprochen war. Auch Kinder- und Jugendliteratur – so kann man die damaligen Bemühungen vereinfacht umreißen – sollte »Hochliteratur«, wenn nicht »Dichtung« sein, eine Vorstellung, die an Heinrich Wolgast und die von ihm so nachdrücklich geprägte Jugendschriftenbewegung vom Anfang des Jahrhunderts erinnert. Die Forderungen, die an die Kinder- und Jugendbücher gestellt worden sind, galten auch für die künstlerische Qualität des Bilderbuchs, das sich mehr und mehr den Ausdrucksformen und dem Niveau der zeitgenössischen bildenden Kunst anzunähern begann. Dies lässt sich beispielsweise an den Arbeiten von Lilo Fromm, Liselotte Schwarz oder an den frühen Zeichnungen des heute weltberühmten Kinderbuchautors Janosch beobachten. Nicht zuletzt dank des Einflusses internationaler Bilderbuchgestalter wie etwa Maurice Sendak oder Leo Lionni hat sich auch die Bilderbuchkunst in Deutschland seit dieser Zeit in ihrer Formensprache und in der thematischen Gestaltung fortentwickelt. Hier sei kurz verwiesen auf die Produktionen von Friedrich Karl Waechter, Tomi Ungerer, Nikolaus Heidelbach, Rotraut Susanne Berner oder Wolfgang Erlbruch, die man zu den wichtigsten Bilderbuchkünstlern der letzten Jahrzehnte rechnen darf.

Die ästhetische Ausrichtung und Zielsetzung der Kinder- und Jugendliteratur hat sicher dazu beigetragen, dass seit Anfang der Sechzigerjahre mehr Qualität produziert wurde, wobei insbesondere auf die qualitätssteigernde Wirkung des Deutschen Jugendliteraturpreises zu verweisen ist. Allerdings geriet das propagierte »gute« Jugendbuch – insbesondere im Bereich des Mädchenbuchs – später zu Recht in den Ruf ideologisch aufgeladen zu sein und einer ausschließlich auf Bewahrung des Status quo ausgerichteten Pädagogik Vorschub zu leisten. Neben der Herausbildung eines institutionellen und nicht zuletzt eines publizistischen Umfelds zeichneten sich in den Jahren um 1960 weitere Entwicklungen ab, die vor allem das erzählende Buch für ältere Jugendliche verändern sollten. Nun kam es zu dem, was in den Jahren der unmittelbaren Nachkriegsjahre nahezu ausgeblendet worden war: der Aufarbeitung der NS-Zeit. Gerade deshalb aber soll in diesem Zusammenhang an die Autoren, die diesem Zeitraum schon früher literarisch nicht ausgewichen sind, kurz erinnert werden. Dabei zeigt sich, dass die Auseinandersetzung mit der Zeit des Nationalsozialismus – von Ausnahmen wie Lisa Tetzners neunbändiger Folge *Die Kinder aus Nr. 67* (1945/49) abgesehen – so gut wie nie direkt, also an Hand von Stoffen aus der jüngsten deutschen Vergangenheit selbst, sondern zumeist in historischer Verkleidung erfolgte. Erich Kästner mahnte in *Die Konferenz der Tiere* (1949) in Form einer parabelhaften phantastischen Tiergeschichte zum Frieden; Hans Baumann versuchte mit seinem Buch *Der Sohn des Columbus* (1951) Verständigungsmöglichkeiten zwischen den Völkern aufzuzeigen; in *Steppensöhne* (1954) oder *Ich zog mit Hannibal* (1960) beleuchtete er die »Großen« der Geschichte durchaus kritisch. Man sollte die folgende Passage auch vor dem Hintergrund lesen, dass Baumann während des Dritten Reiches zu den ideologischen »Scharfmachern« gehörte, sich sein Weltbild aber grundsätzlich änderte, während er in Kriegsgefangenschaft war – wobei er sich damals wohl endgültig von der NS-Ideologie lossagte. Die Textprobe aus *Der Sohn des Columbus* zeigt den Moment, wie sich Fernan, der 13-jährige Sohn des Kolumbus, heimlich aus der Klosterschule davonstiehlt, um seinen Vater auf dessen vierter Entdeckungsreise zu begleiten:

> Mit bloßen Füßen schlich Fernan aus dem Schlafsaal, die Sandalen in der Hand. Er hatte eine günstige Stelle erkundet: Aus dem Sakristeifenster springen – das war das einfachste.
> Zuvor stieg er noch einmal zum Dachboden hinauf. Fernan brauchte kein Licht. Er rollte die beiden Karten ineinander. Dann tastete er die Gegenstände ab, die sein Vater aus der Neuen Welt mitgebracht hatte. Er ließ alles liegen. Bald würde er sich selbst solche Dinge holen.
> Die Sarazenenklinge nahm er an sich.

Der Vater hat viele Feinde . . .

Fernan beugte sich aus dem Sakristeifenster. Er konnte nichts
erkennen. Aber er hatte sich bei Licht alles genau angesehen.
Zwei Meter von der Mauer entfernt war der Rand der Schlucht.
Aber ein Felsvorsprung von zwei Metern Breite genügte Fernan. Er schob sich aus dem Fenster. Dann ließ er sich fallen.
Die Nacht war dunkel: Wolken und drüber kein Mond. Fernan
blieb auf der Straße. Nach einer Biegung sah Fernan die Lichter von Los Palos. Die Stadt lag viel tiefer als das Kloster. Dort
unten lagen Schiffe im Hafen. Dort gab es Schenken, in denen
Matrosen angeheuert wurden. Auch Schiffsjungen – vielleicht.

In den Sechzigerjahren wurden nun Faschismus, Krieg und Holocaust
nicht mehr in andere Zeiten und Kulturkreise sowie auf andere Personen über-
tragen; die thematische Gestaltung von Krieg, Unterdrückung und Verfolgung
fand nun ihren direkten literarischen Ausdruck. Exemplarisch können für diese Entwicklung folgende Autoren und Titel stehen: Willi Fährmanns *Das Jahr
der Wölfe* (1962), Hans Peter Richters *Damals war es Friedrich* (1961), Frederik Hetmans *Blues für Ari Loeb* (1961) und Hans Georg Noacks *Stern über der
Mauer* (1962). Dass sich diese Autoren der historischen Wirklichkeit nicht
mehr behutsam oder auf Umwegen näherten, sondern eine möglichst authen-
tische Wiedergabe des Zeitgeschehens suchten, soll eine Stelle aus *Das Jahr
der Wölfe* belegen, mit der Willi Fährmann die Geschichte der Bien-
mann-Familie eröffnete und seinen Ruf als großartiger Erzähler historisch
dichter Jugendromane begründete. Auch heute noch haben so faszinierende
und mitreißende Erzählungen wie *Kristina, vergiss nicht* (1974), *Der lange
Weg des Lukas B.* (1980) oder *Zeit zu hassen, Zeit zu lieben* (1985) nichts
von ihrer Sogwirkung verloren. Dass das Thema Kindheit und Jugend in der
Nazizeit den Autor nach wie vor beschäftigt, hat er erst jüngst wieder mit dem
vielschichtigen Roman *Unter der Asche die Glut* (1997) gezeigt. Doch bereits
in *Das Jahr der Wölfe* vergegenwärtigt Fährmann auf eine sehr anschauliche
und lebendige Art »Zeitgeschichte« und lässt erkennen, dass sein Schreiben
von einem außergewöhnlichen historischen Interesse bestimmt ist. In die-

Reinhard Michl illustrierte
Irina Korschunows Bilder-
buchgeschichte »Der Finde-
fuchs« bei dtv junior/
Thienemann 1982.
© 1982 Deutscher
Taschenbuch Verlag

sem Buch gestaltet er das Schicksal der ostpreußischen Familie Bienmann, die 1944/45 vor der heranrückenden Front fliehen muss. Der 12-jährige Konrad erlebt die bittere Wirklichkeit des Krieges:

> Mit der Sonne zogen auch die Kampftruppen weiter. Die Nacht war unruhig. Panzerketten ließen die Scheiben erzittern. Befehle hallten, Waffen klirrten. Gegen zwei Uhr fielen Schüsse, und Lärm und Grölen schallte vom Dorfkrug herüber. Am Morgen erst trat Stille ein.
> Hier und dort trauten sich die Menschen aus ihren Häusern. Erste Berichte eilten von Haus zu Haus. Beim Bauern Vichweg waren vier Tote. Erschossen. Die Magd erzählte, der Bauer habe den Soldaten den Eintritt in die Stube wehren wollen. Wild hätten sie da um sich geschossen. Über die Frauen seien

sie hergefallen, über alte und junge. Kaum 13 sei die Tochter des Bauern. Sie sitze nun verstört in einer Ecke und rede kein Wort. Das ganze Haus sei auf den Kopf gestellt worden. Schlimmer als bei den Schweinen sehe es in der Stube aus. Bei Dörten waren zwei Rinder abgestochen worden, doch nur die besten Streifen hatten die Soldaten herausgeschnitten.

»Alles in allem«, gab selbst Vater zu, »sind wir noch gut weggekommen.«

Der Schrecken war vorübergegangen. Doch er kehrte siebenmal stärker wieder ein, als die Besatzungstruppen am nächsten Tag kamen. Sie raubten und plünderten, nahmen sich, was ihnen gefiel, zerschlugen, was sie ärgerte, wühlten nach verborgenen Schätzen, tobten, schossen, schlugen, quälten die Frauen und verschleppten Männer.

Zumindest einige Autoren wandten sich also der jüngsten Vergangenheit zu und brachen das Schweigen darüber. Dadurch trugen sie dazu bei, einen durchaus notwendig gewordenen Wandel einzuleiten. So begann man etwa ab der Mitte der Sechzigerjahre auch im Bereich der Kinder- und Jugendliteratur die problematischen Seiten der Wirklichkeit beim Namen zu nennen, eine Tendenz, die wiederum mit der gesamtgesellschaftlichen Entwicklung zusammenfiel. Zu einschneidenden Veränderungen kam es unter dem Eindruck der Studentenunruhen gegen Ende der Sechzigerjahre; das Jahr 1968 symbolisiert diese Zäsur. Es schien so, als ob alles Erreichte und Vorhandene zur Disposition stünde, jedenfalls wurde am Status quo in nahezu allen Lebensbereichen kräftig gerüttelt. Ein neues Bild und Verständnis von Mensch, Gesellschaft und Geschichte führte innerhalb der gesamten Kinder- und Jugendliteratur dazu, dass sich nach und nach eine neue Kindheitsauffassung durchsetzte. Dazu kamen reale Veränderungen in der konkreten Lebenswelt von Kindern und Jugendlichen. Sie wurden – zumindest bei einem Teil der Bevölkerung in Anlehnung an liberale und antiautoritäre Erziehungskonzepte – mehr und mehr als gleichberechtigte Partner angesehen; ferner wurden Heranwachsende jetzt auch mit den Konfliktfeldern konfrontiert, mit denen sich sonst nur Erwachsene auseinander setzten. Aus der so genannten »Kinderladenpädagogik« ging – und damit ist die eine der für die Kinder- und Jugendliteratur maßgeblichen Entwicklungen angesprochen – eine »antiautoritäre« Kinder- und Jugendliteratur hervor, die in ihrer dogmatisch-marxistischen Ausrichtung nur kurze Zeit von sich reden machte.

Eine zweite Auswirkung ist darin zu sehen, dass jetzt gesellschaftliche Verhältnisse überhaupt zum Gegenstand kinder- und jugendliterarischer Auseinandersetzung wurden. Das gilt auch für die Autoren, die schon länger publizierten. Sie begannen auf die veränderten sozialen Bedingungen und die damit verbundenen Probleme kindlicher und jugendlicher Lebenswelt einzugehen und diese kritisch zu beleuchten. Festmachen lässt sich dies an der bereits genannten Ursula Wölfel, die, ohne es eigentlich zu wollen, zur Galionsfigur einer Kinder- und Jugendliteratur mit einem ausgesprochen sozialkritischen Impetus wurde. Wölfels folgenreiche Geschichtensammlung *Die grauen und die grünen Felder* (1970) beinhaltet eine Reihe der Themen, die zuvor tabuisiert waren. Behinderung, ein uneheliches Kind, Alkoholismus und Probleme der Dritten Welt werden in den einzelnen Erzählungen zum Gegenstand literarischer Darstellung, wobei dem kindlichen Leser die gesellschaftlichen Ursachen für diese Problemfelder verdeutlicht werden sollen. Im Vorwort des Buches bemerkte die Autorin dazu:

> Diese Geschichten sind wahr, darum sind sie unbequem: Sie erzählen von den Schwierigkeiten der Menschen, miteinander zu leben, und wie Kinder in vielen Ländern diese Schwierigkeiten erfahren, Juanita in Südamerika, Sintajehu in Afrika, Manni, Corinna, Karsten und viele andere bei uns.
> Wahre Geschichten haben nicht immer ein gutes Ende. Sie stellen viele Fragen, und jeder soll die Antwort selber finden.
> Die Geschichten zeigen eine Welt, die nicht immer gut ist, aber veränderbar.

Einen sozialkritischen Anspruch formulierten auch die zeitgleich bzw. in der Folgezeit erschienenen Bücher von Hans Georg Noack, der nicht nur mit *Rolltreppe abwärts* (1970) einen viel gelesenen Text vorgelegt hat. Dass dieses Buch mit erkennbarem Engagement geschrieben ist, spürt man nicht nur in diesen Zeilen:

> Es war Jochen nicht schwergefallen, seine Heimatstadt zu erreichen. Per Anhalter reist es sich leicht.
>
> Die Nacht hatte er im Kiosk im Sportstadion verbracht. Es war jetzt nicht mehr kalt, und man konnte es dort aushalten. Jetzt stand er in einem Hauseingang gegenüber dem Lebensmittelgeschäft Albert Möller und war sicher, daß man ihn von dort aus nicht sehen konnte. Um acht Uhr öffnete Herr Möller seinen Laden. Gleich darauf trat die Mutter vor die Schaufenster, stellte ein paar Auslagekörbe ab, verschwand wieder. Die ersten Kunden kamen.
>
> »Das wär's«, sagte Jochen und sprang aus seinem Versteck, lief die Straße hinunter und war gleich darauf um die nächste Ecke verschwunden.
>
> Das Warenhaus hatte auch schon geöffnet. Zu dieser frühen Stunde kauften vor allem Hausfrauen ein. Die Rolltreppe war noch nicht sehr belebt. Jochen fuhr ein paarmal auf und ab, begegnete auch dem Angestellten, der ihn damals festgehalten hatte, und nickte ihm freundlich lächelnd zu. Der Mann nickte zurück, doch er schien sich nicht an Jochen zu erinnern. Jungen, die bei Warenhausdiebstählen erwischt werden, sind Routinefälle, die man bald wieder vergißt.
>
> An der Schallplattenbar war Jochen der einzige Hörer. Erst nach ein paar Plattenlängen stand er wieder auf und schlenderte weiter.
>
> Er hatte noch keinen Plan. Zur Mutter wollte er nicht. Sie brachte ihn doch gewiß nur ins Heim zurück. Aber ihn sollte das Heim nicht wiederbekommen.
>
> Es hatte gar keinen Zweck, sich Illusionen zu machen. Diese Flucht war so wenig durchzuhalten wie die erste. Man konnte nicht ewig in Sportstadien nächtigen und von gelegentlich ge-

stohlenen Äpfeln leben. Aber man konnte auch nicht jedesmal
zur Polizei gehen und sagen: Bringen Sie mich ins Heim zurück.

*Zu den bekanntesten
Bilderbüchern von
Helme Heine gehört
»Freunde«, erschienen
1982 im Verlag
Middelhauve.
© Middelhauve Ver-
lags GmbH, München*

Auch Peter Härtling gelang mit der Schilderung eines behinderten Heim-
kindes in *Das war der Hirbel* (1973) eine immer noch ausgesprochen lesens-
werte Form sozialkritischer Dichtung. Eine breite Wirkung erzielte ferner Max
von der Grüns Buch *Vorstadtkrokodile* (1976), das sich ebenfalls dem Thema
Behinderung verschrieb und auch durch die Verfilmung sehr bekannt wurde.
Dass insbesondere Härtling als einer der wichtigsten Vertreter eines sozialkritischen Realismus in der Kinderliteratur anzusehen ist, wird deutlich, wenn man
seine weiteren Publikationen etwas genauer beleuchtet. In *Oma* (1975) schildert er das Zusammenleben eines Jungen, der durch einen Unfall zum Waisen
geworden ist, mit seiner Großmutter. Zwischen die Kapitel, in denen von diesem Zusammenleben – nicht zuletzt auch von den dabei auftretenden Schwierigkeiten – erzählt wird, schiebt der Autor Reflexionen der 67-jährigen Frau ein

und lässt ihre Sorge um die Zukunft des Jungen erkennen, für den Fall, dass sie stirbt oder in ein Heim gehen muss. Bekannt geworden von den früheren Büchern Härtlings ist auch die Erzählung *Ben liebt Anna* (1979), in der Härtling psychologisch sehr feinfühlig die Liebe zwischen zwei Kindern darstellt:

> Ich bin müde, sagte Anna dann und rollte sich auf die Matratze. Leg dich auch hin, Ben. Sie lagen nebeneinander, eine Weile. Er mit dem Rücken zu Anna.
>
> Dreh dich doch mal um. Er drehte sich um, und ihr Gesicht lag vor seinem. Sie atmete, und er fühlte ihren Atem auf seinen Backen, seiner Stirn. Er machte die Augen zu. Sie fuhr ihm mit den Fingern übers Gesicht und plötzlich über die Lippen. Es kitzelte.
>
> Paß auf, ich beiß dich. Tu's doch, sagte sie. Er öffnete die Augen nicht, er zog sie an sich und biß zu. Aua, mein Arm, schrie sie auf. Er lachte. Du bist warm, sagte er.

Zu den Themen Härtlings gehören, neben Behinderung, Alter, Tod und Liebe, auch die Flucht von Kindern aus einer ihnen unerträglich erscheinenden Umwelt, die Trennung der Eltern, Arbeitslosigkeit oder die Wirren der Nachkriegszeit – Probleme, von denen Härtling einmal sagte, dass man sie den Kindern »bis dahin zwar in der Realität, nicht aber in ihrer Literatur zugemutet hat«. Er dagegen will den Kindern in seinen Büchern die Wirklichkeit »ohne Vorbehalte und Tabus erschließen«; dabei sollte die Darstellung jedoch »unbedingt das Kriterium der Kindgemäßheit erfüllen, ohne kindisch zu werden«, ein schriftstellerisches Credo, dem Härtling stets gerecht wurde. Anlässlich der Verleihung des Deutschen Jugendliteraturpreises formulierte er sein – wenn man so will – kinderliterarisches Programm:

> Beschreibe Wirklichkeiten – aber so, dass sie die Phantasie nicht lähmen, den Traum nicht ausschließen. Hilf den Kindern nicht, mit der Literatur aus der Welt zu fliehen. Hilf ihnen, ihre Welt zu verstehen, zu durchschauen, zu bezweifeln, zu befragen und, wenn es nötig ist, anzugreifen.

Auch die österreichische Kinder- und Jugendbuchautorin Christine Nöstlinger, von der zur Zeit über hundert Bücher vorliegen, tendiert mit ihrer Literatur
in diese Richtung. Sie begann mit der für sie sehr charakteristischen Kindererer-
zählung *Die feuerrote Friederike* (1970), in der sie Gesellschaftskritik – nämlich
Kritik an vorurteilsbestimmtem Verhalten gegenüber Außenseitern – im Rahmen einer phantastischen Handlung entwickelt. Nöstlinger, die das Buch
selbst illustriert hat, erzählt darin die Geschichte einer typischen Außenseiter-
gestalt, die unter den Vorurteilen einer borniert Umwelt zu leiden hat:

> Der Annatante und der Katze kam Friederike wie ein ganz nor-
> males Kind vor. Alle anderen Leute aber lachten, wenn sie
> Friederike sahen. Besonders die Kinder.
>
> Die riefen: »Da kommt die feuerrote Friederike!
> Feuer, Feuer! Auf der ihrem Kopf brennt's!
> Achtung, die Rote kommt!«
>
> Wenn Friederike ihre Haare unter einem Hut versteckte, nütz-
> te das auch nichts. Sie hatte es schon ausprobiert. Ein paar Au-
> genblicke waren die Kinder still, aber dann lief ihr der kleine
> Wilhelm nach und schrie:
> »Das gilt nicht! Das gilt nicht!«
> Dann riß er ihr den Hut vom Kopf. Da lachten die anderen Kin-
> der, und alle schrien: »Das gilt nicht! Das gilt nicht! Bäähhh!
> Bäääääääääääääääääääääääähhhhhhhhhhhhhhhhhhhhhhhhh!«
>
> Manche Kinder stellten sich sogar vor Friederikes Haus auf
> und warteten, bis sie einkaufen ging. Dann liefen sie hinter ihr
> her und zupften sie an den Haaren. Manche Kinder rissen sie
> ganz fest. Das fanden die Kinder ungeheuer lustig. Friederike
> hatte schon oft versucht, ihre roten Haare loszuwerden.

Mit einer Wendung ins Phantastische lässt die Autorin ihre Protagonistin am Ende samt ihren Freunden in ein fernes Land fliehen, das deutlich nach dem Muster einer sozialen Utopie gezeichnet ist. Dieselbe Verbindung von Gesellschaftskritik, antiautoritärer Einstellung und Phantastik findet sich in ihrem 1973 mit dem Deutschen Jugendbuchpreis ausgezeichneten Buch *Wir pfeifen auf den Gurkenkönig* (1972), in dem der aus dem Keller in die Familie Hogelmann eingedrungene Gurkenkönig Kumi-Ori Verwirrung stiftet und Konflikte heraufbeschwört – gewissermaßen ein Lehrstück von der Überwindung autoritärer Strukturen und der Einführung demokratischer Verhältnisse, hier in der Familie. *Maikäfer, flieg* (1973) ist ein autobiografisch-zeitgeschichtliches Buch, in dem die Autorin ihre Erfahrungen um das Kriegsende mit dem Einmarsch der Russen in Wien und die ersten Friedenszeit schildert, die den Vorstellungen vom Frieden, die sich die Ich-Erzählerin während des Krieges gebildet hat, so gar nicht entsprechen. Ein letzter Titel aus der ersten Hälfte der Siebzigerjahre, das für das Mädchenbuch neue Impulse setzte, war *Ilse Janda, 14* (1974). In diesem Buch erzählt die Autorin die Geschichte eines jungen Mädchens, das mit ihrer tatsächlich auch schwer erträglichen Familie nicht zurechtkommt und mit einem älteren Freund ausreißt. Als Ilse zurückgeholt worden ist, wird klar, dass sie nicht vorhat, lange zu bleiben. Hier liegt ein Mädchenbuch neuer Art vor, das sich endgültig von den Backfischidealen des 19. Jahrhunderts verabschiedet hat. Christine Nöstlinger ist auch insofern eine für die Siebzigerjahre charakteristische Gestalt, als sie weiterhin literarisch Hoffnung und Hellsicht verbreitet; ihren Zukunftsoptimismus bezüglich der Befreiung der Menschen von Zwängen und Elend scheint sie gleichwohl etwas relativiert zu haben. »Lirum Larum Löffelstiel, Kindheit ist kein Kinderspiel«, sagt sie in einem Gedicht von 1992. Und es geht weiter: »Wie sie auch immer sei, selten ist sie froh, niemals ist sie frei.«

Das Aufkommen der antiautoritären wie der realistisch-kritischen Jugendliteratur war neben den erwähnten Autoren u. a. namentlich verbunden mit Wolfgang Gabel, Leonie Ossowski oder Mirjam Pressler. In Presslers *Bitterschokolade* begegnen die Leser und Leserinnen der 15-jährigen Eva, die fresssüchtig ist. 1980 bekam die Autorin für dieses Buch den Oldenburger Jugendbuchpreis. In der Begründung der Jury hieß es: »Liebesgeschichte, Schü-

Lilo Fromm »Klein Häs-
chen« im Ellermann Verlag
1982. © Verlag Heinrich
Ellermann

lerroman und gegenwartsnahe Milieuschilderung heutiger Jugendlicher in einem, lässt *Bitterschokolade* den Leser bis zur letzten Seite beim Lesen nicht
zur Ruhe kommen.« Hier eine Leseprobe:

Eva stand vor dem Schaufenster des Feinkostladens Schneider. Sie hatte sich dicht an die Schaufensterscheibe gestellt,
damit sie ihr Bild im Glas nicht sehen mußte, eine verzerrte,
verschwommene Eva. Sie wollte das nicht sehen. Sie wußte
auch so, daß sie zu fett war. Jeden Tag, fünfmal in der Woche,
konnte sie sich mit anderen vergleichen. Fünf Vormittage, an
denen sie gezwungen war zuzuschauen, wie die anderen in ihren engen Jeans herumliefen. Nur sie war so fett. Sie war so
fett, daß keiner sie anschauen mochte. Als sie elf oder zwölf
Jahre alt gewesen war, hatte es damit angefangen, daß sie immer Hunger hatte und nie satt wurde. Und jetzt, mit fünfzehn,
wog sie einhundertvierunddreißig Pfund. Siebenundsechzig
Kilo, und sie war nicht besonders groß.
Und auch jetzt hatte sie Hunger, immer hatte sie nach der
Schule Hunger. Mechanisch zählte sie die Geldstücke in ihrem

Portemonnaie. Vier Mark fünfundachtzig hatte sie noch. Der
Heringssalat kostete zwei Mark hundert Gramm. Im Laden war
es kühl nach der sengenden Hitze draußen. Bei dem Geruch
nach Essen wurde ihr fast schwindelig vor Hunger.

Die Tendenz, gegenwartsnäher zu schreiben, ließ die traditionellen
Genres nicht unbeeinflusst. Im Folgenden sollen einige Veränderungen im Bereich der neueren deutschen Kinder- und Jugendliteratur aufgezeigt werden.
So entwickelte sich zum einen eine dokumentarische Literatur für Heranwachsende – eine Schreibweise, der Frederik Hetmann beispielsweise mit seinem
Buch über Che Guevara (1972), zum Durchbruch verhalf. Zum anderen vollzog
sich im historischen Jugendbuch ein bezeichnender Wechsel der Perspektive.
Wurden historische Ereignisse und Prozesse bisher meist gewissermaßen
»von oben« gesehen dargestellt, also aus der Perspektive der »Großen der Ge-
schichte« (so der Titel eines weit verbreiteten historischen Sachbuchs), der
Herrscher und Helden oder doch wenigstens der Handelnden, wurde von den
Siebzigerjahren an Vergangenes mehr und mehr auch aus der Sicht der Unter-
legenen, Geschlagenen und Leidenden geschildert. Als Beispiel kann Dietlof
Reiches Buch *Der Bleisiegelfälscher* (1977) dienen. Der realistische, auf Re-
cherchen beruhende Roman, der im Jahre 1613 in der Freien Reichsstadt
Nördlingen spielt, stellt das Schicksal des kleinen, verarmten Lodenweber-
meisters Kratzer dar, der, um mit seiner Familie überleben zu können, die
Bleisiegel fälscht, die von den Webern an den Lodenballen angebracht werden müssen; sie dienen der Kontrolle der Produktion und deren Limitierung,
mit dem Ziel der Erhaltung der Preise. Kratzer wird verhaftet, auf der Folter
verhört und hingerichtet. Ein bemerkenswerter Text, der ebenfalls ergreift und
begreifen lässt, wie der Kleine das erleiden muss, was die Mächtigen ange-
zettelt haben, ist *In dreihundert Jahren vielleicht* (1983) von Tilman Röhrig.
Das Buch, das 1984 den Deutschen Jugendliteraturpreis bekam, führt den
Leser in den kleinen Ort Eggebusch im Oktober 1641: Hunger, Elend und
Furcht bestimmen das Leben. Nur wenige Menschen können sich noch an die
Zeit vor dem Krieg erinnern. Auch für Jockel, den 15-jährigen Sohn des Weiß-
gerbers, ist das Wort »Frieden« ein Begriff aus einer anderen Welt:

Die späte Sonne war im Westen hinter den weitentfernten Anhö-
hen verschwunden. Ihr Licht trennte die Hügelketten mit einer
scharfen Linie von dem mattblauen Himmel und drang nicht
mehr in die Enge zwischen den Häusern und Hütten. Die Gasse
war breit genug, um einen Feldwagen hindurchzulassen. Doch
Jockel ging genau in der Mitte der kleinen Straße. Unbehaglich
hütete er sich, den Hauswänden zu nahe zu kommen. Die Türen
waren herausgerissen und die Fensterhöhlen leer.
Totenschädel, ging es Jockel durch den Kopf.
»Früher war jedes Haus in Eggebusch bewohnt«, erzählte seine
Großmutter. »Damals vor dem Krieg ...«, und ihre Stimme klang
dann so, als erzähle sie ein altes Märchen.
Doch soweit Jockel sich zurückerinnern konnte, standen einige
dieser Häuser schon immer leer. Dann, vor sechs Jahren, als die
Soldaten nicht nur einmal oder zweimal im Jahr auftauchten, son-
dern Monat für Monat über Eggebusch hergefallen und in die
Häuser und kleinen Gehöfte eingebrochen waren, damals war
mehr als die Hälfte der Einwohner von Eggebusch umgekommen.

Einbandbild von
Rolf Rettich 1982
im Arena Verlag.
© Arena Verlag,
Würzburg

Ein instruktives Beispiel aus den Neunzigerjahren bietet Michail Krausnicks *Der Räuberlehrling* (1993). Krausnick schildert hier die Geschichte des
16-jährigen Claus Ullmann, der gegen seinen Willen zum Räuberlehrling wird.
Anschaulich und packend vergegenwärtigt der Autor die Zeit um 1800, in der
die Räuberbanden wie die des Schwarzen Malochers das Land in Angst und
Schrecken versetzten. Fern von jeder Räuberromantik zeichnet Krausnick dabei
ein Stück »Geschichte von unten« und lässt den Alltag all jener lebendig werden, die, um zu überleben, zum Räubern verdammt waren. An einer Stelle versucht dies der Schwarze Malocher dem Räuberlehrling bewusst zu machen:

> Zusammen mit meinem Herrn, dem Kaufmann Pindray, und
> jenem eiskalten Blondschopf, der »Studentchen« gerufen wur-
> de, marschierte ich am nächsten Tag in Richtung
> Klein-Erdlingen. Etwa eine Viertelstunde vor den Mauern von
> Butenrode ließ uns mein Herr plötzlich kurz vor einem kleinen
> Wald an einer Steigung Halt machen und führte uns zur Rast
> hinter die Hecken am Rand der Straße. Dort stellte ich meinen
> Handwagen ab, wir setzten uns auf einige Findlingssteine und
> mein Herr schnitt uns mit seinem scharfen Messer einige
> Scheiben von einer langen Wurst. Auch hatten wir Brot dabei
> und guten Wein. Als sich das Studentchen kurz entfernte,
> sprach mich mein Herr an mit den Worten: »Du bist ein armer
> Kerl, stimmt's?«
> Ich nickte und der Kaufmann fuhr mit vollem Mund fort: »Der
> Krieg macht alle krank, wurzellos – und arm. Du kannst froh
> sein, dass du mich getroffen hast. Bei mir kriegst du noch ein-
> mal eine Chance. Vielleicht die letzte deines Lebens!« Er sag-
> te das mit freundlichem Ernst und blickte mir ganz offen in die
> Augen, sodass ich sehr deutlich sein Wohlwollen verspürte.

Geschichte von unten« thematisieren im Blick auf den Nationalsozialismus und seine Auswirkungen seit den Achtzigerjahren Autoren wie der bereits erwähnte Willi Fährmann, Klaus Kordon, Arnulf Zitelmann oder Gudrun

Pausewang mit ihrem beklemmenden Buch *Reise im August* (1992). In *Paule Pizolka oder eine Flucht durch Deutschland* (1991) erzählt Arnulf Zitelmann die Geschichte des fahnenflüchtigen Paule Pizolka inmitten der Kriegswirren. In einer Rezension des Buches heißt es dazu: »Ein pralles Buch voller Geschichte und Geschichten, in dem neben dem blanken Entsetzen und dem Horror des Krieges auch eine Liebesgeschichte Platz findet, ohne trivial zu wirken.« Dass sich auch Jugendliche der Gegenwart in diesem Leseabenteuer wieder finden können, mag folgende Stelle andeuten:

> Schließlich kam Paule beim Burgplatz an. Rathaus und Salvatorkirche lagen in Trümmern, inmitten von meterhohen, mit Brennesselgestrüpp bestandenen Schutthalden. Mit einem Mal fühlte sich Paule sterbenselend. Übernächtigt, verloren zwischen den Ruinenfeldern, kam er sich selbst wie ausgebrannt vor. Hatten Ulla und er überhaupt die geringste Chance, etwas aus ihrem Leben zu machen? Würde es je wieder Frieden geben? Langsam machte er sich auf den Weg zurück zum Bahnhof. Vor seinem Anruf sollte er sich lieber doch noch mal hinsetzen, sich aufwärmen und ausruhen. Vielleicht gab es im Speisesaal ja bereits Kaffee. Danach würde er sich wieder besser fühlen.
>
> Punkt halb acht stand er in der Fernsprechzelle, wählte mit angehaltenem Atem und bekam sofort Anschluß.
>
> Ehe er sich melden konnte, hörte er schon Ulla. »Paule, bist du das?« rief sie.
>
> »Ja«, sagte er. »Ich bin am Bahnhof, draußen ist gutes Wetter. Kommst du?«
>
> »Ich bin gleich bei dir«, rief sie. »Das Rad steht schon im Garten. Wir treffen uns am Ausgang gegenüber vom Mercator-Haus.« Damit hängte sie ein.
>
> Die nächsten Minuten wurden zur Ewigkeit. Paule versuchte, sich ihr Gesicht vorzustellen, gab es aber bald wieder auf. Die Gedanken jagten ihm durch den Kopf. Vielleicht hätte er ihr

ein Geschenk mitbringen sollen? Und sollte er nicht noch einmal in die Unterführung gehen, sich waschen und kämmen?
Doch wenn Ulla inzwischen eintraf, würde sie nach ihm suchen. Also blieb er vor dem Bahnhofsgebäude stehen. Ein
Mädchen mit hellem Trenchcoat und türkisfarbener Kappe
winkte ihm vom Fahrrad aus zu. Das konnte aber nicht Ulla
sein. Die Ulla in seiner Erinnerung lief in Skihosen herum,
trug eine Trachtenjacke und eine bunte Wollmütze.
Doch dann stand sie atemlos vor ihm und war es doch.

*Illustration
von Janosch
zu »Der alte
Mann und der
Bär«. © 1985
by Diogenes
Verlag AG,
Zürich*

Mit den Folgen des Holocausts befasst sich Ingeborg Bayer in *Zeit für
die Hora* (1988), für das sie 1989 den Deutschen Jugendliteraturpreis erhielt.
Dabei zeichnet die Autorin ein teilweise neues und überraschendes Bild der
Entwicklung im Nahen Osten, das gerade jungen Deutschen helfen kann die
besondere Situation des jüdischen Volkes besser zu verstehen. An Bord des
Flüchtlingsschiffes, das von La Spezia ausläuft, um Palästina zu erreichen,
befinden sich Juden verschiedenster Herkunft, die nach der Katastrophe des
Holocausts ihre Zukunft im Gelobten Land sehen, darunter auch Mirjam:

Bo-ker Tov. Ein kleines Mädchen neben ihr sprach sie an, redete weiter, als sie nicht antwortete. Sie schüttelte lächelnd den Kopf. Ich versteh dich nicht. Die Mutter des Kindes, die neben ihm saß, sagte etwas. Das Kind schaute sie, Mirjam, fragend an. Sie möchte wissen, weshalb Sie so wenig Haare haben.

Ich hatte Typhus, antwortete sie, aber sie wachsen wieder nach.

Bei uns im Lager hatten wir ihn auch, sagte die Frau und fragte dann nach dem Lager, in dem sie gewesen sei.

In gar keinem, sagte sie, ich bekam ihn so, ohne Lager.

Sie spürte das leichte Verwundern in den Blicken der Frau, die zu ihrem Kopf emporgingen, auf den kurzen, dünnen Stoppeln verweilten und dann zu ihrem Gesicht zurückkehrten, als könnten sie dort die Antwort finden auf ihre Fragen.

Sie hoffte, daß keine weiteren Fragen kommen würden, weil sie keinesfalls bereit war zu antworten. Zumindest nicht an diesem Morgen. Ob sie es je sein würde, wußte sie nicht. Es lag hinter ihr. Alles lag hinter ihr. So wie dieser Hafen inzwischen endgültig im Nebel verschwunden war. Sie hatte nicht zurückgeschaut. Weil sie weder Traurigkeit noch sonst etwas empfand, dieses Land zu verlassen. Es hatte ihr nichts gegeben, nur genommen.

Sie schloß die Augen, hob das Gesicht der Sonne entgegen, die soeben am Horizont emporzusteigen begann. Eine blasse, gelblich fahle Sonne, ohne Kraft, eine Novembersonne.

Veränderungen gab es aber nicht nur im historischen Jugendbuch; auch auf dem Terrain der Abenteuerliteratur vollzogen sich Neuerungen, wenngleich ausdrücklich betont sei, dass an dieser Stelle vor allem aus Gründen der klaren Darstellung vom »historischen Jugendbuch« oder vom »Abenteuerbuch« gesprochen wird. Da sich die Gattungsformen vielfach überlappen, wird diese Art der Rubrizierung nicht jedem Text gerecht. Jedenfalls hatten sich in den eher konventionellen Abenteuerbüchern die Protagonisten, meist Europäer, in gefahrvollen Situationen durchzusetzen, sie mussten gefährliche Tiere töten, feindliche Eingeborene überwinden, Schätze heben, Land erobern usw. Nun änderte sich die Perspektive: Herrschte bis dahin eine eurozentrische Sichtweise vor, so erfuhren die jungen Leser nun immer mehr von den Lebensverhältnissen in der so genannten »Dritten Welt«. Solche Akzente setzten z. B. Sigrid Heuck mit *Mondjäger* (1983) oder Jo Pestum mit *Die Zeit der Gazelle* (1985), einem Buch, das das Scheitern eines Entwicklungshilfeprojekts schildert. Eine in diesem Zusammenhang wichtige Autorin ist auch Gudrun Pausewang, die in einer ganzen Reihe von Jugendbüchern eigene Südamerikaerfahrungen als Lehrerin verarbeitet hat, so etwa in *Die Not der Familie Caldera* (1978), wo sie den Weg einer ausgebeuteten Familie ins Elend und in die Kriminalität zeigt. Ihr kritisches Bewusstsein spiegelt sich auch in ihren beiden »negativen Utopien« *Die letzten Kinder von Schewenborn* (1983) und *Die Wolke* (1985), mit denen sie einen ungewöhnlich hohen Bekanntheitsgrad erreichen sollte, was das letztgenannte Buch angeht auch infolge des Wirbels, den die anfängliche Verweigerung des Deutschen Jugendliteraturpreises durch das Bundesinnenministerium ausgelöst hatte. An diesen Texten, die sicher nicht mit dem Begriff »Abenteuerbuch« zu etikettieren sind, zeigt sich einmal mehr, dass Jugendliteratur als Reflex ihrer Zeit gelesen werden kann, denn beide Titel sind wohl nicht zu verstehen ohne die zeitgenössische Friedensbewegung und die durch sie artikulierten Zukunftsängste. Die Katastrophenstimmung, die zu Zeiten der Friedensbewegung das öffentliche Klima beherrschte, findet ihren Ausdruck in diesem engagierten Text:

> An diesem Freitagmorgen wehte eine starke Brise. Wenn Janna-Berta aus dem Fenster schaute, sah sie die jungen Birkenblätter in der Sonne glitzern. Die Schatten der Zweige zitterten auf dem Asphalt des Schulhofs. Über die Pavillondächer schneite es Kirschblütenblätter. Der Himmel war tiefblau. Nur vereinzelte Wolken, weiß und leicht wie Watte, trieben über ihn hin. Für einen Maimorgen war es außergewöhnlich warm.

Die Sicht war klar.

Plötzlich heulte die Sirene. Herr Benzig brach seinen Kommentar zur neuen Französisch-Lektion mitten im Satz ab und warf einen Blick auf seine Armbanduhr.

»Neun vor elf«, sagte er. »Komische Zeit für einen Probealarm. Es stand auch nichts davon in der Zeitung.«

»Das ist ABC-Alarm!« rief Elmar, der Klassenbeste.

»Wahrscheinlich stand's doch wo, und ich hab's nur übersehen«, sagte Herr Benzig. »Machen wir weiter.«

Aber kaum hatte er sich wieder in die Lektion vertieft, knackte es im Lautsprecher. Alle blickten zu dem kleinen Quadrat über der Tür. Es sprach nicht, wie sonst, die Sekretärin, sondern der Direktor.

»Soeben wurde ABC-Alarm gegeben. Der Unterricht schließt ab sofort. Alle Schüler begeben sich auf schnellstem Weg nach Hause.«

Es folgten ein paar Sätze, die in wildem Lärm untergingen. Alle rannten zu den Fenstern und spähten hinaus.

»Verstehst du, was das soll?« fragte Meike, Janna-Bertas Freundin.

Janna-Berta schüttelte den Kopf. Sie spürte, wie ihr die Hände kalt wurden. Irgend etwas war geschehen. Aber was? Sie dachte an Uli, ihren kleinen Bruder.

»Geht nach Hause«, sagte Herr Benzig.

Vom Korridor drang Lärm herein: aufgeregtes Geschrei, eilige Schritte, Türenschlagen.

Gleichwohl spielt das Abenteuermotiv in der aktuellen Jugendliteratur nach wie vor eine große Rolle. Untersuchungen zum Leseverhalten der Heranwachsenden zeigen, dass die Abenteuerliteratur in der Lektüre der Jugendlichen eine deutliche Spitzenstellung einnimmt. Gerne gelesen werden u. a. die Bücher von Käthe Recheis, Werner J. Egli oder die mitreißenden Abenteuerromane von Rainer M. Schröder, der zu den erfolgreichsten deutschsprachi-

gen Jugendbuchautoren der letzten Jahre zu zählen ist. So lässt er auch in *Felix Faber – Übers Meer und durch die Wildnis* (1998) von der ersten Zeile an
keinen Zweifel daran aufkommen, dass er fesselnd und packend zu erzählen
vermag:

> Welch beklemmende Alpträume die letzte Nacht doch wieder
> für mich barg!
> Die dröhnenden Hammerschläge der Zimmerleute, die den
> ganzen Tag lang unten im Gefängnishof in der sengenden Son-
> ne des australischen Spätsommers den neuen Galgen errichtet
> hatten, folgten mir in den Schlaf. Und als der Henker mich im
> Traum aufs Schafott führte und mir den rauen Hanfstrick um
> den Hals legte, da verwandelte sich das dumpfe Schlagen der
> Zimmermannshämmer in den rasenden, anschwellenden
> Trommelwirbel eines Hinrichtungskommandos. Im fahlen
> Licht des Morgengrauens wurde noch einmal das Todesurteil

verlesen. Dann straffte sich der Strick. Ich versuchte mich aufzubäumen und wollte meine Todesangst hinausschreien. Doch die Schlinge, die sich um meine Kehle zusammenzog, raubte mir den Atem und erstickte meine verzweifelten Schreie. Die Falltür klappte unter mir auf, ich stürzte in den tödlichen Abgrund – und wachte im selben Moment aus dem entsetzlichen Traum auf, am ganzen Leib zitternd, schweißnass und mit wild schlagendem Herzen.

Federica de Cesco versteht es ebenfalls ausgezeichnet, den Unterhaltungsaspekt des Lesens in ihren beliebten Mädchenromanen zu realisieren. 1938 in Italien geboren, lebt und arbeitet die Autorin seit 1962 in der Schweiz. Bereits mit 15 Jahren schrieb sie ihr erstes Jugendbuch *Der rote Seidenschal,* das zu einem Bestseller wurde. In vielen ihrer Bücher begegnen die wohl vornehmlich weiblichen Leserinnen einer Heldin, die sie in eine fremde Welt führt, so auch in *Das Mondpferd* (1996, vollständig überarbeitete, veränderte Neuausgabe):

In der Nacht war Schnee gefallen, war das drahtige Steppengras bis an den Fuß der Berge weiß überpudert. Der gefrorene Boden klirrte unter den Pferdehufen. Eine fahle Wintersonne schien über der weiten Ebene und den Felsklippen, ehe sie sich frühzeitig wieder im rötlichen Dunst zum Horizont hinabsenkte.
Die Schafe und Pferde mussten für die Nacht auf den von Palisaden umzäunten Platz zusammengetrieben werden. Gleich nach dem ersten Schneefall pflegten Wölfe und Bären ihre Schlupfwinkel im Gebirge zu verlassen und in die Weidegründe einzufallen. Schon brach die Nacht herein, da entdeckte Huong, der Schäferhund, Spuren von Schafen, die sich von der Herde entfernt hatten. Mit langen, geschmeidigen Sätzen sprang er einen Berghang hinauf. Anga zögerte. Sollte sie ihm folgen? Huong müsste eigentlich allein damit fertig werden, er war gut abgerichtet und hatte Mut. Wenn sich aber unter den versprengten Schafen auch Läm-

mer befanden? Jedes Tier war wertvoll, kein einziges durfte verloren gehen. Schnell entschlossen setzte Anga ihr Pferd in Galopp.

Doch auch im Mädchenbuch sind Veränderungen zu erkennen. Sie gehen so weit, dass die gebräuchliche Genre-Bezeichnung eigentlich nur noch in Anführungszeichen anwendbar ist, denn zumindest in einem Teil der Bücher werden geschlechtsspezifische Rollenzuschreibungen nicht weiter zementiert, wie das die Backfischliteratur des 19. Jahrhunderts literarisch verfolgte. Einen frühen Versuch markiert vor allem das Buch *Man kriegt nichts geschenkt* (1973) von Angelika Kutsch. Bezeichnend ist hier schon das im Vergleich zum traditionellen Mädchenbuch völlig andersartige Milieu. Die Protagonistin ist Hauptschulabgängerin und Tochter eines Milchhändlers, der einen kleinen Laden betreibt, in dem die Tochter nun mithelfen soll. Sie kämpft darum, einen Beruf erlernen zu dürfen, gegen den Widerstand und die Vorurteile ihrer kleinbürgerlichen Familie, und kommt mit vielen Rückschlägen Schritt für Schritt voran. Was Angelika Kutsch hier darstellt, ist ein Prozess der Emanzipation aus einer einengenden Herkunftswelt. In den Achtzigerjahren setzt sich diese progressive »Mädchenliteratur« etwa mit Dagmar Chidolues *Aber ich werde alles anders machen* (1981), *Lady Punk* (1985) oder Kirsten Boies *Mit Jakob wurde alles anders* (1986) fort. Dass auch Dagmar Chidolue mit *Lady Punk* ein »außergewöhnliches« Mädchen darstellt, deutet sich bereits zu Beginn des Textes an:

> Manchmal hatte Terry den Wunsch, diese ganze Welt zu zerschlagen, und manchmal, und auch das verstand sie nicht, fühlte sie sich so froh, daß sie dachte, sie würde platzen. Ihr Bauch, ihr Körper, ihr Herz, oder was es auch immer war, spannte vor Glück, und sie hatte das Gefühl, daß sie was Großes leisten könnte. Dann konnte sie stundenlang aus dem Fenster sehen, ohne zu denken, oder im Tiergarten auf der Parkbank hocken und sich vom warmen Wind streicheln lassen. Es war, als ob sie ein Stück Ewigkeit wäre. Sie fand sich gut und wichtig und all das.

Jindra Capek schuf 1991 die Bilder zu Willi Fährmanns »Roter König – weißer Stern« im Arena Verlag. © Arena Verlag, Würzburg

Dieser Zustand hielt längstens ein paar Stunden und trat höchstens ein paarmal im Jahr ein. In der übrigen Zeit, und die dauerte weiß Gott lang, hatte Terry diese Wut. Dann zog sie sich das grellgelbe T-Shirt an und malte sich die Nägel schwarz. Sie lief den ganzen Nachmittag durch die Stadt und hoffte, daß alle Leute sahen, daß sie jetzt ein Kanarienvogel war, und wenn sich jemand nach ihr umdrehte und sie zu auffällig anstarrte, streckte sie die Zunge raus. Gegen Abend ging es dann besser. Wenn sie zurückkam, war sie nur noch ein fünfzehnjähriges Mädchen im gelben T-Shirt und mit einem Riesenhunger nach etwas, von dem sie wußte, daß sie es nie bekommen würde.

Lady Punk, das 1986 mit dem deutschen Jugendliteraturpreis ausgezeichnet wurde, thematisiert vor allem die Frage der Identitätsfindung und Sinnsuche der jungen Generation. In gewisser Weise markiert das Buch seinerseits den Übergang von einer kritisch-emanzipatorischen Literatur zu einem neuen Erzähltypus – dem Adoleszenzroman –, auf den noch eingegangen wird. Im Blick auf die gesellschaftskritischen Züge der Kinder- und Jugendliteratur seit den Siebzigerjahren bleibt zu sagen, dass diese immer wieder von Autoren getragen wurde, die Spannung und ein unverkennbar aufklärerisches Engagement literarisch vereinen konnten. Einer von ihnen ist Jo Pestum, der mit seinen Kater-Krimis bereits vor rund zwanzig Jahren nicht nur den Verfasser dieser Zeilen fesselte. Auch heute noch lesen Jugendliche gerne die spannenden Kriminalfälle um den kauzigen Kommissar Katzbach, von dem Pestum sagt: »Er (der »Kater«) denkt wie ich und fühlt wie ich. In dieser Figur stecke ich ganz tief drin.« Ein bisschen melancholisch ist er schon, dieser »Maigret« für Jugendliche:

Unwillkürlich wurde Katzbach an eine Erzählung von Carson McCullers erinnert, als er das Lokal betrat: *Die Ballade vom traurigen Café.* Über den sechs Tischchen funzelten Hängelampen mit roten Schirmchen, am Tresen polierte ein stoppelhaariger Mann mit den Hosenträgern über dem Pullover an

Gläsern herum, die Strukturtapeten mit Blumen- und Südsee-
motiven zeigten an jeder Wand ein anderes Muster, Drucke
von Ölbildern präsentierten pokulierende Mönche, Pokale von
erlesener Scheußlichkeit standen im Spiegelregal, die Lilien
auf den Tischen waren Plastik, die Reklameuhr über dem
Spielautomat hatte nur noch einen Zeiger. Ein Pärchen
knutschte am Thekeneck, von einem Tonbandgerät jammerte
Männerchorgesang, vier Tische waren besetzt. Ältere Frauen
mit Kaffee und Weinbrand, ältere Männer mit Bier und Korn,
zwei Mädchen mit Tee und mit Koffern neben den Stühlen,
drei Skatklopper, die offenbar von der Arbeit kamen. Katzbach
nahm dieses Bild wahr und fühlte sich den Menschen in dieser
traurigen Kneipe sehr nah.

(Jo Pestum, *Der Kater und der Mann aus Eisen*)

Vom Standpunkt der ausgehenden Neunzigerjahre betrachtet, scheint
es sicher, dass die antiautoritären und kritischen Impulse im Laufe der späten Siebziger und frühen Achtziger schwächer geworden sind. Viele Projekte
haben zu Enttäuschungen geführt; die Utopie ist offensichtlich doch nicht so
schnell zu realisieren, wie manche ihrer Verfechter geglaubt hatten. Der an-
thropologische Optimismus, den eine von der Macht der Erziehung überzeug-
te Epoche einmal gehegt hatte, scheint weitgehend verflogen. Dabei deutete
sich auch in der Kinder- und Jugendliteratur sehr früh an, dass das kritische,
gegenwarts- bzw. zukunftsbezogene, mithin engagierte Kinder- und Jugendbuch nicht alle Bedürfnisse der jugendlichen Leser abdecken konnte. Es ist
deshalb nicht verwunderlich, dass einige Bücher wohl gerade deshalb breite
Zustimmung fanden, weil sie sich gewissermaßen quer zum damals pädagogisch korrekten Kinder- und Jugendbuch stellten.

Ein erstes und sehr frühes Beispiel dafür liefert Otfried Preußlers *Krabat* (1971; Deutscher Jugendbuchpreis 1972) mit seiner Hinwendung zum
Magischen und Mythischen. Mit dieser Neufassung einer sorbischen Sage
trat der Autor der zeitgenössischen Überbetonung des Rationalen und Politischen strikt entgegen, indem er in der Alltagswirklichkeit wieder metaphysi-

sche Zusammenhänge sichtbar werden ließ. Preußler führt den Leser in eine
Welt tödlicher Bedrohungen durch diesseitige und jenseitige Mächte, die am
Ende aber durch die Sensibilität, die dem liebenden Menschen verliehen ist,
gebannt werden. Das brillant erzählte, mehrfach preisgekrönte und von Herbert Holzing so eindrücklich illustrierte Buch wird wohl auch in Zukunft noch
Jugendliche in seinen Bann ziehen:

> Krabat tappte ein Stück durch den Wald wie ein Blinder im Nebel, dann stieß er auf eine Lichtung. Als er sich anschickte, unter
> den Bäumen hervorzutreten, riß das Gewölk auf, der Mond kam
> zum Vorschein, alles war plötzlich in kaltes Licht getaucht.
> Jetzt sah Krabat die Mühle.
> Da lag sie vor ihm, in den Schnee geduckt, dunkel, bedrohlich,
> ein mächtiges, böses Tier, das auf Beute lauert.
> Niemand zwingt mich dazu, daß ich hingehe, dachte Krabat.
> Dann schalt er sich einen Hasenfuß, nahm seinen Mut zusammen
> und trat aus dem Waldesschatten ins Freie. Beherzt schritt er auf
> die Mühle zu, fand die Haustür verschlossen und klopfte.
> Er klopfte einmal, er klopfte zweimal: nichts rührte sich drinnen.
> Kein Hund schlug an, keine Treppe knarrte, kein Schlüsselbund
> rasselte – nichts. Krabat klopfte ein drittes Mal, daß ihn die Knöchel schmerzten.
> Wieder blieb alles still in der Mühle. Da drückte er probehalber
> die Klinke nieder: die Tür ließ sich öffnen, sie war nicht verriegelt, er trat in den Hausflur ein.
> Grabesstille empfing ihn und tiefe Finsternis. Hinten jedoch, am
> Ende des Ganges, etwas wie schwacher Lichtschein. Der Schimmer von einem Schimmer bloß.
> »Wo Licht ist, werden auch Leute sein«, sagte sich Krabat.
> Die Arme vorgestreckt, tastete er sich weiter. Das Licht drang, er
> sah es im Näherkommen, durch einen Spalt in der Tür, die den
> Gang an der Rückseite abschloß. Neugier ergriff ihn, auf Zehenspitzen schlich er sich zu der Ritze und spähte hindurch.

Illustration von Herbert Holzing
zu einer Sonderausgabe von O. Preußler
»Krabat« 1976 im Arena Verlag.
© Arena Verlag, Würzburg

Sein Blick fiel in eine schwarze, vom Schein einer einzigen Kerze erhellte Kammer. Die Kerze war rot. Sie klebte auf einem Totenschädel, der lag auf dem Tisch, der die Mitte des Raumes einnahm. Hinter dem Tisch saß ein massiger, dunkelgekleideter Mann, sehr bleich im Gesicht, wie mit Kalk bestrichen; ein schwarzes Pflaster bedeckte sein linkes Auge. Vor ihm auf dem Tisch lag ein dickes, in Leder eingebundenes Buch, das an einer Kette hing: darin las er.

Nun hob er den Kopf und starrte herüber, als habe er Krabat hinter dem Türspalt ausgemacht. Der Blick ging dem Jungen durch Mark und Bein.

Acht Jahre später erschien ein Buch, das die von Preußler initiierte Entwicklung fortsetzte, Michael Endes *Die unendliche Geschichte* (1979; Deutscher Jugendbuchpreis 1980). Der immense Erfolg dieses Buches zeigte, dass sich die Fantasy-Literatur innerhalb der Kinder- und Jugendliteratur endgültig etabliert hatte und neben einer sozialrealistischen Darstellungsweise bestehen konnte. Ende spielte gewissermaßen mit der Spannung zwischen Realitätssinn und Phantasie, Alltagswelt und Jenseitswelt. Die Geschichte erzählt vom schwachen, dicklichen Jungen Bastian Balthasar Bux, der, ein Buch über das Jenseitsreich Phantasien lesend, selber nach Phantasien gerät. In vielen Abenteuern rettet er das vom Untergang bedrohte Land und wird darüber groß, stark und mächtig. Am Ende bedroht ihn die Gefahr der Hybris und damit die des Wahnsinnigwerdens, was den Leser zu der Einsicht führen könnte, dass der Mensch in beiden Bereichen – Phantasie und Wirklichkeit – zu Hause sein muss, wenn er sein volles Menschsein bewahren will. Das war selbstverständlich auch eine Antwort auf die Herausforderung einer nur noch realistischen, kritischen Literatur, die das Gespür für Tiefenschichten des Daseins zu verlieren drohte, weil sie sich nur noch mit Alltagsproblemen beschäftigte. Dass Michael Ende auf die Kraft der Literatur vertraut, um von der diesseitig wirklichen Welt in das Reich der Phantasie zu gelangen, deutet sich an, wenn er von Bastians Leidenschaft erzählt:

Für Bastian Baltasar Bux waren es die Bücher.

Wer niemals ganze Nachmittage lang mit glühenden Ohren und verstrubbeltem Haar über einem Buch saß und las und las und die Welt um sich her vergaß, nicht mehr merkte, daß er hungrig wurde oder fror –

Wer niemals heimlich beim Schein einer Taschenlampe unter der Bettdecke gelesen hat, weil Vater oder Mutter oder sonst irgendeine besorgte Person einem das Licht ausknipste mit der gutgemeinten Begründung, man müsse jetzt schlafen, da man doch morgen so früh aus den Federn sollte –

Wer niemals offen oder im geheimen bitterliche Tränen vergossen hat, weil eine wunderbare Geschichte zu Ende ging und man Abschied nehmen mußte von den Gestalten, mit denen man gemeinsam so viele Abenteuer erlebt hatte, die man liebte und bewunderte, um die man gebangt und für die man gehofft hatte, und ohne deren Gesellschaft einem das Leben leer und sinnlos schien –

Wer nichts von alledem aus eigener Erfahrung kennt, nun, der wird wahrscheinlich nicht begreifen können, was Bastian jetzt tat.

Er starrte auf den Titel des Buches, und ihm wurde abwechselnd heiß und kalt. Das, genau das war es, wovon er schon oft geträumt und was er sich, seit er von seiner Leidenschaft befallen war, gewünscht hatte: Eine Geschichte, die niemals zu Ende ging! Das Buch aller Bücher!

Er mußte dieses Buch haben, koste es, was es wolle!

Ende wirkte anregend wie kaum ein anderer; seine Linie wird beispielsweise fortgesetzt von Ralf Isaus phantastischen Romanen wie *Das Museum der gestohlenen Erinnerungen* (1997), das mit dem Buxtehuder Bullen ausgezeichnet wurde.

Einen ebenso durchschlagenden und nach wie vor anhaltenden Erfolg hat auch der Stückeschreiber, Geschichtenerzähler, Verseerfinder, Lesebuch-

gestalter und Illustrator Paul Maar mit seiner phantastischen Literatur für junge Leser. Zu seinen bekanntesten Buchkindern gehören Lippel und vor allem
das Sams. Wer jemals einer Lesung des Autors beigewohnt hat, ahnt zumindest, was Kinder so an dieser Figur und ihrem Autor fasziniert. Sicher ist es
der befreiend wirkende Humor, der hunderttausende von Kindern ansteckt,
wenn das kleine Rüsseltier – zuweilen arg respektlos – seinem »Papa«, dem
Herrn Taschenbier, hilft seine Schüchternheit allmählich zu überwinden. Darüber hinaus drehen sich die Episoden in *Eine Woche voller Samstage* (1973)
und *Am Samstag kam das Sams zurück* (1980) um Wünsche aller Art, was
wohl jedes Kind bewegt und berührt. Nachdenklichkeit wecken diese Geschichten bei den kindlichen Lesern insofern, weil Maars Fabelwesen bewusst wird, dass »echte« Wünsche nicht den Sachen gelten können, sondern
den Menschen, die man gerne hat. Aber wahrscheinlich liegt der Erfolg gerade
dieses Autors darin, dass er wie kein anderer die Kunst des Geschichtener-
zählens beherrscht und sich so seine große Leser- und Zuhörerschaft er-
schreibt. Das, was er erzählt, ist oftmals ausgesprochen skurril, kurios, voller
Pointen und mit einer spürbaren Lust am Fabulieren geschrieben. Eine Leseprobe aus *Ein Sams für Martin Taschenbier* (1996):

> Am nächsten Morgen wurde Martin durch lautes Klingeln ge-
> weckt. Im Halbschlaf versuchte er, den Wecker abzustellen,
> tastete um sich, konnte ihn aber nicht finden.
> Eine laute, durchdringende Stimme begann zu singen: »Wenn
> die Morgenklingel klingelt, wenn das Sams vom Schlaf erwacht
> und sich aus der Decke ringelt, ist es mindestens halb acht.«
> Martin setzte sich auf. Er lag nicht zu Hause in seinem Bett, er
> war ja im Schullandheim. Und das Klingeln kam von draußen,
> vom Flur. Und wer oder besser: was da so laut sang, war das
> Sams, sein Sams, das drüben im andern Bett geschlafen hatte.
> Die Stimme von Herrn Daume ertönte draußen im Flur aus
> dem Hauslautsprecher: »Guten Morgen, liebe Schüler. Es ist
> sieben Uhr.« – »Sieben Uhr? Reimt sich doch überhaupt
> nicht«, sagte das Sams dazwischen. Die Lautsprecherstimme

fuhr fort: »Ihr habt jetzt eine halbe Stunde Zeit, um euch zu waschen und anzuziehn. Wir treffen uns alle pünktlich um halb acht zum Frühstück im Speisesaal. Pünktlich, habt ihr's gehört? Bis gleich.«

Der Lautsprecher knackte, dann fügte die Stimme noch hinzu: »Und noch etwas Wichtiges: Denkt daran, daß es Zahnbürsten gibt, und vergeßt das Zähneputzen nicht!«

»Zehenbürsten?« wiederholte das Sams, das Herrn Daume wohl nicht ganz richtig verstanden hatte. »Ja, Zehenputzen ist ganz arg wichtig. Fast genauso wichtig wie das Naseputzen. Wichtiger jedenfalls als Ohrenputzen.« – »Zähneputzen«, verbesserte Martin. »Er hat vom Zähneputzen gesprochen.«

»Zähne?« fragte das Sams. »Das ist am allerwichtigsten. Weil man die nämlich braucht zum Hineinbeißen in Würstchen. Zähneputzen ist von Nutzen, weil die Zähne schon verschmutzen.«

»Bär und Storch«. Aus Wolf Erlbruch »Das Bärenwunder« 1992 im Peter Hammer Verlag. © Peter-Hammer Verlag, Wuppertal, 7. Aufl. 1999

Paul Maar ist in den unterschiedlichsten Genres zu Hause und vermag nahezu jedes Thema, das ihn interessiert, literarisch zu bearbeiten. So beherrscht er die realistische Schreibweise ebenso wie die phantastische und schlägt heitere Töne genauso an wie die ernsten. Letzteres hat er beispielsweise mit Büchern wie *Andere Kinder wohnen auch bei ihren Eltern* (1976) und *Kartoffelkäferzeiten* (1990) eindrucksvoll bewiesen. Wie lebendig Literatur für Kinder sein kann, zeigt Knister (d. i. Ludger Jochmann) mit seiner Hexe Lilli. Lilli ist ein besonders neugieriges kleines Mädchen, das einen großen Teil seines Wissensdurstes aus Büchern stillt. Aber da sie es oftmals ganz genau wissen will, zaubert sie sich mithilfe ihres geheimen Hexenbuches in eine bestimmte Epoche oder ein fernes Land, um die Geschehnisse ganz direkt mitzuerleben. In *Hexe Lilli und das wilde Indianerabenteuer* trifft sie sich mit ihrer Freundin Zilli Concarne in der Prärie:

> Lilli faltet vier Stoffbeutel, die sie mit Präriegras auspolstert und dann dem Pferd um die Hufe knotet. Vor ihnen steht schließlich ein Pferd auf Pantoffeln.
> Zilli pfeift anerkennend durch die Zähne und sagt: »Das nenne ich durchtrieben. Auf so einen ausgefuchsten Indianertrick muss man erst einmal kommen.«
> Lilli zuckt mit den Achseln. Sie kann Zilli Concarne ja schlecht verraten, dass sie den Trick aus einem Indianerroman hat.
> Die beiden steigen nun wieder auf das Pferd und reiten fast lautlos weiter. Dabei besprechen sie leise, wie sie vorgehen wollen: Gemeinsam wollen sie so nah wie möglich ans Indianerdorf herankommen. Nachdem sie das Pferd in einiger Entfernung zurückgelassen haben, will Zilli offen ins Dorf gehen und die Aufmerksamkeit der Indianer auf sich lenken, damit Lilli unbemerkt auskundschaften kann, ob sich Bobbes Hobbes und Old Schurwoll in der Gewalt der Indianer befinden. Noch während sie ihren Plan besprechen, bemerken sie, dass der Geruch verbrannten Präriegrases in der Luft liegt.

Unter den Kinder- und Jugendbuchautoren der Gegenwart befinden sich sehr produktive und kreative Künstler, die dazu beitragen, dass sich die kinder- und jugendliterarische Landschaft ausgesprochen facettenreich präsentiert. Dem interessierten Leser fällt dabei gewiss auf, dass in dieser – notwendigerweise sehr gedrängten – Auflistung zahlreiche Namen fehlen. Wenigstens genannt seien daher: Rudolf Herfurtner, Gudrun Mebs, Renate Welsh, Wolfgang Hohlbein, Rainhold Ziegler, Peter Pohl, Mats Wahl, Irina Korschunow, Uwe Timm, Cornelia Funke oder Bettina Obrecht.

Wie zu Beginn dieses Kapitels bereits angedeutet, verlief die Entwicklung der Kinder- und Jugendliteratur in Ost- und Westdeutschland unterschiedlich. Bedeutende Akzente setzten in der DDR Ludwig Renns *Trini* (1953), Erwin Strittmatters *Tinko* (1954), Ilse und Vilmos Korns bekannt gewordene Erzählung *Mohr und die Raben von London* (1962) und natürlich die erfolgreichen, zumeist an der Ostseeküste spielenden Bücher von Benno Pludra. In *Insel der Schwäne* (1980) erzählt Pludra von dem 12-jährigen Stefan Kolbe, der sein Dorf, seine Oma, seinen Freund Tasso und die Insel der Schwäne verlassen muss. Dabei schildert der Autor in einer sehr poetischen Sprache, wie ein neues Leben beginnt und von einem anderen, einem vergangenen, Abschied genommen werden muss:

> Den Fluß wird er morgen nicht mehr sehn: hinter dem Haus und hinter dem Garten, breit von weit her in den Wiesen – morgen wird er ihn nicht mehr sehn. Heute zum letztenmal.
> So läuft er dem Wasser entgegen, durchs Vorland der Wiesen, das Wasser am Ufer glänzt grün, dunkel zur Mitte, wo die Insel liegt. Buschwerk und Schilf, das ist die Insel, kahl und weiß ein Streifen Strand. Nur die Schwäne treiben davor, regungslos, als habe sie jemand hingemalt.
> Eine Bucht, eine halbe, wächst ins Land, umsäumt von runden Weidenköpfen. Die Zweige der Weiden hängen tief, unter den Zweigen liegt das Floß. Liegt dort und wartet, ein kurzes Gefährt aus Kisten, Fässern und alten Brettern. Lacht vielleicht jemand?

Niemand lacht, denn niemand ist in der Nähe, nur Tasso ist da, und Tasso gehört zu diesem Floß wie Stefan. Sie haben es beide gebaut, im Winter begonnen und fleißig bis in den Frühling. Nun, da die Arbeit vollendet ist, muß Stefan weg.

»Babygruppe« von Jutta Bauer aus dem Bilderbuch »Kein Tag für Juli« im Verlag Beltz & Gelberg 1991, zu dem Kirsten Boie den Text schrieb. © 1991 Beltz Verlag, Weinheim und Basel, Programm Beltz & Gelberg, Weinheim

Viel gelesen wurden auch die Bücher von Liselotte Welskopf-Henrich, die mit ihren spannenden Indianerbüchern um *Die Söhne der Großen Bärin* (1951/67) jungen Lesern die Welt Nordamerikas näher brachte:

Es war schon dunkel geworden. Fledermäuse flatterten unter einer Baumkrone hervor, schwebten umher und jagten. Sonst rührte sich nichts.

Der Mann schlich weiter waldaufwärts und hielt sich etwas nach links. Die Gegend war ihm gut bekannt. Er konnte nicht irregehen. Der Waldhang wurde noch steiler, und der Mann nahm sich weiterhin in acht, um keine Spuren zu hinterlassen, die bei Tage für unerbetene Nachforschungen sichtbar wurden. Zwar hatte er sich überzeugt, daß sich rings im Wald kein Indianerlager mehr befand und auch keine weißen Jäger oder Holzfäller unterwegs waren. Aber vor Überraschungen mußte man in der Wildnis immer auf der Hut sein.

Es war schon Mitternacht, als The Red an einer Felswand anlangte, die aus dem Waldhang herauswuchs und die tiefer stehenden Bäume überragte. Oberhalb der Wand setzte der Baumwuchs wieder ein. The Red kletterte am Felsen hoch. Er hatte die Mokassins ausgezogen und eingesteckt und kletterte mit bloßen Füßen. Zehen und Finger einkrallend, zog er sich langsam über die Verwölbung am Felsen in die Höhe.

Insgesamt hat in der Kinder- und Jugendliteratur der DDR um 1970 ein Aufbruch wie im Westen gefehlt, wenn sie sich auch sukzessive von der staatlichen Bevormundung zu lösen versuchte und dabei innovative Tendenzen nicht ausblieben; phantastische, aber auch gesellschaftskritische Töne hielten in den Siebziger- und Achtzigerjahren zunehmend Einzug in die Kinder- und Jugendliteratur der DDR, der »Ausbruch aus der Welt der Gewöhnungen« wird zu einem bestimmenden Erzählmuster. Ulrich Plenzdorfs *Die neuen Leiden des jungen W.* (1973), Peter Abrahams *Das Schulgespenst* (1978) oder etwa Wolf Spillners wunderbare Erzählung *Taube Klara* (1988) lassen sich dafür exemplarisch anführen, wobei diese Bücher nicht nur von den Kritikern lobend aufgenommen worden sind, sondern auch bei ihren jungen Lesern ein großes Echo fanden.

Einen Beitrag zur deutsch-deutschen Problematik lieferte Isolde Heyne mit ihren Büchern *Und keiner hat mich gefragt* (1981) und *Treffpunkt Weltzeituhr* (1984), für das sie den Jugendbuchpreis erhielt. Inka, die vier Jahre zuvor zu ihrer Mutter nach Westdeutschland ausreisen durfte, hat bei einer Klassenfahrt nach Berlin die Gelegenheit ihre alte Freundin Tutty zu treffen.

»Nun erzähl doch mal«, drängte Tutty. »Ist nun alles wieder in Ordnung mit deiner Mutter? Hat sie wieder Arbeit?«

Inka wurde ernst. Sie hatte damals, als sie dachte, die Mutter wollte sich das Leben nehmen, in ihren Briefen alles erzählt. Tutty wußte aber auch, daß sie nicht alles schreiben konnte. Deshalb ihre besorgte Frage.

»Arbeit hat sie nicht. Nun schon über zwei Jahre nur manchmal so einen Auftrag von der Zeitung. Sie will nicht mehr das schreiben, wovon sie nicht überzeugt ist. Da hätte sie ja hierbleiben können. Aber sonst – zwischen uns ist alles in Ordnung, wenn du das meinst. Sie schreibt jetzt an einem Buch.«

Tutty staunte: »An einem richtigen Buch.«

»Ja. Sie muß das alles loswerden, sagt sie. Sie ärgert sich immer, wenn da solche Klischees gedacht werden. Manche Leute bei uns denken, jeder, der von drüben – Entschuldigung, ich meine aus der DDR – weggeht, tut dies aus gleichen Gründen. Und sie sind dann immer beleidigt, wenn diejenigen, die zu uns rüberkommen, nicht bei jeder Gelegenheit betonen, wie schön es nun ist und wie glücklich sie nun sind und so weiter.«

Versucht man die gesamte Entwicklung der Kinder- und Jugendliteratur der Achtziger- und Neunzigerjahre in ihren Grundlinien zu erfassen, dann wird deutlich, dass diese seit den späten Siebzigerjahren weiter an Vielfalt hinzugewonnen hat. So finden sich aktuell die unterschiedlichsten Gattungsmuster, in der die problemorientierte Literatur genauso ihren Platz hat wie der Jugendkrimi, die Abenteuererzählung ebenso wie die phantastische Geschichte und natürlich auch der neu aufgelegte Klassiker. Auch heute lassen sich die Texte in thematische Gruppen zusammenfassen wie Dritte Welt, Drogen, Nationalismus, Rechtsradikalismus und Gewalt, Umwelt und Natur, Liebe und Freundschaft usw., wenngleich die Zuordnungen zu Genres bzw. Themen eher Hilfskonstruktionen sind, um die zuweilen sehr komplexen Texte zu beschreiben. Vor allem das Thema »first love« findet bei den Jugendlichen von heute allergrößte Aufmerksamkeit; die Neuerscheinungen zu diesem Thema sind kaum mehr zu überschauen. Dass diese Bücher von Jugendlichen förmlich verschlungen werden, verwundert eigentlich nicht, wenn man bedenkt, dass die Erfahrung des ersten Liebesglücks bzw. der ersten Herzschmerzen zu jenen gehört, die Heranwachsende wohl am tiefsten berührt. Ein Auszug aus Nina Schindlers Buch *Die Schöne und der Boss* (1999) schildert einen Moment, in den sich sicher jeder Jugendliche sofort hineinversetzen kann:

> Erst als ich schon in der Straßenbahn saß, fiel mir ein, dass er gar keinen genauen Ort gesagt hatte. Dann meinte er doch bestimmt wieder das Café, wie letztes Mal. Oder meinte er den Platz an der Böschung vom Osterdeich? Mir brach der Schweiß aus. Warum hatte ich nicht gefragt?
>
> Was sollte ich jetzt machen?
>
> Ich stieg am O-Weg aus und bummelte an den Schaufenstern entlang, warf einen kurzen Blick in das Eiscafé und sah, dass Niklas nicht darin saß. Hm. Ich ging jetzt schneller, bis ich fast rannte, und schnaufte ein bisschen, als ich den Sielwall rauf bis zum Deich hetzte. Ich ließ den Blick über die vielen hundert Quadratmeter grünen Rasen schweifen.
>
> Da drüben hatten wir neulich gesessen, na ja, eher gelegen, aber da saß jetzt eine Gruppe von Rollerbladern.
>
> Da drüben – war er das?
>
> Ich hielt die Hand schützend über die Augen und kniff die Augen zusammen. Nein.
>
> Ich ging langsam den Abhang hinunter, drehte mich nach allen Seiten um und suchte.
>
> Scheiße!
>
> Er war nicht da!
>
> Ich lief den Weg an der Weser entlang und suchte den Deich von unten ab.
>
> Niemand, der allein saß und so aussah wie Niklas.
>
> Mein Herz bummerte, ich kriegte feuchte Hände.

*Illustration von Quint
Buchholz aus Roberto
Piumini »Matti und der
Großvater« im Carl
Hanser Verlag 1994.
© 1994 Carl Hanser
Verlag, München –
Wien*

Viele dieser Bücher werden seit einigen Jahren mit dem bereits erwähnten Begriff des »Adoleszenzromans« charakterisiert, da sie vornehmlich die entwicklungspsychologischen Probleme von jungen Erwachsenen und die existenziellen Krisen, die sie durchleben, gestalten. Soziologisch interessant ist das insofern, weil diese Texte auch zum Ausdruck bringen, dass die Lebenswelt der Jugendlichen von einer Art »Früherwachsenheit« bestimmt wird, ein Sachverhalt, der sich z. B. beim Lesen von Dagmar Chidolues *Lady Punk* nachhaltig aufdrängt. Wenn hier ein amerikanischer Autor als Beispiel eines Adoleszenzromans angeführt wird, so ist das kein Zufall, denn diese Form erhielt wichtige Impulse aus der amerikanischen Literatur und erreichte dort mit einem Buch wie *Der Fänger im Roggen* (1951) von Jerome D. Salinger einen ersten Höhepunkt, auch wenn die Gattung selbst eine sehr lange Vorgeschichte hat. So ist Paul Zindel mit *Eugene Dingmans erstaunliches und dem Tode trotzendes Tagebuch* (dt. 1996, in Amerika

1987) ein – wie es in einer Kritik heißt – Stück ironischer Jugendliteratur gelungen, dass das Stolpern auf dem Weg zum Erwachsensein zu einem mitreißenden Ereignis macht. Eugenes Tagebuchaufzeichnungen beginnen so:

22 Uhr 26

Dinge, die sich heute ereignet haben und die ich niemals vergessen werde:

1. Ich warf einen Löffel nach meiner Mutter und traf sie am linken Bein, während sie über Mr. Mayo sprach.

2. Pearl Buck und Peter Lorre wurden heute vor vielen Jahren geboren. Inzwischen sind alle beide tot.

3. Ich las in meiner *Weltgeschichte*, daß man im Paris des 14. Jahrhunderts Bärte mißbilligte, da man fand, die Männer sähen damit aus wie Wölfe.

4. Ich hörte meine Schwester Penelope in ihrem Zimmer weinen.

5. Ich bin heute fünfzehn geworden und habe den Entschluß gefaßt, mein erstes, ungemein persönliches Tagebuch in Angriff zu nehmen.

23 Uhr 17

Es macht mir zu schaffen, daß ich meiner Mutter einen Löffel ans Bein geworfen habe. Ich müßte dringend mit jemandem ganz offen reden und versuchen, das, was in mir vorgeht, zu akzeptieren. Sonderlich viele Freunde habe ich im Augenblick nicht. Der beste ist Calvin Kennedy. Was ja vermutlich gar nicht so schlecht ist, weil ich nämlich, auch wenn ich erst fünfzehn bin, schon jetzt weiß, daß ich mal ein berühmter Schriftsteller wie Mark Twain, George Bernard Shaw oder Anaïs Nin sein werde. Und die haben auch alle Tagebücher geführt, genau wie Dostojewski, wenn er nicht gerade auf hohen Fenstersimsen stand und sich Wodka hinter die Binde kippte. Außerdem habe ich heute abend viel nachgedacht, und mir ist klargeworden, daß der kommende Sommer von allergrößter

Wichtigkeit für mich werden wird. Gut möglich, daß dieses Tagebuch einen Bericht über meine schmerzhafte, in der Endphase liegende Pubertät abgeben wird. Auch noch einige andere Dinge haben sich in jüngster Zeit ereignet, die ebenfalls dazu führten, daß ich mit den Aufzeichnungen anfing.

Dass im Blick auf diesen Typus die bisher übliche Unterscheidung von Jugendbuch und so genanntem Erwachsenenbuch immer schwieriger wird, ließe sich etwa an Andreas Steinhöfels bemerkenswertem Roman *Die Mitte der Welt* (1998) aufzeigen. Auch Reihen wie *Salt & Pepper* bei Ali Baba und *Chili* bei Arena oszillieren zwischen Jugendliteratur und Literatur für Erwachsene. Diese Tendenz der Öffnung zur »allgemeinen« Literatur hin scheint einherzugehen mit einer ausgeprägten Literarisierung, die vielen dieser Texte eigentümlich ist.

Auffallend ist in den letzten Jahren des Weiteren der Anstieg der Bücher, die »fremde Welten« zum Gegenstand ihrer Darstellung haben und entweder in fernen Ländern spielen oder Probleme von Minderheiten in ihren »Gastländern« thematisieren. Diese Entwicklung führt einmal mehr vor Augen, dass die Kinder- und Jugendliteratur auch in Deutschland längst international geworden ist und als Reflex der zunehmenden Globalisierung gelesen werden kann. 1951 war bereits jedes zehnte in der Bundesrepublik erschienene Kinder- und Jugendbuch eine Übersetzung, heute ist es fast jedes dritte Buch. Dass Kinder- und Jugendbücher ein Fenster zur Welt sein und zum besseren Verständnis anderer Kulturen beitragen können, lässt sich beispielsweise durch die Lektüre von Rafik Schamis *Eine Hand voller Sterne* (1987), Ghazi Abdel-Qadirs *Mustafa mit dem Bauchladen* (1983) oder *Keine Hosenträger für Oya* (1985) von Jürgen Banscherus erfahren:

Sinan ist gerade aus der Tür.
»Was ist mit dem Prozeß?« hab' ich ihn gleich gefragt, als er mich vor einer Stunde besuchen kam.
»In vier Wochen«, hat er geantwortet.
»Hast du Angst?«

Klaus Ensikat, der zu den bekanntesten Buchillustratoren
der DDR gehörte, schuf 1999 die Bilder zu der Prachtausgabe
von Willi Fährmanns »Unter der Asche die Glut«
im Arena Verlag.

»Ja.«

Ich hab' gemerkt, daß er nicht drüber sprechen wollte. Also
hab' ich ihn in Ruhe gelassen. Wenn Türken nicht wollen,
dann wollen sie nicht. Die haben einen unheimlichen Stolz.

»Was macht Oya?«

»Oya mit Mutter einkaufen. Sie kommt vielleicht morgen.«

Das ist schon eine komische Sache. Außer Oya und Sinan hat

mich noch kein Hosenträger besucht. Dabei haben alle große Ferien!

»Erzähl mal was von der Türkei, Sinan.«

»Viel vergessen. Gewohnt in schöne Straßen in Istanbul. Mustafa Pasa Caddesi. Viele Freunde. Nach Schule schwere Arbeit in Lederfabrik. Wenig Geld. Aber gut für Familie, als Vater nach Deutschland.«

»Bist du gerne weg aus Istanbul?«

»Nee. Viele Freunde. Gute Straße. Keine Lust, wieder in Schule zu gehen. Aber Vater gute Arbeit gefunden, Bergbau, schöne Wohnung gekriegt. Deshalb holt Mutter, Oya und mich. Oya viel geweint.«

»Und jetzt?«

»Gutes Haus. Keiner sagt: Kümmeltürken zurück nach Anatolien. Und wir Freunde.«

Dann hat sich Sinan die Urkunden von meinen Papiergewichtskämpfen angesehen.

Und die Siegerfotos.

»Ich auch boxen«, hat er gesagt.

»Nee, bleib du mal bei Fußball.«

»Vater nix wollen, daß Sinan in Verein Fußball spielt. Sagt, Schule wichtiger.«

»Scheiße.«

Wir waren wieder mal einer Meinung.

Gleiches gilt für viele Arbeiten von Klaus Kordon, der nicht nur in seinem mehrfach ausgezeichneten Buch *Monsun oder Der weiße Tiger* (1980) die unbekannte Welt Indiens mit all seinen Problemen näher bringt. In dem ebenfalls ausgesprochen lesenswerten und nicht minder bekannt gewordenen Buch *Wie Spucke im Sand* (1987) erzählt er aus der Sicht eines indischen Mädchens:

Ich lernte bald: Ich selber war meine einzige Hoffnung. Wenn
ich essen wollte, mußte ich kämpfen. Und so wurde mein Leben in dieser Zeit denn auch ein einziger Kampf ums Überleben. Ständig zog ich durch die Straßen, ständig lag ich auf der
Lauer, irgendwo irgendwas zu essen zu ergattern oder mir ein
paar Paise zu erbetteln. Ich zog durch Basarstraßen und Tem-
pelgassen, durch Parks und das vornehme Bahnhofsviertel und
kam mir oft wie einer dieser halbverhungerten Hunde vor, die
vor Schwäche nicht mal mehr winseln konnten. An den Aben-
den aber kehrte ich immer wieder zum Ganges zurück. Jene
Terrasse, auf der ich meine erste Nacht verbracht hatte, wurde
so etwas wie mein Ruheplatz. Dort fühlte ich mich nach wie vor
beschützt: von Mata Ganga und den vielen frommen Pilgern,
die zu allen Tages- und Nachtzeiten dort eintrafen. Vor den
zahllosen Ratten aber, die links und rechts vom Ufer hausten,
mußte ich mich selber schützen. Das kostete mich oft halbe
Nächte Schlaf. In die Stadt jedoch wäre ich deshalb nicht zu-
rückgegangen; eine Pflasterschläferin wollte ich nicht werden.

Angesprochen seien hier auch die Verdienste von Mirjam Pressler. Neben ihrer eigenen kinderliterarischen Arbeit, in der sie mit viel Sensibilität der
Innenwelt von Außenseitern ihre Sprache verleiht, demonstriert sie auch auf
dem Gebiet des Übersetzens von ausländischer Kinder- und Jugendliteratur –
mit derzeit weit über 100 Übertragungen! – ein außerordentliches Engagement und Können, wenn man etwa an die Übersetzung von Karlijn Stoffels´
Mojsche und Rejsele (1998) denkt.

Einen regelrechten Boom kann in den letzten Jahren auch das Sachbuch verzeichnen, was gleichzeitig dokumentiert, dass die informatorische
Funktion von Kinder- und Jugendliteratur eine wachsende Bedeutung gewinnt,
eine Entwicklung, die nicht nur für das Sachbuch, sondern für das gesamte
System der Kinder- und Jugendliteratur zutrifft. Man kann durchaus konstatie-
ren, dass die Grenzen zwischen dem bislang so bezeichneten »Sachbuch«
und der belletristischen Kinder- und Jugendliteratur immer fließender werden,

da auch der Sachbuchbereich erkennbar fiktionaler wird. Seit den Sechzigerjahren so benannt, spielt dabei das Sachbuch mit seiner primären Funktion
als Informationsliteratur eine nicht zu unterschätzende Rolle im Blick auf die
Daueraufgabe der »Leseförderung«, der sich die Pädagogen seit rund einem
Jahrzehnt erneut verstärkt zuwenden. Doch schon in den Sechziger- und Siebzigerjahren stießen sowohl das informative als auch das erzählende Sachbuch auf ein großes Leseinteresse bei den Heranwachsenden, da es informa-
torischen Lesebedürfnissen entgegenkommt. Auch die Verlage erkannten die
zunehmende Bedeutung des Sachbuchs und reagierten, indem sie spezielle
und z. T. pfiffig aufgemachte Sachbuch-Reihen entwickelten, wie etwa die Reihe *Das will ich wissen* oder *World Vision* aus dem Arena Verlag. Dabei wäre
wohl die Entwicklung des Sachbuchs für Kinder und Jugendliche ohne die stei-
gende Anzahl von Sachbüchern für Erwachsene nicht denkbar gewesen. Stell-
vertretend für diese Entwicklung steht die Arbeit von Heinrich Pleticha, Helmut
Prager und Hugo Kocher, die mit Büchern wie *Ritterburgen und Turniere, Flori-
an 14–8. Alarm* und *Der tötende Blitz* maßgeblich dazu beitrugen, dass diese
Sparte sowohl bei jugendlichen als auch bei erwachsenen Lesern eine weite
Verbreitung fand. Im *Tötenden Blitz* (1957) führt Kocher, der bewährte Erzähler von Tiergeschichten, seine kleinen und großen Leser sehr unterhaltsam
durch das Tierreich:

> *Der Herr der Äcker*
>
>
> Es war ein hübscher Kerl, Knurr, der Hamster. Sein kräftiger,
> etwas plump wirkender Körper trug eine dichte, glatte Behaa-
> rung. Über die Stirn lief ein schwarzer Streifen, rotbraun waren
> Schnauze, Augengegend und Halsband, braungelb der
> Rücken. Gelbe Backen und weiße Pfoten hatte er, während die
> Beine und die Unterseite tiefschwarz glänzten. Aber so hübsch
> er war, so mürrisch, reizbar, bösartig war der alte Knurr.
> Wie oft war er aber auch in diesem Jahre schon gestört worden!
> Während der Paarungszeit mußte er nicht einmal, nein, ein
> dutzendmal andere Männchen abbeißen. Als er dann später

Illustration aus »Da bin ich«
von Friedrich Karl Waechter
im Diogenes Verlag 1997.
© Friedrich Karl Waechter

daran ging, sich seinen Vorratsbau zu graben, wurde er von einem Bauern überrascht und entkam nur, indem er sich im hintersten Winkel seines Baues hastig eingrub. In der Nähe seiner zweiten Höhle entdeckte er ein Wiesel, das unter einem Holzstoß seine Jungen säugte. Da zog er wiederum aus und fing mit wütendem Eifer an, einen dritten Bau zu graben. Er wollte endlich seine Ruhe haben!

Es ist heute davon auszugehen, dass der Anteil der Sachliteratur insgesamt noch steigen dürfte. Einen hohen Grad an Aufmerksamkeit erreichten in den Achtziger- und Neunzigerjahren beispielsweise Paul Maars *Türme* (1987), Michail Krausnicks *Die eiserne Lerche. Die Lebensgeschichte des Georg Herwegh* (1990), Mirjam Presslers *Ich sehne mich so. Die Lebensgeschichte der Anne Frank* (1992), Klaus Kordons *Die Zeit ist kaputt. Die Lebensgeschichte des Erich Kästner* (1995) und jüngst (1998) das Buch *Haus der Kunst* von Susanna Partsch. Dass von Sachliteratur eine starke Faszination ausgehen kann, zeigen die Abenteuer des 18-jährigen Mark Pfetzer, der – ganz in der Manier eines Reinhold Messner – seine Erlebnisse am Mount Everest in seinem Buch *Der Everest. Zum Greifen nah* festgehalten hat.

All das, während ich am Genfer Sporn über ein steiles gelbes Felsband Richtung Camp Vier queren muss: Abenteuer Höhenbergsteigen. Ich habe nicht nur Schwierigkeiten mit Sicht und Atmung, jetzt müssen wir auch noch mit Steigeisen unter den Füßen über steilen, glatten und rutschigen Fels klettern. Als ob man versucht auf Schlittschuhen eine steile Rampe aus Beton zu überqueren, nur dass sie mit schieferartigem lockerem Gestein bedeckt ist. Und beim Blick nach unten wird dir klar, dass du bei einem Sturz tausendsechshundert Meter weit über die Lhotse-Flanke runterrauschen würdest. Besser wäre es, wir trügen normale Bergschuhe mit griffiger Gummisohle. Aber selbst wenn wir sie dabeihätten, würden wir Erfrierungen an den Füßen riskieren, während wir die Stiefel wechseln.

Oder an den Händen, wenn wir die Handschuhe ausziehen, um
die Steigeisen abzulegen.

Die breite Wirkung dieser Texte, die für viele weitere stehen mögen,
zeigt sich nicht zuletzt darin, dass fast alle der genannten Titel den Jugendliteraturpreis in der Sparte »Jugendsachbücher« zuerkannt bekamen.

Selbst wenn sich aktuelle Entwicklungen nur mit Vorsicht zeichnen lassen, so kann man derzeit nicht übersehen, dass auch die Literatur für Heranwachsende von den allgemeinen medialen Umwälzungen erfasst wird. So haben vor allem die modernen Unterhaltungsmedien Film und Fernsehen zur Herausbildung einer so genannten »Medienverbundliteratur« geführt, wobei die
Buchlektüre gewissermaßen Teil des audiovisuellen Unterhaltungssektors
wird. Gemeint sind damit erzählende Begleitbücher zu einem Film oder zu einer Fernsehserie, für die es unter den jugendlichen Lesern ganz offensichtlich
eine große Nachfrage gibt. Auch die Entwicklung zum Hörbuch zeigt, dass sich
hier auf dem Feld der Kinder- und Jugendliteratur mehr als nur eine Akzentver-
schiebung anbahnt. Die durch neue Medienkonstellationen ausgelösten Veränderungen betreffen auch die Inhalte und Themen, denen sich die Kinder-
und Jugendbuchautoren zuwenden, sowie die literarischen Techniken und Formen, mit denen sie ihre Texte präsentieren. Häufiger Wechsel der Erzählper-
spektiven, schnelle Schnittfolgen oder chamäleonartige Veränderungen von
Identitäten sind Ausdruck einer durch Medien-Erfahrungen geprägten jugendliterarischen Produktion. Ein signifikantes Beispiel dafür bieten die Bücher des
Engländers Irvine Welsh, die auch in Deutschland einen reißenden Absatz finden. Letzteres gilt ebenfalls für die Computer-Krimis von Andreas Schlüter,
die einmal mehr zu bestätigen scheinen, dass Kindheit heutzutage vielfach
Medienkindheit ist. Nicht verschwiegen sei, dass sich die Literaturkritik – im
Gegensatz zu dem jungen Publikum – mit der Produktion dieses Autors
schwer tut, da er in den Augen vieler Rezensenten die Vernachlässigung literarischer Aspekte billigend in Kauf nimmt und den medialen Konsumgewohn-
heiten der »Kids« allzu fraglos hinterherläuft, eine Tendenz, die aber mit Sicherheit nicht für die gesamte kinder- und jugendliterarische Landschaft zutrifft.

Das Kaninchenbild von Jörg Müller stammt aus dem Bilderbuch »Die Kaninchen-insel« von Jörg Steiner und Jörg Müller.
© 1997 by Verlag Sauerländer

Von einer gänzlich »neuen« Jugendliteratur zu reden mag freilich überzogen sein, denn die aktuellen Entwicklungen sind kaum vorstellbar ohne die einschneidenden Veränderungen, die die Kinder- und Jugendliteratur zu Beginn der Siebzigerjahre erfahren hat. Diese zeichnete sich ja bereits in jenen Jahren durch ein hohes Maß an zeitdiagnostischen Qualitäten aus. Gleichwohl hat sich diese Tendenz in den Achtziger- und Neunzigerjahren weiter verstärkt, sodass sich nun eine Vielzahl von Titeln findet, die aktuelle soziale, politische und jugendkulturelle Lebenswelten thematisieren und spiegeln – und das in einer bemerkenswerten Realitätsnähe. Dabei fällt an Büchern wie Marie Hagemanns *Schwarzer Wolf, Skin* (1993) auf, dass die Autoren auf nahezu jegliche erwachsene Wertungsposition verzichten. Exemplarisch lässt sich diese Entwicklung an Kirsten Boies *Ich ganz cool* (1992) aufzeigen. Im Mittelpunkt des Textes steht der 12-jährige Hauptschüler Steffen, der Zuwendung sucht. Nicht unerheblich für die Art des Erzählens ist der soziale Rahmen. Steffen hat zwei Geschwister, einen größeren Bruder und eine kleinere Schwester, um die sich eigentlich niemand so richtig kümmert, denn als Sozialhilfeempfängerin muss Steffens Mutter durch einen Job versuchen den Unterhalt aufzubessern. Von einer intakten Familie kann auch deshalb keine

Rede sein, da sich die Eltern haben scheiden lassen. Die Rolle des Vaters können und wollen die diversen Lebensabschnittspartner der Mutter nicht ausfüllen. Der Alltag in der »Familie« wird bestimmt vom medialen Angebot der Fernseh- und Videoprogramme, echte Gespräche untereinander bleiben aus. Angesichts dieses Hintergrunds verwundert es nicht, dass sich das Leben des Ich-Erzählers Steffen zwischen Schulproblemen und der Suche nach Anerkennung bewegt, die er beim Mutjoggen und S-Bahn-Surfen zu finden glaubt. Das Besondere des Textes liegt – wie so oft bei Boie – in der Art der Darstellung. Es ist ausschließlich der jugendliche Protagonist selbst, der erzählt. Dabei wird jeder Gedanke, jeder innere Monolog, ja selbst jeder Traum so unmittelbar zur Sprache gebracht, dass sich die Innenwelt des Jugendlichen förmlich nach außen kehrt. Bereits der Textanfang zieht den Leser unweigerlich in die jugendliche Lebenswelt hinein:

> Schule, also logisch, das bockt nicht so, aber was sollst du machen, ich geh trotzdem meistens hin. Und zurück denn immer, also logisch ist zurück besser, geh ich meistens mit Holger und Recep, und denn machen wir noch Mutjoggen auf dem Weg. Also Mutjoggen, nä, darfst du erst losrennen, wenn das Auto voll auf der Kreuzung ist; der Kühler muss hinter der Fensterscheibe von Edeka, sonst gilt das nicht. Gibt es auch keine Ausnahme, Recep sagt, egal, ob einer kleiner ist oder was und kürzere Beine hat, ganz egal. Wer mitmachen will, gleiche Spielregeln.
> Der Trick ist, du musst an der Stelle rennen, wo die Baustelle ist, da können die Autos nicht ausweichen. Bremsen können sie da auch nicht mehr, haben wir alles abgecheckt. Entweder du bist schnell genug rüber, oder bommmppp!, ist es gewesen. Alles nur noch Matsche. Ja Pech.

Kirsten Boies *Erwachsene reden. Marco hat was getan* (1994) verdeutlicht ebenfalls, wie unmittelbar Teile der neuen Kinder- und Jugendliteratur Lebens- und Erfahrungswelt junger Menschen einfangen. Diese literarische Wirklichkeitserkundung bedeutet nicht zwangsläufig, dass die Texte ausschließlich jugendsoziologische Befunde spiegeln und die bedrohlichen und Besorgnis erregenden Seiten der Realität als gegeben und unveränderbar abbilden. Vielmehr ist es gerade die Stärke vieler dieser Bücher, dass sie den jungen Lesern die Möglichkeit bieten das Gelesene mit ihrer eigenen Lebenssituation zusammenzubringen und dabei den Wunsch nach aktiver Gestaltung wecken. So nimmt Christian Bieniek mit viel Witz und Humor sensible Themen aufs Korn, die für Jugendliche manchmal existenziell sein können. Dabei verraten die spritzigen Dialoge und die spezifische Situationskomik die Herkunft Bienieks als Gagschreiber und Hörfunkautor. *Michelle XXL* (1998) erzählt von den Problemen der zahlreichen Teenager, deren Körpergewicht – wie es im Klappentext heißt – weit jenseits der nach unten offenen Kate-Moss-Skala liegt:

> Bereits beim Aufwachen ärgerte ich mich über den blauen Himmel. Und um halb elf jubelte mein Vater im Strandkorb: »Unglaublich: Es sind schon achtundzwanzig Grad!« Auf Baltrum guckt er immer alle zehn Minuten aufs Thermometer. Abgesehen vom Rumblättern in der BILD-Zeitung, ist das seine einzige Urlaubsbeschäftigung.
>
> Bei dieser Hitze konnte ich leider nicht im Overall im Sand rumliegen, sondern trug meinen gelb-grünen Badeanzug, von dem die Komiker in unserer Klasse behaupten, dass man ihn auch als Dreimannzelt benutzen könnte. Ängstlich hielt ich Ausschau nach Tim. Sobald ich ihn auftauchen sah, wollte ich mich in mein Handtuch wickeln und ihm weismachen, dass ich Angst vor einem Sonnenbrand hätte. Aber er kam und kam nicht und zwei Stunden später ließ ich vor lauter Verzweiflung ein paar Tränen in den Sand kullern.
>
> »Warum weinst du denn?«, erkundigte sich prompt meine Mutter.
>
> »Ich hab was im Auge.«
>
> »Was denn?«, ließ sie nicht locker.

»Einen Haifisch«, brummte ich und setzte meine Sonnenbrille auf.

Als ich Tim dann endlich am frühen Nachmittag im Wasser entdeckte, war ich so happy, dass ich die Nummer mit dem Handtuch völlig vergaß und einfach aufsprang und in die Wellen rannte und Tim mit den Füßen nass spritzte. Ich fragte ihn, wo er denn so lange gesteckt habe.

»Gepennt«, antwortete er nur.

Dann – oh Gott! – starrte er meinen Bauch an und legte dabei die Stirn in Falten. Ich merkte, dass ich knallrot anlief. Am liebsten wäre ich im Wasser versunken. Das war's!, dachte ich todtraurig, während ich die Fäuste ballte und mit den Tränen kämpfte.

Ich zwang mich zu lächeln und fragte betont locker: »Ist was?«

Tim nickte. Er zeigte auf meine Wampe, die so aussieht, als sei ich kurz vor der Geburt von Vierlingen. Ich hielt die Luft an.

»Dein Badeanzug«, sagte Tim.

»Was soll damit sein?«

»Meine Mutter hat genau den gleichen.«

Dass die Autoren Fragen von Heranwachsenden nach einem geglückten Leben ernst nehmen, ja ihnen diese überhaupt zutrauen, zeigt sich nicht zuletzt in der Wiedergewinnung anthropologischer und theologischer Fragestellungen. Der Trend zu Philosophie, Religion und Mythen lässt sich etwa an dem zum Kultbuch avancierten Roman *Sophies Welt* (dt. 1993) des Norwegers Jostein Gaarder oder an Jürg Schubigers *Als die Welt noch jung war* (1995) festmachen. Auch Jutta Richter hat mit *Der Hund mit dem gelben Herzen oder die Geschichte vom Gegenteil* (1998) ein bemerkenswertes Kinderbuch vorgelegt, das spürbar religiös-philosophisch aufgeladen ist. In ihrer Variation des biblischen Schöpfungsmythos begegnet der Leser einem herrenlosen Hund, der völlig ausgehungert den Kindern Prinz Neumann und seiner Freundin Lotta zuläuft. Dafür, dass er von den Kindern gefüttert wird, erzählt er ihnen, wie er Gustav Ott – abgekürzt G. Ott –, den Schöpfer, im Paradies trifft:

Komm ich näher. Seh ich, das ist ein Schild! So ein Namens-
schild wie an Menschentüren. *G. Ott* steht drauf. Donnerwetter, denke ich. Scheint ja doch noch was zu kommen! Also
weiter und nicht schlappmachen. Und wirklich, nach sieben
Schritten steh ich vor einer alten klapprigen Gartenpforte.

Die Pforte ist ziemlich hoch, und irgendwo oben muss das
Schild gehangen haben mit *G. Ott* drauf. Und ich weiß: Wo Na-
mensschilder hängen, wohnen welche, und wo welche wohnen,
gibt's was zu fressen. Wenigstens eine Mülltonne muss da sein.
Vielleicht auch mehr.

Ich lehne mich also gegen die Pforte, und tatsächlich: ist nicht
abgeschlossen, quietscht ein bisschen, und ich schlüpfe durch
den Spalt und bin drin.

Ich denke, ich spinne. Scheint plötzlich die Sonne im Garten
von *G. Ott*. Ist plötzlich gar nicht mehr dunkel. Obwohl draußen Nacht ist.

Und überhaupt: alles wie gemalt. Blumen: rote, blaue, weiße,
gelbe und alle Sorten. Das war so bunt, das tat den Augen weh.
Konnte ja sein, dass das deshalb zu viel für mich war, weil ich
doch monatelang nur Urwald, Sandweg und Hecke gesehen
hatte.

Aber dann kam die Obstwiese. Und da dachte ich: Das kommt
vom Hunger. Da waren nämlich Apfelbäume, die blühten und
trugen gleichzeitig reife Äpfel. Und bei den Birnen, Kirschen
und Pflaumen war es genauso.

Also, wer immer *G. Ott* ist, dachte ich, vom Gartenbau versteht
der was.

Wenn dieser Ausblick auf die Kinder- und Jugendliteratur der Gegenwart mit dem Hinweis endet, dass im Kinder- und Jugendbuch unserer Zeit
wieder von Gott geredet wird, so ist das kein Zufall, deutet doch dieses Beispiel an, dass zumindest diese Autorin im Schöpfer ein verletzliches Wesen
erblickt, das der Fürsorge – man möchte fast sagen: der gleichen Fürsorge

Bild von Nikolaus Heidelbach aus »Ein Buch für Bruno« im Verlag Beltz & Gelberg
1997. © 1997 Beltz Verlag, Weinheim und Basel, Programm Beltz & Gelberg

wie ein Kind – bedarf. Und selbst wenn Jutta Richter einer positiven Zukunfts-
erwartung nur vorsichtig Raum gibt, so ruft sie mit diesem Buch – sicher nicht
nur bei den jüngeren Lesern – die Erinnerung an Freundschaft und an die
Schönheit jedweder Form von Leben wach. Vielleicht liegt ja gerade darin die
besondere kulturelle Bedeutung der Kinder- und Jugendliteratur, dass sie
dies Heranwachsenden bewusst zu machen vermag. So bleibt zu hoffen,
dass Literatur, zumal die für Kinder und Jugendliche, einen festen Platz im
Medienensemble behaupten kann. Solange junge Menschen so erfrischend
hintergründige und humorvolle Bücher kennen lernen können wie Sheila Ochs
Karel, Jarda und das wahre Leben (1996), darf man in dieser Hinsicht sicher
zuversichtlich sein, denn eigentlich ist es nur schwer vorstellbar, dass sich
die »Kids« von heute von so einem »unverfrorenen« Textanfang nicht angezo-
gen fühlen:

Unsere ganze Familie ist furchtbar nervös. Vater ist ein erfahrener Nägelbeißer und hat einen Augentick. Mutter ist so kribbelig, daß sie uns oft anschreit und unmotiviert Ohrfeigen austeilt (obwohl sie ihre Kinder aus Prinzip nie schlägt). Meine Schwester wäre leicht imstande, sich wegen eines einzigen Pickels auf dem Klo zu erhängen. Es ist soweit, daß ich selbst manchmal glaube: Das halte ich nicht mehr aus, auch ich werde bald an meinen Nägeln knabbern, einen Augentick haben, andere anschreien und so. Aber schließlich sage ich mir, einer muß doch normal bleiben, und so setze ich mich in irgendeine Ecke und schaue mir alles von dort an.

»Jesusmaria«, pfeift Mutter Vater an, »sag dem Bengel, er soll nicht so gucken!«

Vater bekommt seinen Augentick.

»Schau uns nicht so an!« gibt er von sich, und schwuppdiwupp! schon hat er den Daumen im Mund; zwack, zwack, hört man, wie er an seinen Nägeln kaut.

»Das ist kein Kind, das ist der leibhaftige Streß!« schreit Mutter, und alle schauen mich an, als wäre ich ein Verbrecher.

Als ich noch klein war, haben sie mit mir geschmust und nannten mich Karlik, Kája, Bärchen und so. Jetzt höre ich nur:

»Karel, hör auf!«

»Karel, wie oft muß ich dir das sagen!«

Und auch: »Hast du keinen Kamm?«

»Hände waschen!«

»Wenn du nicht aufhörst zu widersprechen, setzt es was!«

Ich warte nur darauf, daß man mir eines Tages befiehlt: Koch dich, back dich, schmor dich, Senf und Ketchup drauf, damit du uns besser schmeckst.

Vielleicht könnten meine Eltern dann eine Kneipe aufmachen, die *Zum wohlschmeckenden Karel* heißen würde. Hier bei uns in Böhmen macht ja heute sowieso jeder zweite eine Kneipe auf, damit er schnell reich wird, nur in unserer Familie passiert nichts.

Wahrscheinlich darum sind sie in der letzten Zeit so nervös geworden. Die ganze Welt, das heißt zumindest unsere Welt, in der wir früher kommunistisch waren und jetzt schnurstracks in die echte Marktwirtschaft marschieren, steht kopf. Jeder kann Millionär werden, das Geld liegt auf der Straße, stand in der Zeitung, man muß sich nur bücken. Und was machen meine Eltern? Sie bücken sich nicht, sie werden nur jeden Tag etwas nervöser, soweit eine Steigerung überhaupt noch möglich ist.

Vom Frechdachs zum LeseStier – 50 Jahre Arena Verlag

Es ist gewiss nicht mehr als ein Zufall, dass die Gründungsdaten der Bundesrepublik Deutschland und des Arena Verlages nur wenige Wochen auseinanderliegen. Und doch haben sie etwas gemeinsam, denn beide stehen im Zeichen des Aufbruchs. Politische Neuordnung auf der einen Seite, mit einem Grundgesetz, das den Schutz der Menschenwürde, die Glaubens- und Gewissensfreiheit, das Recht auf freie Meinungsäußerung ausdrücklich festschreibt. Auf der anderen das Bemühen, im Zeichen eben dieser neuen geistigen Freiheit gerade jungen Menschen auch neue Wege zu zeigen und Brücken in die Zukunft und in die Welt zu bauen. Das Besondere an diesem Bemühen war die Tatsache, dass die Idee dazu nicht, wie man erwarten könnte, von einem erfahrenen Politiker, einem versierten Verleger oder einem Pädagogen ausging, sondern von einem jungen Menschen, einem Vertreter eben jener Generation, die noch die Schrecken des Krieges bewusst miterlebt hatte, die nun aber zum Hoffnungsträger einer neuen, besseren Zeit werden sollte.

Der gerade 21jährige Georg Popp, der am 19. September 1949 nach langem Bemühen von den zuständigen Behörden die Lizenz für die Gründung des Arena Verlages erhielt, kam aus der katholischen Jugendarbeit seiner Vaterstadt Würzburg. Hier hatte er bereits 1949 eine selbstgebastelte Jugendzeitschrift herausgegeben. Vielleicht war es gut, dass er von den Schwierigkeiten und Lasten der Verlagsarbeit, die auf ihn zukamen, wenig ahnte, sonst wäre er vielleicht vor den drohenden Problemen zurückgeschreckt. Aber er erwies sich gleichermaßen als ein verlegerisches wie kaufmännisches Naturtalent mit sicherem Gespür für das Machbare und eben auch mit jener Portion Optimismus und Zukunftsgläubigkeit, die notwendig war, um Rückschläge, Kritik und später auch Anfeindungen unbeschadet zu überdauern.

Popp gelang es, dem neuen Verlag rasch ein Gesicht zu geben und bereits in den ersten Aufbaujahren mit einer ansehnlichen Produktion das kinder- und jugendliterarische Geschehen der jungen Bundesrepublik mitzugestalten.

Bis 1955 erschienen bereits rund sechzig Bücher mit einer Gesamtauflage von fast 750 000 Exemplaren, also im Schnitt mit einer Auflage von 12 500. Zu den bekanntesten Hausautoren gehörte in dieser Anfangszeit Berthold Lutz mit seinen »Frechdachs«-Büchern. Im gleichen Jahr 1955 erschien dann unter dem Titel »Die Großen der Welt« der erste von Popp nach Idee und äußerer Form entwickelte »Großband«. Als Mitarbeiter wirkten Ellen Schöller, J. Görlich, H. Klingler, H. Kocher und H. Pleticha mit, die in den folgenden Jahren zum Kern der Verlagsautoren zählten. Mit ihnen wandte sich Arena in verstärktem Umfang dem Sachbuch zu, das in den folgenden Jahren in gesteigertem Maß das Programm mitprägte. Es ist kennzeichnend, dass die meisten dieser Sachbücher sich gleichermaßen an jugendliche wie an erwachsene Leser wandten und gerade auch von Lehrern aller Schulgattungen gern angenommen wurden. Das mag mit einer der Gründe gewesen sein, dass auch so profilierte Persönlichkeiten wie Carlo Schmid, Franz Josef Strauß, Ben Gurion oder Heinrich Harrer bei verschiedenen Büchern als Autoren mitwirkten.

Sein sicheres Gespür für Zukunftsprojekte bewies Popp 1958 mit dem Aufbau des ersten deutschen Jugendtaschenbuchprogramms, das in seiner Art vorbildlich für andere Verlage wurde. Bis 1965 erschienen dann schon rund 400 Bücher mit einer Gesamtauflage von 4,6 Millionen. Zu den bekanntesten und bewährten Autoren gesellten sich neue, so Barbara Bartos-Höppner, Ingeborg Bayer, Willi Fährmann, Hans Christian Kirsch, Horst Künnemann, Otfried Preußler, Karl Rolf Seufert oder Hermann Schreiber. Auch die Zahl der Verlagsmitarbeiter wuchs so stark, dass in ein neues, größeres und repräsentatives Verlagsgebäude umgezogen werden musste, Arena war nun innerhalb von fünfzehn Jahren zu einem der größten Jugendbuchverlage in der Bundesrepublik aufgestiegen. Eine weitere Vergrößerung erfuhr der Verlag 1969 durch die Übernahme des Georg-Westermann-Jugendbuchverlages. Mit ihm kamen neue Bücher und neue bekannte Autoren wie Miep Diekmann oder

Kurt Lütgen in das Programm. Obgleich sich Ende der Sechzigerjahre die Kon-
kurrenzsituation verschärfte, konnte Arena auch in der Folgezeit seine Positi-
on auf dem Jugendbuchmarkt halten. 1972 fiel mit der Auszeichnung von Otfried Preußlers »Krabat« erstmals der Deutsche Jugendbuchpreis an den Verlag. Das hohe Gesamtniveau spiegelte sich 1974 in der Statistik zum 25. Verlagsjubiläum. Bis dahin waren 650 Bücher und 360 Taschenbücher erschienen. 50 davon standen auf der Besten- bzw. Auswahlliste des Deutschen Jugendbuchpreises.

1979 verkaufte Georg Popp den Verlag an den Georg-Westermann-
Verlag. Die Verlagsleitung übernahm 1980 Hans-Georg Noack – bis dahin Ge-
schäftsführer des Hermann-Schaffstein-Verlags und selbst Autor zahlreicher
Romane. Er führte Bewährtes behutsam fort, initiierte aber auch eine Reihe
neuer Ideen und holte neue Autoren in den bisherigen Kreis, so z.B. Tilman
Röhrig, Isolde Heyne, Klas E. Everwyn, Stefan Sulke, Hans-Peter Thiel,
KNISTER oder Jo Pestum. Die bisherigen Buchreihen wurden durch neue er-
setzt oder ergänzt. Das Konzept ging auf. Der Verlag erhielt eine Reihe bedeu-
tender Auszeichnungen und Preise, darunter in den folgenden Jahren allein
fünfmal den Deutschen Jugendbuchpreis. 1987 kaufte die Westermann-
Gruppe auch den Benziger Verlag, dessen Kinder- und Jugendbuchprogramm
unter dem Namen Benziger Edition in das Arena-Programm integriert wurde.
Bis zum 40jährigen Verlagsjubiläum waren dann insgesamt mehr als 2 000
Titel mit einer Gesamtauflage von über 30 Millionen erschienen.

Mit Erreichen des 65. Lebensjahres schied Hans-Georg Noack Ende
1990 aus der Verlagsleitung aus. Auch diesmal verlief der Führungswechsel
reibungslos. Noch im gleichen Jahr übernahm der vom Loewe Verlag kommende Germanist Jürgen Weidenbach die Geschäftsführung

Eine neue Generation von Autoren wie Christian Bieniek, Rainer M.
Schröder, Ulli Schubert, Patricia Schröder und Christian Waluszek, aber auch
neue Grafiker und Illustratoren halfen, das bewährte Verlagsimage weiterhin
zu pflegen. Wie gut dabei an die Tradition angeknüpft wurde, zeigt die Betonung der Buchreihen wie etwa »Arena LeseStier« für Jüngere, »Kinderbuch-
klassiker« für die 10 bis 13-jährigen oder die problemorientierten Jugendbücher in »Arena Life«. Die ehemalige Benziger Edition wurde unter dem neuen

Namen Edition Bücherbär komplett umstrukturiert und bietet seit 1992 als erster Kinder- und Jugendbuchverlag ein pädagogisch durchdachtes, mehrstufiges Leselernkonzept. Durch die Ausweitung des Programms u.a. auf Pappbilderbücher und ein umfangreiches Vorschulsegment werden erstmals auch jüngere Zielgruppen angesprochen. Dem wachsenden Interesse des Buchhandels an Titeln mit Beschäftigungselementen und Produkten, die den üblichen Rahmen eines Buches sprengen, wird mit originellen Neuentwicklungen Rechnung getragen. Innovative Konzepte setzen im Buchmarkt immer wieder Akzente und erlangen, wie die Lehrspiele BANDOLO™ und Fingerquiz »Kultstatus«. Neue Reihen und außergewöhnliche Projekte zu Sachthemen tragen den gewandelten Lesebedürfnissen von Kindern und Jugendlichen Rechnung. Nach wie vor aber genießt das literarische Jugendbuch seinen herausragenden Stellenwert im Gesamtprogramm. So hat sich der Arena Verlag in den 50 Jahren seines Bestehens konsequent zu einem der wichtigsten deutschsprachigen Kinder- und Jugendbuchverlage entwickelt. Hunderte von Übersetzungen in anderen Sprachen belegen zudem die hohe internationale Akzeptanz des Verlagsprogramms.

Seit 1999 finden Leserinnen und Leser von 16–20 Jahren im Programmbereich Chili aktuelle und unterhaltsame Romane, in denen sich die Gedanken, Gefühle und Erfahrungen ihrer Generation spiegeln.

Bis heute sind rund 3 000 Titel mit einer Auflage von 45 Millionen unter dem sich schon mehrfach gewandelten Arena-Verlagslogo erschienen. Es gibt wohl keinen bekannten Jugendbuchpreis, der nicht im Laufe dieser fünfzig Jahre ein- oder mehrfach an Autoren des Verlags gefallen ist oder auf dessen Ehrenlisten nicht auch Arena-Bücher standen, so etwa der Deutsche Jugendliteraturpreis, der Premio Europeo, der Friedrich-Gerstäcker-Preis, der Große Preis der Akademie für Kinder- und Jugendliteratur, der Katholische Kinderbuchpreis, der Silberne Griffel . . . Das spricht für die Qualität der Autoren, das spricht vor allem für die Bücher und es beweist, dass der Verlag weiterhin auf dem richtigen Weg ist, den er vor fünfzig Jahren eingeschlagen hat.

Register

der Schriftsteller, Herausgeber, Übersetzer, Illustratoren und anonymen Schriften. Textbeispiele sind kursiv gesetzt.

Weiterführende Literatur

In den letzten Jahren ist die Zahl der Bücher und Aufsätze mit Untersuchungen zu Theorie und Geschichte des Kinder- und Jugendbuches stark angewachsen. Dem Charakter dieses Buches entsprechend werden nur wichtige Titel mit weiterführender Literatur genannt.

Aley, Peter: Jugendliteratur im Dritten Reich. Dokumente und Kommentare. Hamburg 1969

Baumgärtner, Alfred Clemens – Pleticha, Heinrich (Hrsg.): Abc und Abenteuer. Texte und Dokumente zur Geschichte des deutschen Kinder- und Jugendbuches. München 1985

Baumgärtner, Alfred Clemens – Pleticha, Heinrich (Hrsg.): Kinder- und Jugendliteratur. Ein Lexikon. Meitingen 1995 ff.

Brüggemann, Theodor – Brunken, Otto (Hrsg.): Handbuch zur Kinder- und Jugendliteratur. Vom Beginn des Buchdrucks bis 1570. Stuttgart 1987

Brüggemann, Theodor – Brunken, Otto (Hrsg.): Handbuch zur Kinder- und Jugendliteratur. Von 1540–1750. Stuttgart 1991

Brüggemann, Theodor – Ewers, Hans-Heino (Hrsg.): Handbuch zur Kinder- und Jugendliteratur 1750–1800. Stuttgart 1982

Brunken, Otto – Hürrelmann, Bettina – Pech, Klaus-Ulrich (Hrsg.): Handbuch zur Kinder- und Jugendliteratur. Von 1800–1850. Stuttgart 1998

Doderer, Klaus (Hrsg.): Lexikon der Kinder- und Jugendliteratur. 4 Bde. Weinheim – Basel - München 1975 ff.

Dyhrenfurth, Irene: Geschichte des deutschen Jugendbuches. Freiburg i. Br. 1967 (3. Aufl.)

Ewers, Hans-Heino (Hrsg.): Kinder- und Jugendliteratur der Aufklärung. Eine Textsammlung. Stuttgart 1980

Ewers, Hans-Heino (Hrsg.): Kinder- und Jugendliteratur der Romantik. Eine Textsammlung. Stuttgart 1984

Gansel, Carsten: Authentizität – Wirklichkeitserkundung – Wahrheitsfindung. Zu aktuellen Entwicklungslinien in der Literatur für Kinder und junge Erwachsene. In: Adalbert-Stifter-Institut des Landes Oberösterreich (Hrsg.): Ein-Satz. Jugend in Literatur für Jugendliche. Linz 1998, S. 80–98

Göbels, Hubert: Hundert alte Kinderbücher aus dem 19. Jahrhundert. Eine illustrierte Bibliographie. Dortmund 1979

Göbels, Hubert: Hundert alte Kinderbücher aus Barock und Aufklärung. Eine illustrierte Bibliographie. Dortmund 1980

Göbels, Hubert: Hundert alte Kinderbücher 1870-1945. Eine illustrierte Bibliographie. Dortmund 1981

Goehring, Ludwig: Die Anfänge der deutschen Jugendliteratur im 18. Jahrhundert. Ein

Beitrag zur Geschichte der deutschen Jugendliteratur. Hanau 1967 (fotomech. Nachdruck der Ausgabe Berlin 1904)

Hobrecker, Karl: Alte vergessene Kinderbücher. Dortmund 1981 (fotomech. Nachdruck der Ausgabe Berlin 1924)

Hürlimann, Bettina: Europäische Kinderbücher in drei Jahrhunderten. München, Hamburg 1968

Köberle, Sophie: Jugendliteratur zur Zeit der Aufklärung. Ein Beitrag zur Geschichte der Jugendschriftenkritik. Weinheim 1972

Könneker, Marie-Luise (Hrsg.): Kinderschaukel. Ein Lesebuch zur Geschichte der Kindheit in Deutschland. 2 Tle. Darmstadt, Neuwied 1976

Köster, Hermann L.: Geschichte der deutschen Jugendliteratur in Monographien. Pullach, Berlin 1972 (fotomech. Nachdruck der Ausgabe Braunschweig 1927)

Kunze, Horst: Schatzbehalter. Vom Besten aus der älteren deutschen Kinderliteratur. Hanau 1965

Kunze, Horst (Hrsg.): Studien zur Geschichte der deutschen Kinder- und Jugendliteratur:

1. Wegehaupt, Heinz: Vorstufen und Vorläufer der deutschen Kinder- und Jugendliteratur bis in die Mitte des 18. Jahrhunderts. Berlin 1977

2. Schmidt, Egon: Die deutsche Kinder- und Jugendliteratur von der Mitte des 18. Jahrhunderts bis zum Anfang des 19. Jahrhunderts. Berlin o.J.

3. Schmidt, Joachim: Volksdichtung und Kinderlektüre in der ersten Hälfte des 19. Jahrhunderts. Berlin 1977

6./7. Dreher, Ingmar: Die deutsche proletarisch-revolutionäre Kinder- und Jugendliteratur zwischen 1918 und 1933. – Meyer, Hansgeorg: Die deutsche Kinder- und Jugendliteratur 1933–1945. Berlin 1975

Mattenklott, Gundel: Zauberkreide. Kinder- und Jugendliteratur nach 1945. Stuttgart 1989

Mehden, Heilwig v.d.: Vor allem eins mein Kind. Was deutsche Mädchen und Knaben zur Kaiserzeit gelesen haben. Hamburg 1972

Merget, Adalbert: Geschichte der deutschen Jugendliteratur. Hanau 1967 (fotomech. Nachdruck der Ausgabe Berlin 1882)

Pleticha, Heinrich (Hrsg.): Lese-Erlebnisse 2. Frankfurt a.M. 1978

Pressler, Christine: Alte schöne Kinderbücher. Eine illustrierte Geschichte des deutschen Kinderbuches aus fünf Jahrhunderten. München 1980

Strobach, Erich: Fabeln und Erzählungen für Kleine und Große. Gütersloh 1980

Wegehaupt, Heinz: Alte deutsche Kinderbücher. Bibliographie 1507–1850. Berlin 1979

Wegehaupt, Heinz: Alte deutsche Kinderbücher. Bibliographie 1851–1900. Stuttgart 1985

Wild, Reiner (Hrsg.): Geschichte der deutschen Kinder- und Jugendliteratur. Stuttgart 1990

Quellenverzeichnis

9   Martin Luther: An die Ratsherren aller Städte deutschen Landes . . . In: Aus-
        gewählte Schriften Bd. 5. Frankfurt a.M. 1982

13   Der große Seelentrost. Ein niederdeutsches Erbauungsbuch. Hrsg. v. Marga-
        rete Schmitt. Köln – Graz 1959. Übertragen v. G. Merwald

15   Herzog Ernst. In: G. Schwab: Die deutschen Voksbücher. Meersburg o.J.

17   Georg Rollenhagen: Froschmeuseler. Magdeburg 1608 III/1, cap 1

21   Luthers Fabeln nach seiner Handschrift und den Drucken. Hrsg. v. Ernst
        Thiele. Halle 1911

24   Leonardus Kulman: Zuchtmayster für junge Kinder, Nürnberg o.J. o.S. Über-
        tragen von H. Pleticha

27   Georg Wickram: Der jungen Knaben Spiegel. In: Sämtliche Werke Bd. 3. Ber-
        lin 1968. Übertragen v. H. Pleticha

30   Hans J. Christoph v. Grimmelshausen: Der stolze Melcher. In: Simpliziani-
        sche Schriften. Mnch. o.J. Bearbeitet v. H. Pleticha

33   Christian Weise: Masaniello. Hrsg. v. Robert Petsch. Halle 1907

35   Jan Amos Comenius: Orbis sensualium pictus. Die sichtbare Welt. Nürnberg
        1658

39   Johann Wolfgang v. Goethe: Dichtung und Wahrheit. I. Teil, 1. Buch

42   Francois Fénelon: Die seltsamen Begebenheiten des Telemach, übertr. v. E.
        v. Faramond. Frankfurt – Leipzig 1749, Buch V

45   Johann Gottfried Schnabel: Insel Felsenburg. Wunderliche Fata einiger See-
        fahrer 1. Buch. Nordhausen 1731

49   Johann Bernhard Basedow: Methodenbuch für Väter und Mütter . . . In: Ele-
        mentarwerk T.2. Berlin und Dessau 1774

50   Friedrich Justin Bertuch: Bilderbuch für Kinder . . . T. I. Weimar 1790

53   Leipziger Wochenblatt für Kinder 150. Stück v. 21. März 1774

55   Christian Felix Weiße: Der Kinderfreund. Ein Wochenblatt. Erster Theil. Reut-
        lingen 1818

60   Eberhard von Rochow: Der Kinderfreund. Ein Lesebuch zum Gebrauch in
        Landschulen. Brandenburg und Leipzig 1776

61   Georg Christian Raff: Naturgeschichte für Kinder. Reutlingen 1830

64   Christian Gotthilf Salzmann: Moralisches Elementarbuch. Leipzig 17851111

66   Carl Philipp Moritz: Versuch einer kleinen praktischen Kinderlogik. Berlin
        1786, S. 5 f.

70   Johann Carl August Musäus: Moralische Kinderklapper für Kinder und Nicht-
        kinder. Gotha 1788

71   J. G. Herder u. August Jacob Liebeskind: Palmblätter. Erlesene morgenländi-
        sche Erzählungen für die Jugend Bd. 1. Berlin 1816

75   Joachim Heinrich Campe: Robinson der Jüngere. Ein Lese-Buch für Kinder.
      Braunschweig 1847 (40. A.), Achter Abend

78   Karl Gutzkow: Aus der Knabenzeit. In: Werke Bd. 3

80   Friedrich Gedike: Einige Gedanken über Schulbücher und Kinderschriften.
      Programm Berlin 1787. In: Hermann Köster, Geschichte der deutschen Ju-
      gendliteratur. Braunschweig 1927

81   Achim von Arnim und Clemens Brentano: Des Knaben Wunderhorn. Bd. 3.
      Heidelberg 1808, S. 198

84   Friedrich Rückert: Gesammelte poetische Werke in zwölf Bänden, Bd. 3.
      Frankfurt 1882

85   Friedrich Güll: Kinderheimat. Stuttgart 1836, S. 47

86   Wilhelm Hey: Funfzig Fabeln für Kinder. Hamburg 1836

87   Jakob und Wilhelm Grimm: Kinder- und Hausmärchen

89   Ludwig Bechstein: Sämtliche Märchen

92   Ernst Theodor Amadeus Hoffmann: Nußknacker und Mausekönig

94   Wilhelm Hauff: Märchen

96   Hans Christian Andersen: Märchen

99   Der wiedererstandene Eulenspiegel. In: Volksbücher. Hrsg. v. G. O. Marbach
      u. O. L. B. Wolff

100   Ludwig Bechstein: Deutsches Sagenbuch. Nr. 807

102   Amalia Schoppe: Die Helden und Götter des Nordens oder Das Buch der
      Sagen. Berlin 1832

105   Gustav Schwab: Die schönsten Sagen des klassischen Altertums. T. 1

107   Georg Ludwig Jerrer: Die Weltgeschichte für Kinder. T. I. Nürnberg 1819

109   L. K. Iselin: Das alte Rom. Nürnberg 1831

111   Johann Ludwig Ewald: Die Kunst, ein gutes Mädchen, eine gute Gattin,
      Mutter und Hausfrau zu werden. 1802. Zit. In: Irene Dyhrenfurth-Graebsch,
      Geschichte des deutschen Jugendbuches. Hamburg 1951

112   Friedrich Philipp Wilmsen: Hersiliens Lebensmorgen oder Jugendgeschichte
      eines geprüften Mädchens. Wien 1817

114   Johann David Wyss: Der Schweizer Robinson

116   Theodor Dielitz: Die Helden der Neuzeit. Berlin 1851

121   Heinrich Hoffmann: Der Struwwelpeter

123   Johann Peter Hebel: Biblische Erzählungen. In: Sämtliche Werke Bd. IV,
      Karlsruhe 1832

126   Christoph von Schmid: Der gute Fridolin und der böse Dietrich. Augsburg
      1830

127   Wilhelm Bauberger: Die Beatushöhle. Eine lehrreiche Erzählung für die reife-
      re Jugend. Augsburg 1831

130   Wolfgang Menzel: Die deutsche Literatur. T. II. Stuttgart 1836

131   Wilhelm v. Scholz: Berlin und Bodensee. Erinnerungen einer Jugend. Leipzig
      1934

132 Isabella Braun: Aus meiner Jugendzeit. Eßlingen o.J.

133 Anna Stein: 52 Sonntage oder Tagebuch dreier Kinder. Berlin o.J., 9. Sonntag

135 Elisa Averdieck: Karl und Marie. Hamburg 1851

137 A. Cosmar: Puppe Wunderhold und ihre Freundinnen. Stuttgart 1866

140 Gustav Nieritz: Der Canarienvogel. Leipzig 1848

142 W. O. von Horn: Der Kongo-Neger. Reutlingen o.J.

145 August Heinrich Hoffmann von Fallersleben: Ausgew. Werke Bd. 1. Kindheit. Leipzig o.J.

145 Robert Reinicks Märchen-, Lieder- und Geschichtenbuch. Bielefeld – Leipzig 1928

147 Klaus Groth: Voer de Goern. Leipzig o.J. (1858)

148 Franz Pocci: Kasperl als Turner. In: Lustiges Komödienbüchlein. München 1921

152 Ottilie Wildermuth: Bärbeles Weihnachten. In: Aus Schloß und Hütte. Stutgart o.J.

154 Johanna Spyri: Heidis Lehr- und Wanderjahre

159 Clementine Helm: Backfischchens Leiden und Freuden. Leipzig 1863

161 Emmy v. Rhoden. Der Trotzkopf. Stuttgart o.J. (1885)

163 Thekla von Gumpert: Aus Tante Theklas Kinderjahren. In: Herzblättchens Zeitvertreib Bd. 37

166 Else Ury: Nesthäkchen und ihre Puppen. Berlin o.J. (1918)

169 Carl v. Ecke: Rudi der Tertianer. Stuttgart o.J.

173 K. H. Caspari: Der Schulmeister und sein Sohn. Stuttgart o.J. (1. A. 1851)

176 David F. Weinland: Rulaman. Leipzig 1876

177 Oskar Höcker: Deutsche Treue, welsche Tücke. Leipzig 1895

180 Brigitte Augusti: Das Pfarrhaus zu Tannenrode. Leipzig o.J.

181 Richard Roth: Kaiser, König und Papst. Leipzig 1875

183 Wilhelm Kotzde: Und deutsch sei die Erde! Mainz 1912

185 Karl Tanera: Der Freiwillige des ›Iltis‹. Leipzig o.J. (1900)

189 Friedrich Gerstäcker: Fritz Wildau. München o.J.

190 Armand: Amerikanische Jagd- und Reiseabenteuer aus meinem Leben in den westlichen Indianergebieten. Stuttgart o.J.

193 Friedrich J. Pajeken: Ein Held wider Willen. Berlin o.J.

194 Karl May: Im fernen Westen. Stuttgart o.J. (1879)

198 August Niemann: Pieter Maritz der Buernsohn von Transvaal. Leipzig o.J.

201 S. Wörishöffer: Onnen Visser der Schmugglersohn von Norderney. Bielefeld – Leipzig 1885

206   Friedrich Wilhelm Mader: Nach den Mondbergen. Stuttgart o.J. (1911),

210   Richard Leander: Das bucklige Mädchen. In: Träumereien an französischen
      Kaminen. Leipzig 1878

214   Heinrich Wolgast: Das Elend unserer Jugendliteratur. Hamburg 1899

217   Paula Dehmel: Rumpumpel. Köln 1903

221   Richard und Paula Dehmel: Fitzebutze. Allerhand Schnickschnack für Kinder.
      Berlin – Leipzig 1900

222   Joachim Ringelnatz: Geheimes Kinder-Spiel-Buch. Potsdam 1924

224   Agnes Sapper: Die Familie Pfäffling. Hannover 1907

226   Josephine Siebe: Oberheudorfer Buben- und Mädelgeschichten. Stuttgart
      1908. © Middelhauve VerlagGmbH, München

230   Wilhelm Scharrelmann: Piddl Hundertmark. Berlin 1912. © Anka Hüchting,
      Heerstedt

232   Waldemar Bonsels: Die Biene Maja und ihre Abenteuer. Berlin 1912.
      © Engelhorn Verlag/Deutsche Verlagsanstalt, Stuttgart

234   A. Th. Sonnleitner: Die Höhlenkinder im Pfahlbau. Stuttgart 1920, 62. Aufl.
      1996. © 1959, 1976, 1991 Franckh-Kosmos VerlagsGmbH & Co., Stuttgart

238   Tony Schumacher: Mütterchens Hilfstruppen. Stuttgart 1909.
      © Middelhauve VerlagGmbH, München

241   Fritz Steuben: Der fliegende Pfeil. Stuttgart 1930. Zitiert nach der 26.
      Auflage 1996. © 1930, 1965, 1976, 1979 Franckh-Kosmos VerlagsGmbH,
      Stuttgart

244   Wolf Durian: Kai aus der Kiste. Berlin 1927
      Werner Bergengruen: Zwieselchen. Stuttgart o. J.
      © 1938 by K. Thienemanns Verlag, Stuttgart – Wien – Bern

247   Wilhelm Matthießen: Das Rote U. Köln 1932.
      © Cäcilie Matthießen, Steinach

249   Erich Kästner: Emil und die Detektive. © Atrium Verlag, Berlin 1928

253   Alex Wedding: Ede und Unku. Ein Roman für Jungen und Mädchen. Berlin
      1931. © Altberliner Verlag, Berlin-München

256   Alois Schenzinger. Der Hitlerjunge Quex. Berlin 1932

261   Kurt Held: Die rote Zora und ihre Bande.
      © 1941 by Verlag Sauerländer

263   Lisa Tetzner: Die Kinder auf der Insel.
      © 1944 by Verlag Sauerländer Verlag

265   Paul Maar: Meine beiden Biographien. Rede in der Johann Wolfgang
      Goethe-Universität Frankfurt am 8. Juli 1994. Freundeskreis des Instituts für
      Jugendbuchforschung. Jahresgabe 1994. © Paul Maar, Bamberg

267   Astrid Lindgren: Pippi Langstrumpf. © 1949 Verlag Friedrich Oetinger,
      Hamburg. Zitiert nach der Ausgabe von 1986

269   Kurt Lütgen: Das Rätsel Nordwestpassage. © 1967 Arena Verlag Georg Popp, Würzburg

271   Ursula Wölfel: Feuerschuh und Windsandale. © 1961 by K. Thienemanns Verlag, Stuttgart – Wien – Bern. Zitiert nach der Ausgabe des Hoch Verlages, Düsseldorf 1961

273   Otfried Preussler: Der kleine Wassermann. © 1956 by K. Thienemanns Verlag, Stuttgart - Wien - Bern 1956

276   James Krüss: Der wohltemperierte Leierkasten. Bertelsmann Jugendbuchverlag, Gütersloh – München – Wien 1961, 1972

277   Josef Guggenmoos: Was denkt die Maus am Donnerstag? © 1998, Beltz Verlag, Weinheim und Basel, Programm Beltz & Gelberg, Weinheim

279   Hans Baumann: Der Sohn des Kolumbus. © Elisabeth Baumann, Murnau. Zitiert nach der Ausgabe des Loewes Verlages, Bayreuth 1983.

281   Willi Fährmann: Das Jahr der Wölfe. © 1962 Arena Verlag Georg Popp, Würzburg

283   Ursula Wölfel: Die grauen und die grünen Felder. Wahre Geschichten. © 1970 Beltz Verlag, Weinheim und Basel, Programm Beltz & Gelberg, Weinheim. Zitiert nach der Originalausgabe im Anrich Verlag, Mülheim an der Ruhr, 1970

284   Hans Georg Noack: Rolltreppe abwärts. © 1970 Hans Georg Noack, Würzburg. Zitiert nach der Ausgabe im Ravensburger Buchverlag

286   Peter Härtling: Ben liebt Anna. ©1979 Beltz Verlag, Weinheim und Basel, Programm Beltz & Gelberg, Weinheim

287   Christine Nöstlinger: Die feuerrote Friederike. © 1970 Dachs Verlag - GmbH, A-1220 Wien. Zitiert nach der Ausgabe im dtv junior, 22. Aufl. 1997

289   Mirjam Pressler: Bitterschokolade. © 1980 Beltz Verlag, Weinheim und Basel, Programm Beltz & Gelberg,Weinheim

291   Tilman Röhrig: In dreihundert Jahren vielleicht. © 1983 Arena Verlag Georg Popp, Würzburg

292   Michail Krausnick: Der Räuberlehrling. © 1993 Beltz Verlag, Weinheim und Basel, Programm Beltz & Gelberg, Weinheim

293   Arnulf Zitelmann: Paule Pizolka oder Eine Flucht durch Deutschland. © 1995 Beltz Verlag, Weinheim und Basel, Programm Beltz & Gelberg

295   Ingeborg Bayer: Zeit für die Hora. © 1988 Arena Verlag GmbH, Würzburg

296   Gudrun Pausewang: Die Wolke. © by Ravensburger Buchverlag 1987

298   Rainer M. Schröder: Felix Faber – Übers Meer und durch die Wildnis. © 1998 Arena Verlag, Würzburg

299   Federica de Cesco: Das Mondpferd. © 1996 Arena Verlag, Würzburg, vollständig überarbeitete, veränderte Neuausgabe

300   Dagmar Chidolue: Lady Punk. © 1991 Beltz Verlag, Weinheim und Basel, Programm Beltz & Gelberg, Weinheim

302   Jo Pestum: Der Kater und der Mann aus Eisen. © 1988 Jo Pestum. Zitiert nach dem Sammelband »Der Kater kommt zurück« im K. Thienemanns Verlag, 1997

304   Otfried Preußler: Krabat. © 1981 by K. Thienemanns Verlag, Stuttgart – Wien – Bern

307 Michael Ende: Die unendliche Geschichte. © 1979 by K. Thienemanns Verlag, Stuttgart – Wien – Bern

308 Paul Maar: Ein Sams für Martin Taschenbier. © Verlag Friedrich Oetinger, Hamburg 1996

310 Knister: Hexe Lilli und das wilde Indianerabenteuer, © 1997 Arena Verlag, Würzburg

311 Benno Pludra: Insel der Schwäne. © 1987 Boje Verlag, Erlangen. Zitiert nach der Taschenbuchausgabe im Arena Verlag, Würzburg 1990

312 Liselotte Welskopf-Henrich: Die Söhne der Großen Bärin. Band 2. Der Weg in die Verbannung. © Altberliner Verlag, Berlin 1992. Zitiert nach der Ausgabe im Union Verlag, Stuttgart, o.J.

314 Isolde Heyne: Treffpunkt Weltzeituhr. © 1984 Arena Verlag GmbH, Würzburg

315 Nina Schindler: Die Schöne und der Boss. © 1999 Arena Verlag, Würzburg

317 Paul Zindel: Eugene Dingmans erstaunliches und dem Tode trotzendes Tagebuch. © der deutschen Ausgabe 1990 Sauerländer Verlag. Zitiert nach der Taschenbuchausgabe im Arena Verlag, Würzburg 1996

318 Jürgen Banscherus: Keine Hosenträger für Oya. © 1985 Arena Verlag Georg Popp, Würzburg

321 Klaus Kordon: Wie Spucke im Sand. © 1996 Beltz Verlag, Weinheim und Basel, Programm Beltz & Gelberg, Weinheim

322 Hugo Kocher: Der tötende Blitz. © 1957 Arena Verlag Georg Popp, Würzburg

324 Mark Pfetzer/Jack Galvin: Der Everest. Zum Greifen nah. Aus dem Amerikanischen übersetzt von Malte Roeper und Sebastian Haller. © 1999 Arena Verlag, Würzburg

327 Kirsten Boie: Ich ganz cool. © 1992 Verlag Friedrich Oetinger, Hamburg

328 Christian Bieniek: Michelle XXL. © 1998 Arena Verlag, Würzburg

330 Jutta Richter: Der Hund mit dem gelben Herzen oder die Geschichte vom Gegenteil. Mit Vignetten von Susanne Jansen. © 1998 Carl Hanser Verlag, München – Wien.

332 Sheila Och: Karel, Jarda und das wahre Leben. Aus dem Tschechischen von Miroslav Novàk. © 1996 Arena Verlag, Würzburg.

Wir danken allen Verlagen und anderen Lizenzgebern für die freundliche Zustimmung zum Abdruck aller Texte und Abbildungen. Sollten, trotz intensiver Nachforschungen des Verlages, Rechteinhaber nicht ermittelt worden sein, so bitten wir diese, sich mit dem Verlag in Verbindung zu setzen.